全国导游资格考试备考通关教材

导游业务

于 梦 主编

广東旅游出版社
GUANGDONG TRAVEL & TOURISM PRESS
悦读书·悦旅行·悦享人生
中国·广州

图书在版编目（CIP）数据

导游业务 / 于梦主编. —广州：广东旅游出版社，2024.3
全国导游资格考试备考通关教材
ISBN 978-7-5570-3162-6

Ⅰ. ①导… Ⅱ. ①于… Ⅲ. ①导游－资格考试－教材 Ⅳ. ①F590.63

中国国家版本馆CIP数据核字(2023)第190492号

出 版 人：刘志松
策划编辑：官 顺
责任编辑：林保翠 俞 莹
装帧设计：谭敏仪
责任校对：李瑞苑
责任技编：冼志良

导游业务
Daoyou Yewu

出版发行：广东旅游出版社
（广州市荔湾区沙面北街71号首层、二层）
邮 编：510130
电 话：020-87347732（总编室） 020-87348887（销售热线）
投稿邮箱：2026542779@qq.com
印 刷：广州市岭美文化科技有限公司印刷
（广州市荔湾区花地大道南海南工商贸易区A幢）
开 本：787毫米×1092毫米 16开
印 张：16
字 数：350千字
版 次：2024年3月第1版
印 次：2024年3月第1次
定 价：40.00元

前言

101贝考教研团队根据文化和旅游部发布的《2023年全国导游资格考试大纲》，精细化详尽梳理历年真题，深挖历年高频考点，准确把握命题趋势，编写了本套全国导游资格证考试备考通关教材，助力考生科学备考，我们衷心希望这套教辅能切实满足广大考生的应考需求，助力考生顺利通过导游资格证考试。

一、考试方式及形式

全国导游资格考试科目包括：科目一“政策与法律法规”、科目二“导游业务”、科目三“全国导游基础知识”、科目四“地方导游基础知识”、科目五“导游服务能力”。

考试形式分闭卷考试与现场考试（面试）两种，科目一、科目二、科目三、科目四为闭卷考试，科目五为现场考试（面试）。

笔试实行全国统一的计算机考试。科目一、科目二合并为1张试卷进行测试，其中科目一、科目二分值所占比例各为50%；科目三、科目四合并为1张试卷进行测试。

考试题型包括判断题、单项选择题、多项选择题。

每张试卷考试时间为90分钟，含165题，共100分，其中判断题40题（每题0.5分，共20分）；单项选择题90题（每题0.5分，共45分）；多项选择题35题（每题1分，共35分）。

导游资格证考试（笔试）方式、题型及分值

考试形式	试卷	考试科目	考试时间	总分	题型					
					判断题（每题0.5分）		单选题（每题0.5分）		多选题（每题1分）	
					题量	分数	题量	分数	题量	分数
机考	卷一	政策与法律法规	90分钟	50	40	20	90	45	35	35
		导游业务		50						
	卷二	全国导游基础知识	90分钟	100	40	20	90	45	35	35
		地方导游基础知识								

科目五考试中文类考生每人不少于15分钟，备考旅游景区不少于12个；外语类考生每人不少于25分钟，备考旅游景区不少于5个。

现场考试成绩采用百分制。中文类分值比例为：礼貌礼仪占5%，语言表达占20%，景点讲解占45%，导游服务规范占10%，应变能力占10%，综合知识占10%。外语类分值比例为：礼貌礼仪占5%，语言表达占25%，景点讲解占30%，导游服务规范占10%，应变能力占5%，综合知识占5%，口译占20%。

科目五　现场考试（面试）				
考试类型	考试内容	分值比例	时间	备考景区
中文类面试	礼貌礼仪	5%	不少于 15 分钟	不少于 12 个
	语言表达	20%		
	景点讲解	45%		
	导游服务规范	10%		
	应变能力	10%		
	综合知识	10%		
外语类面试	礼貌礼仪	5%	不少于 25 分钟	不少于 5 个
	语言表达	25%		
	景点讲解	30%		
	导游服务规范	10%		
	应变能力	5%		
	综合知识	5%		
	口译	20%		

二、教材优势

全国导游资格备考通关教材具有以下优势：

贴合考试	考纲要求范围广、备考负担重，教材专为应试打造，帮助考生精准减负，删减考试无关内容，直击痛点，力求实用，简练，快速过关。
科学体系	严格依据最新考试大纲，构建条理清晰、要点全面的知识网络，让考生宏观把握重点，不做无用功。同时配有形式多样的思维导图、图表和顺口溜等多种方式，强化知识考点，便于理解记忆，帮助考生实现轻松备考。
重难点突出	大纲考点全覆盖，重难点各个突破。常考点、关键点、易错点用加粗、波浪线及双色印刷标注，圈定考点，使学生对高频考点了如指掌。注重基础知识与高频考点的理解与掌握，真正地夯实基础，筑稳根基。配备章节历年考试占比分值分析，方便考生抓住重点，突破难点，合理规划，提高效率。
思维导图	章节思维导图展示学习逻辑，罗列重点，归纳考点，提纲挈领，化繁为简，帮考生构建知识体系。
学练结合	超十亿次的后台答题数据分析，精选高频考点试题，提炼高频易丢分题目，圈题实战训练，熟知答题规则，掌握答题技巧，强化重难点理解和记忆，帮助考生提升做题正确率，从容应试。
彩色印刷，重点标注	波浪线及彩色印刷标注重点，清晰明了，一目了然。排版合理，不累眼睛，久看不倦。

三、备考攻略

1. 下划线、彩色印刷说明

2016 年全国统考以来历年真题的考点及题库高频知识点，教材运用下划线和彩色文字来标记，是学习的重点，复习时应着重记忆。

2. 历年分值统计说明

每个章节都有近 4 年该章节的考试分值分析，复习时应根据分值占比，分清主次，合理分配时间。

每章的分值占比统计公式：

该章的分值占比=该章当年的考试分值/当年该科目考试总分×100%

2022 年真题收集不完整，故不统计 2022 年各章分值情况。

2023 年真题科目一（政策与法律法规）、科目二（导游业务）小部分不完整，2023 年分值占比统计公式为：

2023年该章的分值占比=该章当年收集到的考试分值/当年该科目收集到的考试总分×100%

年份	政策与法律法规总分	导游业务总分	全国导基总分	地方导基总分
2018年	50	50	62.5	37.5
2019年	51	49	69.5	30.5
2020年	52	48	69	31
2023年	48.5	47	54	46

3. 图书二维码使用

扫描每章标题旁二维码，可以查看本章思维导图。思维导图支持下载。

每章易错考题小试牛刀题目的答案和解析，也可扫描本章二维码查看。

4. 笔试备考攻略

科目一 政策与法律法规	政策法规专业术语、法条较多，大部分考生认为是最难的科目。复习时要注重分类整理、归纳，加深理解，多刷题，做到考点心中有数。基础得分题较多，要认真审题，忌模棱两可。
科目二 导游业务	导游业务操作性、灵活性强，考试重点分布明确，理解与记忆并存，整个科目是笔试得分重点，务必加大复习。
科目三 全国导游基础知识	全国导基上至天文，下至地理，考点多，内容杂，对于有一定知识积累的考生来说比较有优势，知识薄弱的考生可通过多刷题加深记忆。记不住是因为重复的次数不够多！
科目四 地方导游基础知识	地方导基知识庞杂，不建议深入研究，建议刷题为主。考试往往考查一些具有关键字眼的点，例如“最大”“最长”“第一”“最早”“独有”等，重要考点教材也有用下划线描色标记，建议重点复习。

结合配套题库“101 贝考”APP 刷题，
效果更佳!

关注微信公众号“101 贝考导游”，
获取专业指导和最新考试动态。

目录

CONTENTS

第一篇　业务基础

第一章
导游服务

【考试大纲】

- 了解：导游服务的内涵、特点、产生及发展历程。
- 熟悉：导游服务的性质、地位和作用。

【历年分值】

年份	判断（题）	单选（题）	多选（题）	分值（分）	分值占比（%）
2018	3	0	0	1.5	3
2019	2	3	1	3.5	7.14
2020	1	3	1	3	6.25
2023	0	5	1	3.5	7.45

第一节　导游服务的内涵、分类及范围

一、导游服务的内涵

导游服务的内涵：导游代表被委派的旅游企业接待或陪同游客进行旅游活动，并按照组团合同或约定的内容和标准向游客提供的旅游接待服务。

导游服务的内涵有三层含义：

①导游服务的主体是具有导游资格的导游，而且导游必须是旅游企业（包括线上和线下旅游企业或景区景点）委派的。

②主要内容是游客接待。

③向游客提供的旅游接待服务，对于团队游客而言，是指导游必须按组团合同的规定和导游服务质量标准实施。对于散客来说，则指应按事前约定的内容和标准实施。

二、导游服务的分类

导游服务的分类
- 图文声像导游
- 实地口语导游

（一）图文声像导游（从属地位）

图文声像导游亦称物化导游，是指作为游客旅游指导的招徕宣传品和旅游纪念品，包括多种不同形式的图文印刷资料和声像制品。

类型	内容
图册类	导游图、交通图、旅游指南、景点介绍册页、画册、旅游产品目录等。
纪念品类	有关旅游产品、专项旅游活动的宣传品、广告、招贴以及旅游纪念品等。
声像类	有关国情（城市）介绍、景点介绍的录像带、录音带、电影片、幻灯片和光盘等。
语音导览器	自助式语音导览器具有多种语言可供选择，可通过红外无线连接，采用图、文、声、像全方位多媒体技术对展览内容进行翔实介绍，使展览得到更大程度的扩展和延伸。
智慧旅游	通过融合通信与信息平台，利用云计算、物联网和互联网技术，借助全球卫星定位系统，使用便携式移动终端上网设备，主动感知旅游相关信息，实现导游服务。

（二）实地口语导游（核心地位）

实地口语导游也称讲解导游，它包括导游在游客旅行、游览途中所做的介绍、交谈和问题解答等导游活动，以及在参观游览途中所做的导游讲解。

相较而言，在导游服务中，图文声像导游处于从属地位，实地口语导游则处于核心地位，发挥着主导作用。其原因主要有三方面：

①导游服务对象是有思想和目的的游客，需要导游提供有针对性的导游服务。

②现场导游情况复杂多变，需要导游灵活、妥善处理。

③旅游是一种人际交往和情感交流活动，需要导游的参与和沟通。

三、导游服务的范围

导游服务的范围是指导游向游客提供服务的领域，也就是导游业务工作的内容。导游服务繁重纷杂，范围很广，食、住、行、游、购、娱几乎无所不包。

范围	内容
导游讲解服务	☆沿途讲解。 ☆参观游览地的导游讲解。 ☆座谈、访问。 ☆某些参观点的口译服务。
旅行生活服务	☆游客出入境迎送。 ☆旅途生活照料。 ☆安全服务。 ☆上下站联络。
市内交通服务	☆指导游同时兼任驾驶员为游客在市内和市郊旅行游览时提供的驾车服务。

导游讲解服务、旅行生活服务都是旅游接待服务的一部分。三者之间的关系是：

从导游讲解服务来说，游客到目的地来主要是为了增加对目的地社会文化等方面的了解，获取在目的地的旅游经历。

从旅行生活服务来说，它也是目的地旅游接待工作不可缺少的一环。游客以实现享受需要为其出游的主要目的之一。

导游讲解服务与旅行生活服务之间是相辅相成的关系。它们都是游客整体旅游需要的一部分，相互之间既密切联系，又互相补充。

第二节　导游服务的发展历程

一、导游服务的产生与发展

（一）导游服务的产生

作为一种商业性质的职业导游，是到了近代才产生的。

18世纪60年代后，以英国为代表的西方国家开始进入工业革命时期。随着……速发展，旅游活动产生了本质的变化，其最突出的标志是近代旅游业的诞生和……产生。

时间	事件	意义
1841年7月5日	英国人托马斯·库克组织了570人，利用包租火车的方式，从莱斯特到拉夫巴勒参加一次禁酒大会。	☆世界公认的第一次商业性旅游活动。 ☆虽然不是一次纯粹的商业性活动，却成了近代旅游活动的标志。
1845年	☆托马斯·库克又组织了一次350人的团体消遣性旅游活动，从莱斯特到利物浦，为期一周。 ☆为组织这次活动，托马斯·库克做了大量的先期准备工作，印制了世界上最早的旅游指南《利物浦之行手册》。 ☆不仅自己全程陪同，而且在卡那封城堡和斯诺登山游览中还聘请了地方导游。	世界上第一次大规模的、有组织的、纯粹以商业为目的的旅游活动。
1845年	托马斯·库克在莱斯特创办了世界上第一家商业性旅行社。此后，他放弃了原来的工作，开始专门从事旅游代理业务，成为世界上第一位专职的旅行代理商。	
1846年	托马斯·库克亲自带领一个旅行团到苏格兰旅行。旅行社向每位成员发放了一份活动日程表，还为旅行团专门配备了向导。	这是世界上第一次有商业性导游陪同的旅游活动，导游服务作为一种职业正式登上了历史舞台。
1865年	托马斯·库克与儿子约翰·梅森·库克将原来的托马斯·库克旅行社更名为托马斯·库克父子公司（即后来的通济隆旅游公司），迁址于伦敦，并在美洲、亚洲、非洲设立分公司。	
1872年	托马斯·库克亲自带领一个9人旅行团访问纽约、南北战争战场、多伦多等地，把旅游业务扩展到了北美洲。	
1892年	托马斯·库克还创造性地发明了一种流通券。凡持有流通券的国际游客可在旅游目的地兑换等价的当地货币，即旅行支票，这更加方便了游客进行跨国和洲际旅游。	

（二）导游服务的发展

第二次世界大战后，由于世界的和平与发展，大众化旅游活动迅速发展，导游队伍得以不断壮大，现代导游服务由此进入了发展时期。特别是20世纪60年代以来，由于世界经济的稳步发展，人们收入水平不断提高，闲暇时间增多，出于各种目的的旅行和旅游活动得到了迅速发展。2020年，新型冠状病毒感染肺炎疫情对整个行业造成严重影响。随着疫情常态化，旅游业复苏的趋势虽然相对缓慢，但总体向好的趋势将不会改变。

随着现代旅游的不断发展以及世界导游队伍的不断扩大，旅游服务质量，特别是导游服务质量引起了各国政府的高度重视，纷纷采取措施，制定旅游服务质量标准，加强了对导游执业资格、选拔、培训以及服务质量的管理，形成了不同类型的导游管理体制，从而实现了对导游的规范化服务与管理。

导游管理体制类型	特点
封闭式·严格型	①**资格准入门槛高**。以新加坡和以色列这两个国家为例，均规定：想申请做导游工作者，必须参加并通过全国统一组织的导游资格考试，才能取得导游资格，否则会受到严厉的处罚。 ②**执业管理很严格**。 ☆以新加坡为例 新加坡对导游行业实行定期报告、换证和在册导游培训制度。导游每隔半年要报告过去6个月的接团量。注册导游每隔一定年限必须参加一次导游考试，通过者换发新证，未通过者将被取消导游资格。客人的意见和评价直接关系到导游的就业机会。出现对导游服务质量的投诉，旅行社会根据情况决定是否续聘该导游。旅游局收到投诉后也要进行调查，情况属实则发出警告，多次被投诉者会被取消导游资格。 ☆以以色列为例 以色列旅游部发给每位导游有统一编号的导游证和胸卡，导游在国内提供导游服务时，必须佩戴胸卡以便接受监督和检查。对违章导游，旅游部将通过收回导游证和胸卡来取消其资格，并且一般不批准其重新参加导游培训和资格考试的申请。
开放式·宽松型	①**资格准入很宽松**。 ☆以澳大利亚为例 有意当导游者，可自愿参加由澳大利亚入境旅游组织举办的导游资格考试，通过者可获得导游资格证书和导游胸卡。但这一证书只作为专业水平的证明，而非导游必备的条件。 ☆以德国为例 无职业导游，所有导游都是临时、兼职或业余的。所以，德国不设导游资格考试制度。 ②**执业管理靠游客**。实行“开放式·宽松型”导游管理体制的国家，导游监管主要靠雇主（旅行社）和服务对象（游客）进行。 ☆以澳大利亚为例 导游是自由职业者，无专门机构监管，主要靠雇主根据游客的反馈结果来增减付给导游的薪金，以及做出是否续聘的决定来实施动态管理。对不合格的导游，目前尚无任何处罚规定。 ☆以德国为例 目前尚无监督管理导游服务质量的专门机构，游客的评价就是最好的监督，旅行社据此决定是否续聘该导游。
开放式·严格型	以中国为例，随着旅游业的发展，为适应旅游市场的需求，我国的导游管理体制经历了由“封闭式·严格型”向“开放式·严格型”的转变，呈现出以下特点： ①**导游资格终身制**。导游资格证在全国通用，而且终身有效。 ②**导游多渠道执业**。导游除了可以由旅行社委派外，还可以由游客通过线上平台或线下自主联系预约导游获得工作，实现交易完全开放。 ③**导游管理信息化**。取消导游年审制度，通过导游公共服务监管平台，用信息化手段实现对导游的常态管理。

二、我国导游服务的发展演变

我国导游服务起步于1923年8月，至今经历了五个发展阶段。

阶段	重要事件及特点
起步阶段 （1923—1949）	☆1923年8月，上海商业储备银行总经理陈光甫先生在其同仁的支持下，在该银行下创设了旅游部。

（续表）

阶段	重要事件及特点
	☆1927年6月1日，旅游部从该银行独立出来，成立了中国旅行社，产生了我国第一批导游。
开拓阶段（1949—1978）	☆新中国第一家旅行社"华侨服务社"于1949年11月在厦门正式营业，诞生了中华人民共和国成立后的第一批导游。 ☆1954年4月15日，中国国际旅行社（国旅CITS）在北京西交民巷4号诞生，主要负责接待外宾，为外国人来华旅游提供方便，但不承担自费旅游的接待业务。 ☆1956年，旅行社开始接待自费游客。 ☆1964年6月，国务院批准成立"中国旅行游览事业管理局"作为国务院直属机构，加强对旅游事业的组织和领导。 ☆这一时期导游服务以外事接待工作为主要内容，因此，从事导游服务的工作人员均称为翻译导游。
发展阶段（1978—1988）	☆1978年，"中国旅行游览事业管理局"改名为"中国旅行游览事业管理总局"，各省、自治区、直辖市都设立相应的旅游局。 ☆1980年6月，中国青年旅行社总社成立（青旅CYTS）。 ☆1984年，旅行社外联权下放，全国各行业和地区性旅行社迅速发展。 ☆到1988年年底，全国形成了以国旅、中旅、青旅为主干框架的近1600家旅行社体系，全国导游队伍迅速扩大到25000多人。
全面建设导游队伍阶段（1988—2016）	☆1989年举行全国导游考试，随后每年开展一次导游资格考试。 ☆1994年，国家旅游局决定对全国持有导游证的专职及兼职导游分等定级，划分为初级、中级、高级、特级四个级别。 ☆1999年5月国务院颁发的《导游人员管理条例》标志着我国导游队伍的建设迈上了法律进程。 ☆2001年，国家旅游局运用现代科学技术手段建立导游数据库，在全国范围内推行导游电子信息网络化管理。 ☆2002年，全面推行导游记分制管理和IC卡管理等举措，促进了导游工作的规范化，加强了导游队伍的建设。 ☆2013年10月1日，《中华人民共和国旅游法》（以下简称《旅游法》）正式施行。
深化导游改革阶段（2016年至今）	☆2016年1月29日，全国旅游工作会议提出，要深化导游管理体制改革，导游要从"行政化、非流动、封闭式"管理向"市场化、自由化、法制化"管理转变。 ☆2016年5月，国家旅游局正式启动线上线下自由执业试点工作，标志着导游进入了自由执业阶段。 ☆2016年8月全国导游公共服务监管平台正式上线。该平台的功能有：导游执业管理、导游执业信息全记录、导游服务评价和投诉、旅游部门监管执法及其他公共服务。随着平台建设的不断完善，将实现导游网上培训、星级评价、信息咨询、突发事件应急管理等公共服务。 ☆2016年9月，废止《导游人员管理实施办法》，停止实施导游岗前培训考核制度、计分管理制度、年审管理制度和导游资格证3年有效制度，并在2018年1月1日起实施的《导游管理办法》中做了明确规定。

导游执业方式自由化是导游自由执业的核心，导游执业主要有两大类型和五种模式。

导游自由执业的两大类型是指：

类型	内容
线上导游自由执业	导游向通过网络平台预约其服务的消费者提供单项讲解或向导服务，并通过第三方支付平台收取导游服务费的执业方式。
线下导游自由执业	导游向通过旅游集散中心、旅游咨询中心、A级景区游客中心等机构预约其服务的消费者提供单项讲解或向导服务，并通过第三方支付平台收取导游服务费的执业方式。

导游自由执业的五种模式是指：

模式	内容
旅行社委派模式	导游接受旅行社委派为游客提供服务的模式，是现有旅行社委派导游经营模式的延续。
旅行社预订模式	游客通过旅行社预订导游服务的模式。旅行社保留的与部分优秀导游的劳动关系或雇佣关系，在导游自由执业后依然存在。
协会预订模式	游客通过旅游行业协会，如导游协会预订导游服务的模式。只要旅游行业协会能够真正成为“导游之家”，维护导游的合法权益，旅游行业协会必然会成为导游的聚集地。游客通过旅游行业协会预订导游服务，必定会成为导游自由执业后的趋势之一，如张家界“导游协会”、四川“导游之家”等。
导游服务公司模式	导游服务公司、导游经纪公司为游客提供导游服务的模式。这里所指的导游服务公司，与目前正在营运的一些导服公司不是一个概念。现在的导服公司多为半官方性质，能按照市场化模式运转的少之又少。只要导游自由执业全面实施，导游服务公司等经济实体必将应运而生，专职从事预订和提供导游服务。
游客直联模式	游客直接与导游本人联系，预订其导游服务。这种模式为那些业务素质精湛、服务质量高的导游提供了施展才华的天地，目前只适用于试点省市（地区）。

三、导游服务的发展趋势

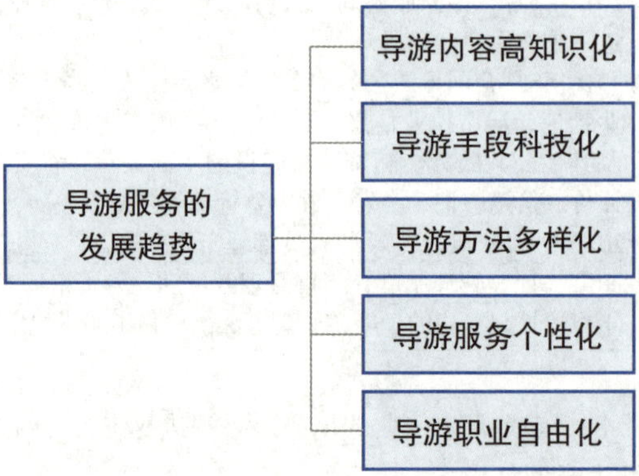

（一）导游内容高知识化

导游服务是知识密集型的服务，即通过导游的讲解来传播文化、传递知识，促进世界各地区间的文化交流。在未来社会，人们的文化修养更高，对知识的更新更加重视，获取旅游相关知识的途径更加便捷，加上文化旅游、专业旅游、科研考察的发展，对导游服务提出了更高的知识要求。

顺应这一趋势，导游必须提高自身的文化修养，不断吸收新知识和新信息。导游掌握的知识不仅要有广度，还要有深度；不仅能同游客讨论一般问题，还能较深入地谈论某些专业话题。这样能使导游讲解的内容进一步深化，更具有科学性，导游讲解更有说服力。总之，在知识方面，导游不仅要成为“杂家”，还要成为某些知识领域的行家里手。

（二）导游手段科技化

随着科学技术的发展，更先进的科技手段将运用到导游服务中来。如图文声像导游、网络导游等先进的导游手段，在游览前或在游览现场引导游客参观游览过程中，不仅能让游客看到（听到）景观景物的现状，还能进一步了解其历史沿革和相关知识，起到深化实地导游讲解和以点带面的作用，成为导游服务不可或缺的辅助手段。在导游过程中讲解科技知识、运用科技手段，能够使游客了解到旅游和高科技发展之间的关系，使导游服务与时俱进，充满时代气息。因此，导游必须学会使用这些科技手段，与实地口语导游密切配合，使其相辅相成，锦上添花。

（三）导游方法多样化

旅游活动日趋多样化，尤其是参与性旅游活动的兴起和发展，要求导游随之变化其导游方法。参与性旅游活动的发展，意味着人们追求自我价值实现的意识在不断增强。追求自我价值不仅体现在工作中，人们还将其转移到娱乐活动之中。游客参加各种节庆活动，与当地居民一起活动、生活，在旅游目的地学习语言、各种手艺和技能，甚至参加冒险活动等，都要求导游不仅会说（导游讲解），还要能动，与游客一起参加各种活动。

（四）导游服务个性化

今天的社会是个性张扬的社会，个性化发展成为时代的主题，人们对旅游的需求个性化，旅游产品的消费也呈现个性化的趋势。一方面，导游服务的个性化要求导游要根据游客的个性差异和不同的旅游需求提供针对性的服务，使不同的游客获得更大的心理满足；另一方面，导游服务的个性化有利于导游根据自己的优势或特长、爱好，形成自己的个性风格，朝品牌化导游方向发展，给游客留下特色鲜明的印象。

（五）导游职业自由化

导游作为自由职业者是必然趋势。他们身份自由、行动自由、收入自由，靠为游客提供良好的服务和高尚的职业道德获得社会认同。目前，我国各地区成立的导游自由执业平台、导游公司或导游服务中心就是这一趋势的反映。

总之，未来的旅游业要求导游不仅要有“十八般武艺”，而且还要掌握更多的导游技艺，来满足游客不断变化着的旅游需求，只有这样，导游才能胜任未来的导游服务工作，才有可能将导游服务做得有声有色。

第三节　导游服务的性质、特点及原则

一、导游服务的性质

- 导游服务的性质
  - 政治性
  - 社会性
  - 文化性
    - 导游服务是促进文化交流的重要渠道
    - 导游服务是引导审美和求知的媒介
  - 服务性
    - 导游服务可以提高游客的旅游生活质量
    - 导游服务可以满足游客心理需求
  - 经济性
    - 优质服务，直接创收
    - 扩大客源，间接创收
    - 因势利导，促销商品
    - 增进了解，促进经济交流
  - 涉外性

（一）政治性

因国家和地区的不同，导游服务的政治属性也不同。我国导游服务工作在本质上有别于资本主义国家，是一项为国家的社会主义建设和国内外民间交往服务的旅游服务工作。它以游客为服务对象，以协调旅游活动、导游讲解、帮助游客了解中国为主要服务职责，以沟通语言和文化为主要服务形式，以增进相互了解和友谊为主要工作目的，以“游客为本、服务至诚”为核心价值观。

（二）社会性

旅游活动是一种社会现象，在促进社会物质文明和精神文明建设中起着十分重要的作用。在旅游活动中，导游处于旅游接待工作的中心位置，接待着四海宾朋、八方游客，推动着世界上这一规模最大的社会活动。

导游所从事的工作本身就具有社会性，导游服务又是一种社会职业，对大多数导游来说，它是一种谋生的手段。

（三）文化性

1. 导游服务是促进文化交流的重要渠道。导游的一言一行都在影响着游客，都在扩大着一个国家（地区）及其民族的传统文化和现代文明的影响。导游为来自世界各国、各民族的游客服务，通过引导和生动、精彩的讲解给游客以知识、乐趣和美的享受；同时，也对各国、各民族的传统文化和现代文明兼收并蓄，有意无意地传播着异国（异地）文化，促进了文化的交流。

2. 导游服务是引导审美和求知的媒介。游客要通过旅游去认识过去不曾接触或不曾了解过的事物，以期得到求知欲望的满足。导游讲解服务能循循善诱地指导游客以最佳的方式或最合适的角度去欣赏某一名胜古迹、历史故事、神话传说，能妙趣横生地向游客介绍当地的风俗习惯、掌故趣谈、风味特产等，使游客得到自然美和艺术美的享受，并在潜移默化中增长知识。因此，导游服务是游客在旅游过程中进行审美活动和满足求知欲的重要媒介。

（四）服务性

1. 导游服务可以提高游客的旅游生活质量。游客身处陌生的环境，如果没有导游的服务，就会茫然不知所措，或疲于奔命而破坏旅游情绪。游客要自己安排吃、住、行，势必会分散游览观光的精力，也会影响旅游活动的顺利进行。有了导游的服务，游客就可获得事半功倍的旅游效果。即使那些旅游经验丰富、不需要导游的人也往往离不开物化的导游服务（即旅游指南和各种旅游地的指示）。

2. 导游服务可以满足游客的心理需求。游客身处他乡异地，四顾茫然，很希望有人对其在精神上进行抚慰、生活上尽心关照。热情的导游能消除游客在旅游过程中出现的拘谨心理和寂寞感，增强安全感。同时，旅游生活中常有因对当地风俗不了解或因语言不通而造成误会的情况发生，有时甚至因不熟悉情况，冒犯当地居民的风俗习惯而发生不愉快的事情，使人极为扫兴。因此，帮助游客避免上述情况的发生，就责无旁贷地落在了导游的肩上。

（五）经济性

导游服务的经济性主要体现在以下四个方面：

第一，优质服务，直接创收。

第二，扩大客源，间接创收。

第三，因势利导，促销商品。

第四，增进了解，促进经济交流。

（六）涉外性

导游服务的涉外性要求我国导游在入境旅游接待和出境旅游陪同中，积极宣传社会主义中国，充分发挥民间大使的作用。

导游应对海外有关情况进行调查研究，特别要了解旅游客源国游客的需求及其变化，了解外国旅游企业的运作和经营管理模式。这有助于导游有针对性地提供导游服务，提高导游服务质量；也有助于提高我国旅游产品的开发、设计水平，更具针对性地开展旅游宣传、招徕与促销活动。

二、导游服务的特点

（一）独立性强

导游服务工作独当一面。回答游客政策性很强的问题或处理突发性事故时，常常要当机立断、独立决策，事后才能向领导和有关方面汇报。导游讲解也是比较独特的，因为在

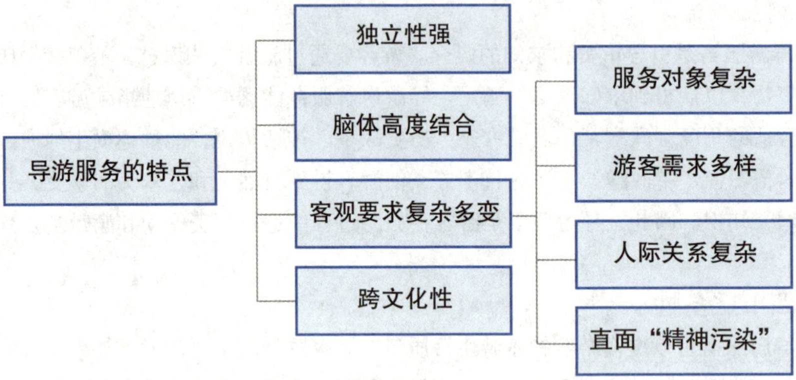

同一景点，导游要根据不同游客的不同特性、不同时机进行针对性的导游讲解，以满足他们的精神享受。

（二）脑体高度结合

导游服务是一项脑力劳动与体力劳动高度结合的服务性工作。由于旅游活动涉及面广，要求导游具有丰富而广博的知识，只有这样才能将导游服务工作做到尽善尽美、精益求精。

导游的工作量也相当大，要求导游具备较强的事业心和良好的身体素质。

（三）客观要求复杂多变

导游必须具备处理各种偶然和意外情况的能力。导游服务的复杂性主要体现在四个方面：

第一，服务对象复杂。

第二，游客需求多样。

第三，人际关系复杂。

第四，直面“精神污染”。

（四）跨文化性

导游服务是传播文化的重要渠道，起着沟通和传播文明、为人类创造精神财富的作用。

三、导游服务的原则

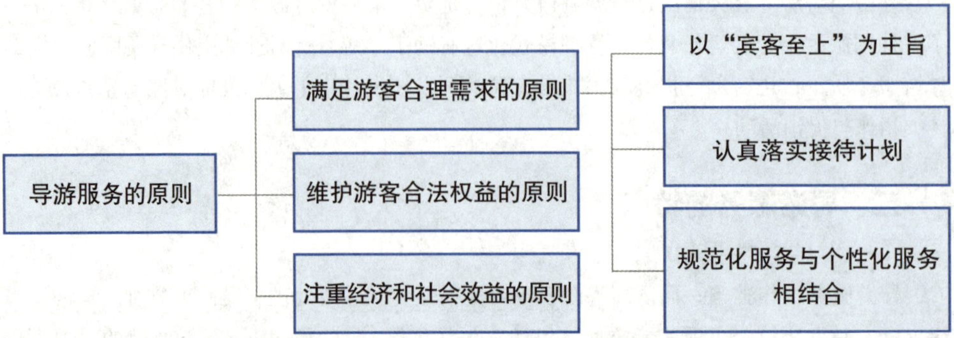

（一）满足游客合理需求的原则

原则	内容
以“宾客至上”为主旨	☆要以游客的利益为出发点，努力维护游客的合法权益。 ☆要礼貌待客，在态度、言语和行为上尊重游客。 ☆要平等待客，一视同仁、平等相待，绝不能厚此薄彼。
认真落实接待计划	接待计划是游客或其组团社与接待旅行社达成的约定或所签合同内容的具体安排计划，导游应将落实接待计划规定的内容放在导游服务的第一位，它是衡量导游是否履行职责的基本尺度。
规范化服务与个性化服务相结合	规范化服务又称标准化服务，规范化服务并不等于优质服务，它只是导游在服务中必须达到的基本要求。 个性化服务又称特殊服务，是导游按照规范化服务的要求落实旅游接待计划之外，为满足部分游客或个别游客的合理需求而提供的服务。 导游应从旅行社的发展和我国旅游业的根本利益出发，在落实旅游合同规定的服务内容时，向游客提供优质的导游服务，即将规范化服务与个性化服务密切结合起来。

（二）维护游客合法权益的原则

游客作为旅游产品和服务的购买者和消费者，其权益受到《中华人民共和国消费者权益保护法》的保护。游客的合法权益主要有：旅游自由权、旅游服务自主选择权、旅游公平交易权、旅游服务内容知悉权等。

（三）注重经济和社会效益的原则

导游服务既是一种文化传播的社会活动，又是一种可以获取经营收入的经济活动。在导游服务中，要同时注重经济效益和社会效益的提高，二者不能偏废，这也是导游服务中应遵循的一项基本原则。

第四节　导游服务的地位和作用

旅行社在现代旅游业的三大板块中处于核心地位，而在旅行社接待工作中处于第一线的关键角色则是导游。导游服务被视为现代旅游业的代表性工种，有“旅游业的灵魂”“旅行社的支柱”“旅游活动的导演”等美誉。

一、导游服务的地位

（一）导游服务在旅游服务中具有主导地位

旅行社各部门的工作都是围绕导游服务这条主线展开的，都是导游服务的幕后支持者。

（二）导游服务是旅游服务水平和质量的体现

导游服务是直接面对游客的服务，游客对导游服务的质量也最敏感，因此可以说，导游服务的质量代表着旅游服务的质量。一般来说，如果导游服务质量好，可以弥补其他旅游服务质量的某些欠缺；如果导游服务水平低，则最容易引起游客的不满。

（三）导游服务是旅游竞争的焦点

旅游竞争的重要方式之一就是导游服务质量的竞争。拥有一流的导游队伍无疑是旅行社扩大知名度、争取更多客源的法宝，也是旅行社最大的一笔财富。

（四）导游服务是旅游产品改进的主要途径

导游工作在旅游第一线，熟悉旅游产品链中每一个环节的服务质量，了解游客的消费心理，可以及时将有关信息反馈给旅行社，有利于旅行社改进服务方式，提高产品的针对性，推出更具竞争力的旅游产品。

二、导游服务的作用

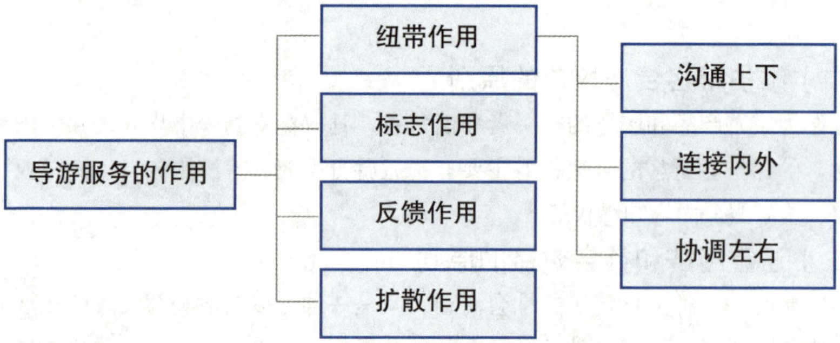

（一）纽带作用

导游服务是旅游接待服务的核心和纽带。导游在旅游服务各环节之间起着沟通上下、连接内外、协调左右的作用。

作用	内容
沟通上下	导游是国家方针政策的宣传者和具体执行者，代表旅行社执行并完成旅游计划，同时，游客的意见、要求、建议乃至投诉，其他旅游服务部门在接待中出现的问题及其建议和要求，一般也通过导游向旅行社和各级旅游行政管理部门传递，直至上达国家最高旅游行政管理部门。
连接内外	导游既代表接待方旅行社的利益，又肩负着维护游客合法权益的责任；导游既有责任向游客介绍中国，同时又要多与游客接触，进行调查研究，了解外国，了解游客。
协调左右	导游是旅行社与饭店、餐馆、游览点、交通部门、商店、娱乐场所等企业之间的第一联络员，在各旅游企业之间起着重要的协调作用。各旅游企业的相互协作，是导游服务中的生活服务部分得以顺利进行的重要保障，对提高旅游质量至关重要，而导游处在各项旅游服务协调的中心位置，责任重大，作用显著。

（二）标志作用

导游服务质量是旅游服务质量高低的最敏感的标志。导游服务质量包括导游讲解质量、为游客提供生活服务的质量和各项旅游活动安排落实的质量。导游与游客朝夕相处，因此游客对导游的服务接触最直接，感受最深切，对其服务质量的反应最敏感。因此，游客旅游活动的成败更多地取决于导游服务质量的好坏。导游服务质量的好坏不仅关系到整个旅游服务质量的高低，而且关系着国家或地区旅游业的声誉和形象。

（三）反馈作用

在旅游消费过程中，游客会根据自己的需要对旅游产品的型号、规格、质量、标准等做出不同的反应。导游由于处在接待游客的第一线，同游客交往和接触的时间最长，对游客关于旅游产品方面的意见和需求最了解。导游可充分利用这些有利条件，根据自己的接待实践，综合游客的意见，反馈到旅行社有关部门，促使旅游产品的设计、包装和质量得到不断改进和完善，更好地满足游客的需要。

（四）扩散作用

优质的导游服务能对旅游目的地的旅游产品和旅行社形象起到扩散或传播作用。旅游产品质量主要由旅游资源质量、旅游服务质量、旅游活动组织安排质量和旅游环境质量构成。它们都与导游服务质量密切相关。因为旅游资源的特色需要导游的讲解才能被认同，“祖国江山美不美，全靠导游一张嘴”，而各种旅游服务质量和活动安排质量都离不开导游的业务水平及其对工作的投入。

游客往往通过导游带领其进行旅游活动的情况来判断旅游产品的使用价值。如果导游服务质量高，游客感到满意，便会认同旅游产品、导游和旅行社，而且会以其亲身体验向亲朋好友进行义务宣传，进而扩大旅游产品的销路。若导游服务质量不高，则会导致游客的抱怨和不满，从而阻碍旅游产品的销售。

总之，导游服务质量无论高低，均会对旅游产品的销售起到扩散作用，质量高时起到正面作用，质量低时则起到负面作用。

易错考题小试牛刀

1.（单选题）新中国第一家旅行社成立于（　）。

A.1949年11月　B.1951年12月　C.1954年4月　D.1955年4月

2.（单选题）托马斯·库克于（　）发明了一种流通券（旅行支票）。

A.1865年　B.1872年　C.1892年　D.1900年

3.（单选题）在旅行游览过程中，导游不仅要进行介绍、讲解，还要随时随地应游客的要求，帮助解决问题，这体现了导游服务具有（　）的特点。

A.复杂多变　B.独立性强　C.跨文化性　D.脑体高度结合

4.（单选题）世界上第一次大规模的、有组织的、纯粹以商业为目的的旅游活动出现于（　）。

A.1841年　B.1845年　C.1846年　D.1872年

5.（多选题）导游服务在未来的发展趋势是（　）。

A.导游手段简单化　B.导游服务个性化　C.导游职业自由化

D.导游方法多样化　E.导游内容高知识化

6.（多选题）导游服务的特点包括（　）。

A.社会性　B.跨文化性　C.独立性强　D.脑体高度结合　E.文化性

【答案】1.A　2.C　3.D　4.B　5.BCDE　6.BCD

第二章
导游与导游礼仪

【考试大纲】

- **了解：**导游的定义和分类。
- **熟悉：**导游的从业素质、职责要求及礼仪规范，导游应具备的修养和行为规范，导游职业道德规范的基本内容。
- **掌握：**社会主义核心价值观。

【历年分值】

年份	判断（题）	单选（题）	多选（题）	分值（分）	分值占比（%）
2018	1	6	1	4.5	9
2019	3	4	2	5.5	11.22
2020	2	6	1	5	10.42
2023	1	5	3	6	12.77

第一节　导游的定义和分类

一、导游的定义

导游是指取得导游证，接受旅行社委派，为游客提供向导、讲解及其他服务的人员。

二、导游的分类

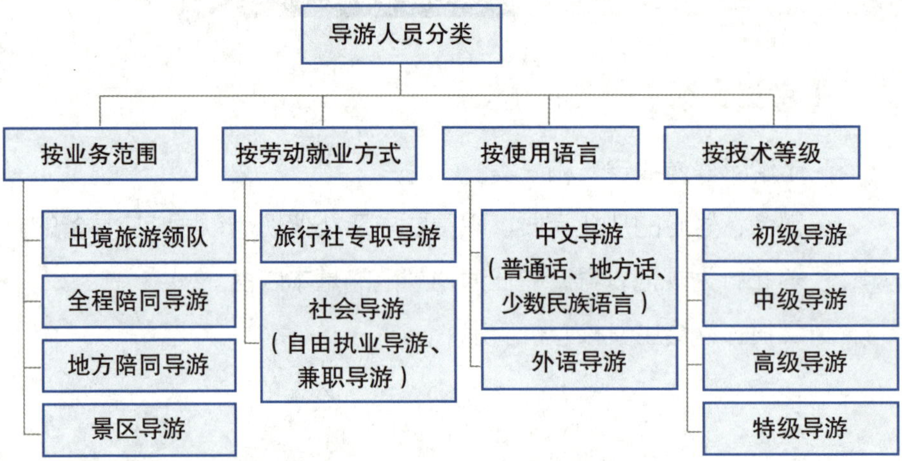

（一）按业务范围划分

类别	说明	委派单位	讲解内容	陪同范围	是否提供旅途生活服务
出境旅游领队（领队）	依法取得从业资格，受组团社*委派，全权代表组团社带领旅游团出境旅游，监督境外接待旅行社和导游等执行旅游计划，并为游客提供出入境等相关服务的工作人员。 *组团社是指接受旅游团（者）或海外旅行社预订，制订和下达接待计划，并可提供全程导游服务的旅行社。	组团社（派）	旅游目的地国情况（行前介绍）	全程	是
全程陪同导游（全陪）	受组团社委派，作为组团社的代表，在领队*和地方陪同导游的配合下实施接待计划，为旅游团（者）提供全程服务的工作人员。	组团社（接）	沿途各站点情况	全程	是

（续表）

类别	说明	委派单位	讲解内容	陪同范围	是否提供旅途生活服务
	*领队是指受海外旅行社委派，全权代表该旅行社带领旅游团队从事旅游活动的工作人员。				
地方陪同导游（地陪）	受地接社*委派，代表地接社实施接待计划，为旅游团（者）提供当地旅游活动安排、讲解、翻译等服务的工作人员。 *地接社是指接受组团社的委托，按照接待计划委派地方导游负责组织安排旅游团（者）在当地参观游览等活动的旅行社。	地接社	接待地及当地游览景点情况	接待地	是
景区导游	在旅游景区，包括博物馆、自然保护区等为游客进行导游讲解的工作人员。	景区	景区情况	景点	否

（二）按劳动就业方式划分

类别	说明
旅行社专职导游	在一定时期内被旅行社固定聘用，以导游工作为其主要职业的导游。这类导游大多数受过中、高等教育，或受过专门训练，为旅行社正式员工，专职为旅行社带团，并由旅行社支付劳动报酬、缴纳社会保险费用。
社会导游	社会导游主体是取得导游资格证书并在相关旅游行业组织（导游协会）注册而取得导游证的导游，但也包括旅行社临时特聘的导游。社会导游有自由执业导游和兼职导游两类。 ☆**自由执业导游**　是以导游工作为主要职业，但并不受雇于固定的旅行社，而是通过签订临时劳动合同为多家旅行社服务，或者通过导游自由执业平台为散客提供导游服务的人员。自由执业导游是西方大部分国家导游队伍的主体，近年来在我国导游队伍中也占据了主体地位，其主要收入来源是旅行社（或游客）支付的导游服务费。 ☆**兼职导游**　亦称业余导游，是指不以导游工作为主要职业，而是利用业余时间从事导游工作的人员。目前这类导游可细分为两种：一种是通过了国家导游资格考试并取得导游证但只是兼职从事导游工作的人员，他们一般有其他职业，只在空闲时帮助旅游企业带团；另一种是没有取得导游证，但具有特定知识或语种语言能力，受聘于旅行社，临时从事导游工作的人员。兼职导游是我国导游队伍中一支不可缺少的生力军。

（三）按使用语言划分

类别	说明
中文导游	中文导游是指使用普通话、地方话或者少数民族语言从事导游业务的导游。目前，这类导游的服务对象主要是国内旅游中的中国公民和入境旅游中的港、澳、台同胞。
外语导游	外语导游是指运用外语从事导游业务的导游。目前，这类导游的服务对象主要是入境旅游的外国游客和出境旅游的中国公民。

（四）按技术等级划分

类别	说明
初级导游	《旅游法》规定，参加导游资格考试成绩合格，与旅行社订立劳动合同或者在相关旅游行业组织注册的人员，可以申请取得导游证。也就是说，具有高中、中专及以上学历，通过国家文化和旅游部组织的统一考试，获得导游资格证书并进行岗前培训，与旅行社订立劳动合同或在相关旅游行业组织注册后，自动成为初级导游。
中级导游	初级导游报考同语种中级导游和初级外语导游报考中级中文（普通话）导游的，学历不限。 初级中文（普通话）导游和中级中文（普通话）导游报考中级外语导游的，必须具备大专及以上学历。 初级外语导游、中级外语导游报考其他语种中级外语导游的，必须具备大专及以上学历。 在取得导游资格证书满3年，或具有大专及以上学历的取得导游证满2年，且报考前3年内实际带团不少于90个工作日，经笔试导游知识专题、汉语言文学知识或外语，合格者晋升为中级导游。
高级导游	取得中级导游资格满3年，具有本科以上学历或旅游类、外语类大专学历，报考前3年内以中级导游身份实际带团不少于90个工作日，经笔试导游能力测试和导游综合知识（包括对旅游政策法规的掌握和运用能力，对旅游业发展趋势的深入了解，对国内外重大事件的及时掌握和分析，以及对旅游相关知识的综合运用能力），合格者晋升为高级导游。
特级导游	取得高级导游资格5年以上，业绩优异，有突出贡献，有高水平的科研成果，在国内外同行和旅行商中有较大影响，经论文答辩通过后晋升为特级导游。

这四种类型的导游之间的关系，详见下图。

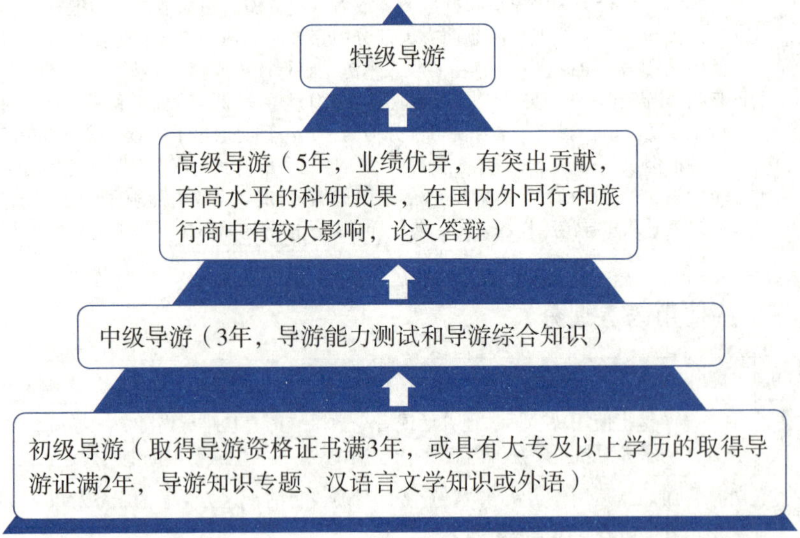

第二节 导游的从业素质、职责要求及礼仪规范

一、导游的从业素质

（一）良好的思想品德

1.热爱社会主义祖国

热爱社会主义祖国是作为一名合格的中国导游的首要条件。

首先，导游所从事的工作是社会主义祖国整个事业的一部分，社会主义祖国培育了导游，为导游创造了良好的工作环境与发挥自己智慧和才能的条件。

其次，导游的一言一行都与社会主义祖国息息相关。如前所述，在海外游客的心目中，导游是国家形象的代表，游客正是通过导游的思想品德和言行举止来观察、了解中国的。

最后，导游向游客介绍和讲解的内容都是祖国灿烂的文化、壮丽的河山、祖国人民的伟大创造和社会主义事业的辉煌成就，没有这些丰富的内容，导游讲解就成了无源之水、无本之木。

2.优秀的道德品质

社会主义道德的本质是集体主义，是全心全意为人民服务的精神。

从接待游客的角度来说，旅行社和各接待单位实际上组成了一个大的接待集体，导游是这个集体中的一员。因此，导游在工作中应从这个大集体的利益出发，从旅游业的发展出发，依靠集体的力量和支持，关心集体的生存和发展。要发扬全心全意为人民服务的精神，并把这一精神与“宾客至上”的旅游服务宗旨紧密结合起来，热情地为国内外游客服务。只有这样，导游服务工作才能真正做好。

3.践行社会主义核心价值观

☆“富强、民主、文明、和谐”，是我国社会主义现代化国家的建设目标，也是从价值目标层面对社会主义核心价值观基本理念的凝练，在社会主义核心价值观中居于最高层次，对其他层次的价值理念具有统领作用。

☆“自由、平等、公正、法治”，是对美好社会的生动表述，也是从社会层面对社会主义核心价值观基本理念的凝练。它反映了中国特色社会主义的基本属性，是我们党矢志不渝、长期实践的核心价值理念。

☆“爱国、敬业、诚信、友善”，是公民基本道德规范，是从个人行为层面对社会主义核心价值观基本理念的凝练。它覆盖社会道德生活的各个领域，是公民必须恪守的基本道德准则，也是评价公民道德行为选择的基本价值标准。

4.较强的敬业精神

导游工作是一项传播文化、促进友谊的服务性工作。导游在为八方来客提供旅游服务时，不但可以结交众多的朋友，而且能增长见识、开阔视野、丰富知识。导游应树立远大理想，将个人的抱负与事业的成功紧密结合起来，立足本职工作，热爱本职工作，尽职敬业，刻苦钻研，不断进取，全身心地投入工作之中，热忱地为游客提供优质的导游服务。

5.高尚的情操修养

高尚的情操是导游的必备修养之一。导游要不断学习，提高思想觉悟，努力使个人的功利追求与国家利益结合起来；要提高自己判断是非、识别善恶、分清荣辱的能力；培养自我控制的能力，自觉抵制形形色色的精神污染，力争做到“财贿不足以动其心，爵禄不足以移其志”，始终保持高尚的情操。

6.自觉地遵纪守法

遵纪守法是每个公民的义务，作为旅行社代表的导游尤其应树立高度的法纪观念，自觉地遵守国家的法律、法规，遵守旅游行业的规章，严格执行导游服务质量标准，严守国家机密和商业秘密，维护国家和旅行社的利益。

对于提供涉外导游服务的导游，还应牢记“内外有别”的原则，在工作中多请示汇报，切忌自作主张，更不能做违法乱纪的事。

（二）较全面的知识体系

类别	内容
语言知识	☆语言是导游最重要的基本功，是导游服务的工具。导游若没有过硬的语言能力，就根本谈不上做好服务工作。 ☆语言知识包括外语知识和汉语（或少数民族语言）知识。涉外导游至少应掌握并熟练运用一门外语，并了解或掌握2～3门其他外语。掌握一门外语，了解一种外国文化，有助于接受新思想、新观念，开阔眼界，在传播中外文化中作出贡献。
史地文化知识	☆史地文化知识包括历史、地理、宗教、民族、风俗民情、风物特产、文学艺术、古典建筑和园林等诸方面的知识。这些知识是导游讲解的素材，是导游服务的“原料”，是导游的看家本领。 ☆导游要对本地及邻近省、市、地区的旅游景点、风土人情、历史掌故、民间传说等了如指掌，对国内外的主要名胜景区、景点应有所了解，还要善于将本地的风景名胜与历史典故、文学名著、名人轶事等有机地联系在一起。
政策法规知识	☆政策法规是导游工作的指针。导游在导游讲解、回答游客的问题或同游客座谈有关问题时，必须以国家的方针政策和法规为指导，否则会给游客造成误解，甚至给国家造成损失。 ☆旅游过程中出现的有关问题，导游必须根据国家的政策和有关的法律法规予以正确处理。 ☆导游自身的言行也要符合国家政策法规的要求，应自觉地遵纪守法。
心理学知识	☆导游的工作对象主要是形形色色的游客，还要与各旅游服务部门的工作人员打交道，导游工作集体三成员（全陪、地陪和领队）之间的相处有时也很复杂。导游是做人的工作，而且往往是与之短暂相处，因而掌握必要的心理学知识具有特殊的重要性。 ☆导游要随时了解游客的心理活动，有的放矢地做好导游讲解和旅途生活服务工作，有针对性地提供心理服务，从而使游客在心理上得到满足，在精神上获得享受。

（续表）

类别	内容
美学知识	旅游活动是一项综合性的审美活动。导游不仅要向游客传播知识，也要传递美的信息，让他们获得美的享受。一名合格的导游要懂得什么是美，知道美在何处，并善于用生动形象的语言向具有不同审美情趣的游客介绍美，还要用美学知识来指导自己，使自己的仪表、仪容、仪态符合美的要求。因为导游代表着一个国家（或地区）的旅游形象，其自身就是游客的审美对象。
政治、经济、社会知识	☆由于游客来自不同国家（地区）的不同社会阶层，他们中一些人往往对旅游目的地的某些政治、经济和社会问题比较关注，喜欢询问一些相关的问题。有的人还常常把本国本地的社会问题同旅游目的地的社会问题进行比较。 ☆在旅游过程中，游客随时可能见到或听到旅游目的地的某些社会现象，引发他们对某些社会问题的思考，要求导游给予相应的解释。 ☆所以，导游应掌握相关的政治、经济、社会知识，了解旅游目的地的风土民情、婚丧嫁娶习俗、宗教信仰和禁忌习俗等，以便更好地做好导游服务工作。
国际知识	☆涉外导游还应掌握必要的国际知识，要了解国际形势和各时期国际上的热点问题，以及我国的外交政策和对有关国际问题的态度；要熟悉旅游客源国或旅游接待国的概况，知道其历史、地理、文化、民族、风土民情、宗教信仰、民俗禁忌等。 ☆了解和熟悉这些情况不仅有助于导游有的放矢地提供导游服务，而且可以加强与游客的沟通。
旅行知识	☆导游率领游客在目的地旅游，在提供导游服务的同时，还应随时随地帮助游客解决旅行中的种种问题。因此，导游掌握必要的旅行知识，对旅游活动的顺利进行就显得十分重要。 ☆旅行知识主要包括入出境知识、交通知识、通信知识、货币保险知识、卫生知识、旅游业知识等，必要的旅行知识往往能起到少出差错、事半功倍的作用。

（三）较强的独立工作能力

导游工作是一项难度较大、复杂而艰巨的工作，导游的能力直接影响到对客服务的效率和服务效果。导游接受任务后，要独立组织游客参观游览，要独立做出决定、独立处理问题。导游的工作对象形形色色，旅游活动丰富多彩，出现的问题和性质各不相同，因此导游工作时不能墨守成规；相反，必须根据不同的时空条件采取相应的措施，予以处理。

因此，较强的独立工作能力和创新精神，对导游具有重要意义。导游的独立工作能力主要表现在以下四个方面。

类别	内容
独立执行政策和宣传讲解的能力	导游必须具有高度的政策观念和法制观念，要以国家的有关政策和法律、法规指导自己的工作和言行；要积极主动地宣传社会主义中国，讲解我国现行的方针政策，介绍我国人民的伟大创造和社会主义建设的伟大成就；回答游客的种种询问，帮助他们尽可能全面、正确地认识我国。
较强的独立组织协调能力	导游接受任务后，要根据旅游合同安排旅游活动并严格执行旅游接待计划，带领全团游客游览好、生活好。这就要求导游具有较强的组织、协调能力，要求导游在安排旅游活动时有较强的针对性并留有余地，在组织各项活动时讲究方式方法并及时掌握变化的客观情况，灵活地采取相应的有效措施。

（续表）

类别	内容
善于和各种人打交道的能力	导游的工作对象甚为广泛，善于和各种人打交道是导游最重要的素质之一。与层次不同、品质各异、性格相左的中外人士打交道，要求导游必须掌握一定的公共关系学知识并能熟练运用，具有灵活性好、理解能力强和可适应不断变化着的氛围的能力，随机应变地处理问题，搞好各方面的关系。导游具有相当的公关能力，就会在待人接物时更自然、得体，能动性和自主性必然会更高，有利于提高导游服务质量。
独立处理问题和事故的能力	冷静分析、果断决定、正确处理意外事故是导游最重要的能力之一。旅游活动中意外事故在所难免，能否妥善地处理事故是对导游的一项严峻考验。临危不惧、头脑清醒、遇事不乱、处理果断、办事利索、积极主动、随机应变是导游处理意外事故时应具备的能力特质。

（四）较熟练的导游技能

服务技能可分为操作技能和智力技能两大类。导游服务需要的主要是智力技能，包括：

☆导游与同事协作共事，与游客成为伙伴，使旅游生活愉快的带团技能；

☆根据旅游接待计划和实情，巧妙、合理地安排参观游览活动的技能；

☆选择最佳的游览点、线，组织活动，当好“导演”的技能；

☆触景生情、随机应变，进行生动精彩的导游讲解的技能；

☆灵活回答游客的询问，帮助他们了解旅游目的地的宣讲技能；

☆沉着、果断地处理意外事故的应急技能；

☆合情、合理、合法地处理各种问题和旅游投诉的技能等。

语言、知识、服务技能构成了导游服务三要素，缺一不可，只有三者的和谐结合才称得上是高质量的导游服务。导游的服务技能与他的工作能力和掌握的知识有很大的关系，需要在实践中培养和发展。导游要在掌握丰富知识的基础上，努力学习导游方法、技巧，并不断总结、提炼，形成适合自己特长的导游方法、技巧及自己独有的导游风格。

（五）积极的进取精神

导游职业是个充满竞争、充满挑战的职业。

一方面，在国际化和全球化发展的大背景下，中国的海外旅游客源地和目的地越来越多。2023年初，跨境游限制放开，出境交流迎来恢复的曙光。2023年8月10日，中国文化和旅游部正式宣布，即日起恢复旅行社经营赴138个国家出境团队旅游业务。旅游国际交往日趋密切，要求导游掌握的国际旅游知识成倍增加；与此同时，国内旅游发展方兴未艾，老景区改造频繁，新景区层出不穷，旅游方式不断变化，导游知识必须不断更新。

另一方面，我国导游管理体制正在发生巨大变化，导游职业社会化的趋势不可逆转，导游面临的竞争和压力越来越大。加上游客越来越成熟，他们旅游的视野可能比导游更开阔，所掌握的“旅游攻略”可能比导游更详尽，通过手机查询到的景点资讯可能让导游讲解相形见绌。

因此，导游应有居安思危、优胜劣汰的思想准备，要树立强烈的竞争意识，将压力变为动力，不断开拓进取、完善自我，才能更好地胜任本职工作。

（六）健康的身心

导游工作是一项脑力劳动和体力劳动高度结合的工作，工作繁杂、量大面广、流动性强、体力消耗大，而且工作对象复杂，诱惑性大。因此，导游必须是一个身心健康的人，否则很难胜任工作。导游的身心健康包括四个方面：

类别	内容
身体健康	导游从事的工作要求他能走路，会爬山，能连续不间断地工作。全程导游、地方导游和旅游团领队要陪同旅游团周游各地，不断变化的气候和各地的水土、饮食对其都是一个严峻的考验。
心态平和	导游的精神要始终愉快、饱满，在游客面前应显示出良好的精神状态，进入“导游”角色要快，并且能保持始终而不受任何外来因素的影响。面对游客，导游应笑口常开，绝不能把丝毫不悦的情绪带到导游工作中去。特别是现在，游客的自我保护意识越来越强，有时对导游的工作理解不够，导游要能受得起委屈，要学会调整自己的心态。
头脑冷静	在旅游过程中，导游应始终保持清醒头脑，处事沉着、冷静、有条不紊；处理各方面关系时要机智、灵活、友好协作；处理突发事件以及游客的挑剔、投诉时要干脆利索，要合情、合理、合法。
思想健康	导游应具有高尚的情操和超强的自控能力，能够抵制形形色色的诱惑，清除各种腐朽思想的污染。

总之，一名合格的导游应精干、老练、沉着、果断、坚定，应时时处处显示出有能力领导旅游团，而且工作积极、耐心，会关心人、体谅人，富于幽默感，导游技能高超。正如加拿大导游专家帕特里克·克伦在《导游的成功秘诀》一书中概括的，导游应是“集专业技能和知识、机智、老练、圆滑于一身”的人。

二、导游的职责要求

（一）导游的基本职责

职责	说明
接受导游任务，引导文明旅游	导游应接受旅行社分配的导游任务，按照接待计划安排和组织游客参观、游览，以身作则，遵守文明旅游规范，并引导游客文明开展旅游活动。
进行导游讲解，传播中国文化	导游负责向游客导游、讲解，介绍我国（地方）的传统文化和各地的旅游资源。
安排旅游事宜，保护游客安全	在旅游过程中，导游应配合和督促有关部门安排和落实游客的交通和住宿，保护游客的人身和财产安全。
反映意见要求，安排相关活动	对游客的意见和要求，导游应及时向上级反映，并积极协助有关部门安排会见、座谈等活动。
解答游客问询，处理相关问题	对游客提出的问题或相关咨询，导游应耐心予以解答，并协助处理游客在旅游过程中遇到的问题和事故。

（二）全陪、地陪、景区导游的主要职责

维护安全是全陪、地陪、景区导游共同的职责。三类导游的具体职责可见下表。

类别	全陪导游	地陪导游	景区导游
职责	①实施旅游接待计划。 ②做好联络工作。 ③做好组织协调工作。 ④维护安全，处理问题。 ⑤宣传、调研工作。	①安排旅游活动。 ②做好接待工作。 ③进行导游讲解。 ④维护游客安全。 ⑤处理相关问题。	①提供导游讲解。 ②做好安全提示。 ③宣讲相关知识。

1.全陪的主要职责

全程陪同导游在导游工作集体中处于中心地位，起着主导作用。在海外游客心目中，他们是东道国的代表，是旅游团在华活动的主要决策人。对于国内旅游团队而言，全程导游是国内组团旅行社的代表，负责全程陪同旅游团完成旅游活动。

全陪导游的主要职责体现在以下五个方面。

职责	说明
实施旅游接待计划	应按旅游合同或约定实施组团旅行社的接待计划，监督各地接待单位的执行情况和接待质量。
做好联络工作	负责旅游过程中同组团旅行社和各地接待旅行社的联络，做好旅行各站的衔接工作，确保旅游活动的连贯性、一致性和多样性。
做好组织协调工作	应协调旅游团与地方接待旅行社及地方陪同导游之间，领队与地方陪同导游、司机等各方面接待人员之间的合作关系，协调旅游团在各地的旅游活动，听取游客的意见。
维护安全，处理问题	应维护游客的人身和财物安全，处理好各类突发事件，转达游客的意见和要求，力所能及地处理游客的意见、要求乃至投诉。
宣传、调研工作	应耐心解答游客的问询，介绍我国（地方）文化和旅游资源，开展市场调研，协助开发、改进旅游产品的设计和市场促销。

2.地陪的主要职责

地方陪同导游是地方接待旅行社的代表，是旅游计划的具体执行者。就一地而言，地方陪同导游是典型的、完全意义上的导游，工作责任最大，处理的事务最多，工作最辛苦，所起的作用最关键。

地陪导游的主要职责体现在以下五个方面。

职责	说明
安排旅游活动	严格按照旅游接待计划，合理安排旅游团（游客）在当地的旅游活动。
做好接待工作	地陪导游的重点职责之一是要认真安排、落实旅游团（游客）在当地的接送服务和食、住、行、游、购、娱等服务，并与全陪、领队密切合作，按照旅游接待协议做好当地旅游接待工作。

（续表）

职责	说明
进行导游讲解	负责旅游团（游客）在当地参观游览中的导游讲解是地陪导游的又一重点职责，地陪导游应积极介绍和传播我国（地方）文化和旅游资源，解答游客提出的问题。
维护游客安全	地陪导游要维护游客在当地旅游过程中的人身和财物安全，做好事故防范和安全提示工作。
处理相关问题	地陪导游应妥善处理旅游服务相关各方面的协作关系，以及游客在当地旅游过程中发生的各类问题。

3.景区导游的主要职责

职责	说明
提供导游讲解	景区导游亦称讲解员，其职责重点就是负责所在景区的导游讲解，解答游客的问询。
做好安全提示	景区导游应提醒游客在参观游览过程中注意安全，并给予必要的协助。
宣讲相关知识	景区导游应结合景区的景观景物向游客宣讲环境、生态和文物保护知识。

三、导游的礼仪规范

（一）导游的仪容礼仪

导游的仪容礼仪包括面部化妆礼仪、头发护养礼仪和香水使用礼仪等方面。

类别	注意事项
面部化妆礼仪	化妆或淡或浓要视时间、场合而定。在日光下、工作时间和工作场合只适合化淡妆。晚上参加舞会、宴会等社交活动时，可穿着艳丽、典雅的服装，在灯光照耀下妆色可浓些，可使用发亮的化妆品。 导游带团时，不要化浓妆。 化妆禁忌： ☆不要当众化妆。 ☆不要非议他人的妆容。 ☆不要借用别人的化妆品。 ☆男士的化妆要体现男子汉的气概。
头发护养礼仪	拥有整洁干净的头发是社交礼仪中最基本的要求。如今，头发的功能已不是单纯地表现人的性别，而是更全面地表现着一个人的道德修养、审美情趣、知识结构及行为规范。
香水使用礼仪	①**忌用量过多**。一般情况下，1米范围内能够闻到淡淡的幽香较为合适，若在3米左右的距离内仍可闻到香味就显得过量了。 ②**忌使用部位不当**。涂抹香水的部位最好是光线照射不到的地方。如腋下、耳后、手臂内侧等。不要搽在手背、额头等暴露部位，比较妥当的办法是在衣领、衣角、手帕上搽一点，任其自然挥发。 ③**忌不洁使用**。要使香水发挥应有的作用，务必先洗澡，去除不洁气味。用香水掩盖异味是不正确的。 ④**忌不同香水混合使用**。不同品牌、不同系列、不同香型的香水不能混合使用，以免掩盖不同香水的香气特点和产生副作用。 ⑤**忌吃辛辣刺激的食物**。忌吃葱、蒜、辣椒等。因为食用这类辛辣刺激的食物后容易产生体臭，从而影响香水的使用效果。

（二）仪表服饰礼仪

1.着装的基本原则

类别	注意事项
TPO原则	TPO原则是人们着装的总原则。在英语中是Time（时间）、Place（地点）、Occasion（场合）三个单词的首字母，指人们在着装时，要注意时间、地点、场合并与之相适应。 ☆与时间相适应（T）。 ☆与地点相适应（P）。 ☆与场合相适应（O）。
配色原则	☆一般来说，黑、白、灰是服装搭配时最常用的三种颜色，它们最容易与其他颜色的服装搭配并取得很好的效果。因此，这三种颜色也被称作“安全色”。 ☆服装色彩的搭配要遵循上浅下深或上深下浅的原则。可采取同类型配色或衬托配色的方式，例如，绿色配黄色、浅蓝配粉红、深蓝配红色等。 ☆深色的衣服，特别是黑色、深蓝色、深咖啡色等给人以收缩感，瘦人穿着显得更加瘦小，而胖人穿着则会显得苗条。 ☆浅色的衣服给人以扩张感，适宜瘦人穿着。

2.着装的基本要求

类别	注意事项
与年龄相协调	年龄大些的人喜欢穿深色保守款以显成熟稳重；年龄小些的人喜欢着亮色时尚款以显青春活泼。
与体形相协调	☆瘦者穿浅色、横条纹、大花图案的衣服可以显得圆润丰满些。 ☆胖者穿深色、竖条纹的衣服则可显得苗条清秀些。 ☆肤色较深的人穿浅色服装会显得时尚健美。 ☆肤色较白的人穿深色服装更能显出皮肤的细腻白嫩。
与职业相协调	导游是旅游地的形象大使，不宜染头发、穿奇装异服，否则会使游客感觉缺乏亲和力，应该选择适合户外工作特点、大方得体的服饰。
与环境相协调	☆在喜庆场合不能穿得太古板，在悲伤场合不能穿得太花哨，在庄重场合不能穿得太随意，在休闲场合不能穿得太隆重。 ☆高跟鞋和西服套裙显得高雅大方，适合在参加宴会时穿着，但不适合去登高探险、郊外野营。

3.正装的着装规范：男士西装的着装规范

（1）穿着西服时的注意事项。

①要拆除衣袖上的商标。

②要熨烫平整。

③要系好纽扣。

☆单排两粒扣式的西服上衣，讲究“扣上不扣下”，即只系上边那粒纽扣，或全部不系。

☆单排三粒扣式的西服上衣，要么只系中间那粒纽扣，要么系上面那两粒纽扣。

☆双排扣的西服上衣必须系上所有纽扣，以示庄重。

☆穿西服背心，不论是单独穿着，还是与西服上衣配套，都要认真地系上纽扣。

☆一般情况下，背心只能与单排扣西服上衣配套。

☆背心也分为单排扣式和双排扣式两种。

☆根据着装惯例，单排扣式西服背心的最下面那粒纽扣应当不系，而双排扣式西服背心的纽扣则必须全部系上。

④不卷不挽。

⑤慎穿毛衫。

除了衬衫与背心之外，在西服上衣之内，最好不要再穿其他任何衣物。在气候寒冷的地区，只能加一件薄型V领羊毛衫或羊绒衫。这样既不会显得过于花哨，也不会妨碍自己打领带。不穿色彩、图案十分复杂的羊毛衫或羊绒衫，也不穿扣式的开领羊毛衫或羊绒衫，否则会使西服变形走样，给人以臃肿感。

⑥要巧妙搭配。

西服的标准穿法是衬衫之内不再穿其他衣物。至于不穿衬衫，而以T恤直接与西服搭配的穿法，在正式场合是不允许的。

⑦要少装东西。

☆西服的口袋里应少装东西或不装东西。

☆上衣左侧的外胸袋除可以插入一块用以装饰的真丝手帕外，不应再放其他任何东西，尤其不应当放钢笔、挂眼镜。

☆内侧的胸袋，可以用来放钢笔、钱夹或名片夹，但不要放过大过厚的东西或叮当作响的钥匙串等物。

☆外侧下方的两只口袋，原则上不放任何东西。

☆在西服背心上，口袋大多只起到装饰作用。除可以放置怀表外，不宜再放别的东西。在西服裤子上，两只侧面的口袋只能放纸巾、钥匙包或者钱包。其后侧的两只口袋，一般不放任何东西。

（2）穿着正装衬衫时的注意事项。

要点	说明
衣扣要系上	穿西装的时候，衬衫的所有纽扣都要一一系好。在穿西装而不打领带的时候，必须解开衬衫的领扣。
袖长要适度	穿西装时，衬衫的袖子最好露出西服袖口2厘米左右。
下摆要放好	穿长袖衬衫时，不论是否穿外衣，都要将下摆均匀掖进裤腰之内。
大小要合身	除休闲衬衫外，衬衫既不宜过于短小紧身，也不应过分宽松肥大。

（3）穿着鞋袜时的注意事项。

☆与西服配套的鞋子只能是皮鞋，其颜色选用宜以深色和单色为原则。黑色皮鞋可以和任何颜色的西装配套。

☆男士在穿西服、皮鞋时所搭配的袜子，以深色和单色为宜，并且最好是黑色的。

4.正装的着装规范：女士套裙的穿法

要点	说明
长度适合	套裙的上衣可以短至腰部，裙子可长达小腿的中部。一般情况下，上衣不宜太短，裙子也不宜过长。上衣的袖长不超过着装者的手腕，裙子不盖过脚踝。
穿着到位	在穿着套裙时要将上衣的领子完全翻好，衣袋的盖子要拉出来盖住衣袋；不允许将上衣披在身上，或者搭在身上，裙子要穿着端正，上下对齐。 女士在正式场合穿套裙时，上衣的衣扣必须全部系上，不允许将其全部或部分解开，更不允许当着别人的面随便将上衣脱下。
考虑场合	女士在各种正式的商务交往之中，一般以穿着套裙为好。在出席宴会、舞会、音乐会时，可酌情选择适合参加这类活动的礼服或时装。
协调妆饰	女性导游在工作岗位上要突出的是工作能力和敬业精神，应当只化淡妆，恰到好处即可。就佩饰而言，饰物以少为宜，要合乎自己的职业和身份。不允许佩戴过度张扬自己“女人味”的耳环、手镯、脚链等首饰。
套裙与鞋袜搭配协调	女士在选择与套裙相配的鞋袜时，要注意：鞋袜应当大小适宜、完好无损，鞋袜不可当众脱下，不允许穿两只不同的袜子，不可将袜口暴露在外。

（三）导游的言谈礼仪

1.基本规则

要点	说明
委婉含蓄，表达巧妙	在外交场合，通常以“遗憾”代替“不满”，以“无可奉告”代替“拒绝回答”；在社交场合，以“去洗手间”代替“厕所在哪儿”，这些都是委婉含蓄的表达方式。
善于倾听，给别人以说话的机会	这样才能在听取别人谈话的同时，获得对方的好感。倾听时要集中注意力，要主动反馈，要尊重对方意见。
坦率诚恳，切忌过分客气	欧美人习惯直率地表达自己的意见，只要言语不唐突，直抒己见反而更易获得好感。 日本人交谈时比较含蓄，而且会不时地应和对方。
大方自然	交谈时，要自信、大方、自然，不能扭捏腼腆、惊慌失措或心不在焉。
照顾全局	多人交谈时，要照顾大家，要与多数人谈话，不要冷落任何人。
诙谐幽默，避开矛盾的锋芒	幽默风趣的话语不仅令人愉快，还能化解由于各种原因引起的紧张情绪和尴尬气氛。

2.忌谈话题

☆非特殊场合不要涉及疾病、死亡等不愉快的话题。

☆回避对方的隐私。对女士一般不询问其年龄和婚姻情况；对一般人，不直接询问其履历、工资收入、家庭财产、衣饰价格等私人的问题。

☆对方不愿意回答的问题不要刨根问底，对方反感的问题一旦提出则应表示歉意或立即转移话题。

☆不要批评长辈和身份高的人，不要讥笑讽刺他人，对宗教问题也应持慎重态度。

☆不能用词尖酸刻薄，恶语伤人。

☆不能用傲慢失礼的话伤害对方的自尊心。

☆和外国游客交谈不得胡言乱语或泄露国家机密。

3.控制音调

要注意控制音调，尤其是讲话时尖而响的声音容易引起旁人的反感。一个音量适宜、清晰可辨的声音更能吸引人们的注意力并博得信任和尊敬。

4.礼貌用语

☆“谢谢你”“对不起”“请”这些礼貌用语，如使用恰当，对融洽人际关系会起到意想不到的作用。

☆无论别人给予你的帮助是多么微不足道，都应该诚恳地说声“谢谢”。对他人的道谢要答谢，答谢可以用“没什么”“别客气”“应该的”来回答。

☆道歉时最重要的是有诚意，切忌道歉时先辩解，好似推脱责任；同时要注意及时道歉，犹豫不决会失去道歉的良机。

☆在涉外场合需要请人帮忙时，说句“对不起，你能帮我一下吗”，能体现一个人的谦和及修养。

☆几乎在任何需要麻烦他人的时候，“请”都是必须挂在嘴边的礼貌语。

5.交谈的最佳距离和角度

☆在社交场合，要注意保持交谈的最佳距离和角度。西欧一些国家认为，两个人交谈的最佳距离为1米，但意大利人经常保持0.3～0.4米的距离。

☆从卫生角度考虑，交谈的最佳距离为1.3米，这样就不至于因交谈而感染由飞沫传染的疾病。此外，交谈时最好选择一定的角度，两人可在对方的侧面斜站，形成30°角为最佳，避免面对面。这个距离和角度，既无疏远之感，又文明卫生。

（四）导游的举止礼仪

1.站、坐、走姿礼仪

（1）站姿礼仪

导游的站姿要给游客一种谦恭有礼的感觉。基本要领是：头正目平、面带微笑、肩平挺胸、立腰收腹、两臂自然下垂，两膝并拢或分开与肩同宽。

站立时不可两手叉腰或把手插在裤兜里，更不要有怪异的动作，如抽肩、缩胸、乱摇头、不停地摆手等。

站着与人交谈时，两臂可随谈话的内容做些适度的手势，但动作幅度不可过大。在正式场合，不宜将手插在裤袋里或交叉在胸前，更不要下意识地做些小动作。那样不但显得拘谨，给人缺乏自信和经验之感，而且仪态也有失庄重。

站立时应注意：向人问候或做介绍时，不论握手或鞠躬，重心应在中间，膝盖要挺直。

总之，站姿应该自然、轻松、优美，不论呈何种姿势，改变的只是脚的位置和角度，而身体要保持绝对的端正挺拔，即古人所说的“立如松”。

（2）坐姿礼仪

导游的坐姿要给游客一种温文尔雅的感觉。基本要领是：上体自然挺直，两腿自然弯曲，双脚平落地上，臀部坐在椅子中央。男性导游一般可双腿微张，以显其自信、豁达；女性导游一般两膝并拢，以显示其庄重、矜持。

（3）走姿礼仪

导游的走姿要给游客一种轻盈稳健的感觉。基本要领是：行走时，上身自然挺直，立腰收腹，肩部放松，两臂自然前后摆动，身体的重心随着步伐前移，脚步要从容轻快、干净利落，目光要平稳，可用眼睛的余光（必要时可转身扭头）观察游客是否跟上。行走时，不要把手插在裤袋里。

导游在不同的场合中，行姿也各有不同。如与人告辞时，不宜扭头便走，示人以后背。为了表示对在场的其他人的敬意，在离去时，可采用后退法。后退法的标准做法是：目视他人，双脚轻擦地面，向后小步幅地退三四步，然后先转身后扭头，轻轻地离去。

在楼道、走廊等道路狭窄之处需要为他人让行时，应采用侧行步。即面向对方，双肩一前一后，侧身慢行。这样做，是为了对人表示“礼让三分”，也是意在避免与人争抢道路，发生身体碰撞或将自己的背部正对着对方。

2.鞠躬礼仪

鞠躬即弯身行礼，源于中国的商代，是一种古老而文明的对他人表示尊敬的郑重礼节。

鞠躬礼分为三鞠躬与深鞠一躬两种。

类别	说明
三鞠躬	敬礼之前，应脱帽或摘下围巾，身体肃立，目光平视，身体上部向前下弯约90°，然后恢复原样，如此连续三次。
深鞠一躬	几乎适用于一切社交和商务活动场合，这也是导游最常用的鞠躬方式，只要是为了表达对别人的尊重，都可以行鞠躬礼。施鞠躬礼时，应立正站好，保持身体端正，面对受礼者，距离两三步远，以腰部为轴，整个腰部及肩部向前倾15°～90°。

3.蹲姿礼仪

蹲姿是人的身体在朝低处取物、拾物时所呈现的姿势。蹲的风度是“蹲要雅”。导游在工作中，当需要从低处取物，或捡拾落在地上的物品，或整理自己的鞋袜，或工作过程中需要在低处进行整理时，均应注意动作要美观、姿势要优雅。

优雅的蹲姿可分三个步骤。

步骤	说明
直腰下蹲	首先要讲究方位，当需要捡拾低处或地面物品的时候，可走到物品的左侧；当面对他人下蹲时，要侧身相向；当需要整理鞋袜或在低处整理物品时可面朝前方，两脚一前一后，一般情况是左脚在前、右脚在后，目视物品，直腰下蹲。
弯腰拾物	直腰下蹲后，方可弯腰捡低处或地面上物品，及整理鞋袜或在低处工作。

（续表）

步骤	说明
直腰站起	取物或工作完毕后，先直起腰部，使头部、上身、腰部在一条直线上，再稳稳站起。

蹲姿主要有三种形态。

类别	说明
高低式蹲姿	这是常用的一种蹲姿。下蹲时右脚在前、左脚稍后，两腿靠紧向下蹲。右脚全脚着地，小腿基本垂直于地面，左脚脚跟提起，脚掌着地。左膝低于右膝，左膝内侧靠于右小腿内侧，形成右膝高、左膝低的姿态，臀部向下，基本上以左腿支撑身体。
单膝点地式蹲姿	这是一种非正式的蹲姿，多用于下蹲时间较长或为了方便用力时采用。下蹲后，右膝点地，臀部坐在其脚跟之上，以其脚尖着地。另一条腿全脚掌着地，小腿垂直于地面，双膝同时向外，双腿尽力靠拢。这种姿势适用于男子。
交叉式蹲姿	这是一种优美典雅的蹲姿。如集体合影前排需要蹲下时女士可采用交叉式蹲姿，下蹲时右脚在前、左脚在后，右小腿垂直于地面，全脚着地。左膝由后面伸向右侧，左脚跟抬起，脚掌着地。两腿靠紧，合力支撑身体。臀部向下，上身稍前倾。

蹲姿礼仪应注意以下禁忌。

类别	说明
弯腰撅臀	这是日常生活中最常见的一种蹲姿，这种姿势对其后面的人来说是一种失礼、不敬的行为，尤其是女导游穿裙装时不可采用此种蹲姿。
平行下蹲	两腿展开平行，即使是直腰下蹲，其姿态也不优雅。这种蹲姿被称为“蹲厕式”蹲姿，不仅姿势不雅观，而且也是对他人的无礼。
下蹲过快、过近	下蹲时速度过快，会令人产生突兀惊讶之感；下蹲的距离过近，则容易造成彼此“迎头相撞”。
蹲歇	蹲在椅子上或地上休息是必须严格禁止的，更是服务行业的大忌。

（五）导游日常交往中的礼仪

1.日常交往的礼仪原则

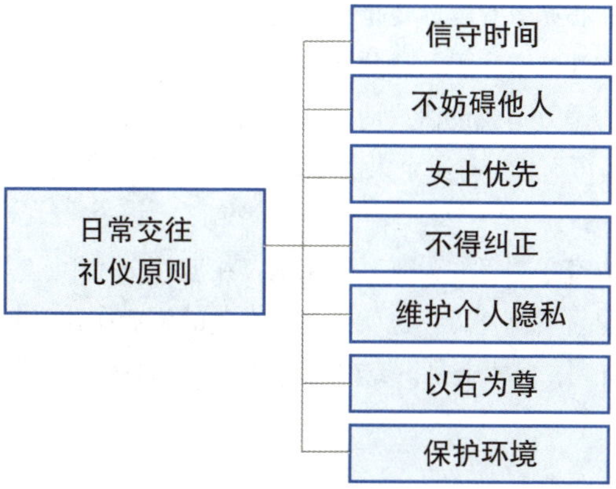

（1）信守时间

信守时间，遵守约会，是取信于人的一项基本要求。导游要遵守信守时间的原则，重要的是做好以下几点：

☆在有关时间的问题上，不可以含含糊糊、模棱两可。

☆与游客一旦约定时间，就应千方百计予以遵守，不能随便变动或取消。

☆对于约定的时间，唯有“正点”到场方为得体，早到与晚到，同样都是不正确的做法。

☆万一失约，务必要向约会对象尽早通报，解释缘由，并向对方致歉，绝不可以对此得过且过或者索性避而不谈，显得若无其事。

（2）不妨碍他人

在公共场合中，应遵守“不妨碍他人”的原则。不妨碍他人原则要求人们在公共场所里进行活动时，务必要讲究公德，善解人意，好自为之，切勿因为自己的言行举止不够检点，而影响或妨碍了其他人，或是使其他人感到别扭、不安或不快。在公共场合中，不可以忘乎所以、为所欲为，不可以高谈阔论、大声喧哗。指点、议论对方，甚至不邀而至地自动加入他人的谈话，都会给他人造成影响或妨碍。

（3）女士优先

女士优先原则的本意，是要求在社交场合里，每一位成年男子都应尽自己的一切可能来尊重女士、体谅女士、帮助女士、照顾女士、保护女士，并且随时随地、义不容辞地挺身而出，替女士排忧解难。

在现实生活中，女士优先的原则是通过一系列的具体做法来贯彻和体现的。例如，在女士面前，男士不应说脏话、开无聊玩笑。

（4）不得纠正

在相互交往中，应遵守“不得纠正”的原则。“不得纠正”的意思，是要求我们在同外国友人打交道的过程中，只要对方的所作所为不危及生命安全，不违背伦理道德，不触犯法律，不损害我方的国格、人格，在原则上都可以对之悉听尊便，而不必予以干涉与纠正。遵守“不得纠正”的原则，是尊重外国友人的一个重要体现。

（5）维护个人隐私

凡事皆有分寸，关心亦应有度。要是对他人的关心过了头，让人感到的绝对不会是温暖，而只会是厌烦。在涉外交往中，过分关心别人，其实也是对对方的一种伤害。导游在跟外国游客打交道时，千万不要没话找话，信口打探对方的个人情况。尤其是当发现对方不愿回答时，就应当适可而止。尊重个人隐私，这条原则是必须遵守的。

（6）以右为尊

在位置排列中，应遵守“以右为尊”的原则。在涉外交往中，一旦涉及位置的排列，原则上都讲究右尊左卑、右高左低。也就是说，右侧的位置在礼仪上总要比左侧的位置尊贵。关于前后的位置排列，基本上是讲究前尊后卑，即前排的位置要较后排的位置尊贵。

（7）保护环境

在涉外活动中，遵守保护环境的原则是非常重要的，是同文明程度的高低联系在一起来看待的。要遵守这项原则，不仅要具有保护环境的意识，而且要在日常生活中严格要求自己，如不在他人面前吸烟，不随手乱丢弃物品，不采摘花卉，爱护动物等。与西方人交谈时，诸如“狗肉味道好极了”一类的话语是很不合适的。

2.日常工作中的礼仪要求

类别	说明
遵守时间	☆守时是日常工作中最重要的礼节。导游必须及时把每天的活动时间安排清楚地告诉每个游客，并随时提醒。 ☆按照规定时间提前到达出发地点，如有特殊情况，必须耐心向客人解释以获得谅解。
尊重游客	☆注意服务严谨、态度和蔼。 ☆尊重游客的宗教信仰、风俗习惯，尊重老人和女士，对儿童多加关照。 ☆对残疾人进行特殊服务时，应表现出热情、体贴而不是怜悯。 ☆对重点客人的接待服务要有分寸，不卑不亢。 ☆对旅游团领队要尊重，做到有事商量，主动听取意见，以礼待人，力求协调，通力合作。
注意细节	☆外出旅游清点人数时，不宜用手指点。 ☆车子发动时，要提示客人坐稳。 ☆行车时一般可致欢迎词，包括自我介绍，并祝愿游客在旅游期间活动愉快。 ☆客人到酒店时，提醒客人携带好随身物品。 ☆讲话时音调柔和清晰，音量适中，手势简练，举止大方；在参观游览时，要注意游客的兴趣选择性讲解；欢迎客人时要致欢迎词；欢送客人时，要致欢送词。 ☆导游接受游客邀请品尝风味小吃时，切忌主宾颠倒，要注重进餐时的礼仪等。

（六）导游人际沟通的礼仪

1.称呼礼仪

称呼礼仪指的是人们在人际沟通中所采用的称谓语。按照社交礼仪的规则，导游在进行人际沟通时要使用正确、适当的称呼，同时还应注意：要合乎常规，要照顾习惯，要入乡随俗。

（1）生活中的称呼

方式	说明
敬称	☆对于有身份者、年长者，可以称呼其“先生”。其前还可以冠以姓氏，如“李先生”。 ☆对文艺界、教育界人士，均可称之为“老师”。也可加上姓氏，如“王老师”。 ☆对德高望重的年长者，可称之为“老”，并将姓氏冠于“老”之前，如“李老”。
姓名的称呼	☆平辈的朋友、熟人，彼此之间均可用姓名相称。为了表示亲切，可免称其名。 ☆对年长者，称“老刘”。 ☆对年幼者，可称“小王”。

（2）工作中的称呼

导游在工作中称呼游客应注意庄重、正式、规范。

方式	说明
称呼职务	称呼职务是一种最常见的称呼方法。具体分为以下三种情况： ☆仅称呼职务，如“经理”“主任”“院长”等。 ☆在职务之前加上姓氏，如“赵处长”“李书记”等。 ☆在职务之前加上姓名，这仅适用极其正式的场合，如“王鑫总经理”等。
称呼职称	具有专业技术职称者，尤其是具有高级、中级职称者，可以在工作中直接以其职称相称，如“律师”“医生”“教授”等。可以在职称前加上姓氏，如“欧阳编辑”“王调研员”；可以简化称呼，如将“孙工程师”简称为“孙工”；可以在职称前加上姓名，这种适用于十分正式的场合，如“张×教授”“汪×主编”等。
称呼学衔	称呼游客的学衔，可增加被称呼者的权威性。可以仅称呼学衔，如“博士”；也可在学衔前加上姓氏，如“蒋博士”。可以在学衔前加上姓名，如“关×博士”。还可以将学衔具体化，说明其所属学科再加上姓名，如“物理学博士王×”“人类学博士梁××”等，这种称呼最正式。
称呼行业	直接称呼职业，如称呼教员为“老师”、称呼教练员为“教练”、称呼警察为“警察”等。
称呼姓名	称呼姓名仅限于同事、熟人之间。可以直呼姓名，也可以只呼其姓，不称其名，但要在其前面加上“老”“大”“小”，如“老马”“小黄”。还可以只称其名，不呼其姓，这种称呼通常限于同性之间，尤其是上司称呼下级、长辈称呼晚辈时。

2.握手礼仪

握手是交际双方互伸右手彼此相握以传递信息的手势语，它包含初次见面时表示欢迎、告别时表示欢送，对成功者表示祝贺、对失败者表示理解、对信心不足者表示鼓励、对支持者表示感谢等多种语义。

（1）握手要领

与人握手时，上身应稍微前倾、立正、面带微笑、目视对方。

（2）握手顺序

握手顺序

- 男女之间，男方要等女方先伸手
- 女方不伸手且无握手之意，男士可点头或鞠躬致意
- 宾主之间主人应先向客人伸手，以表示欢迎
- 长辈与晚辈之间，晚辈要等长辈先伸手
- 上下级之间，下级要等上级先伸手，以示尊重

（3）握手时间

握手时间的长短可根据握手双方的关系亲密程度灵活掌握。初次见面一般握手不应超

过3秒钟，老朋友或关系亲近的人则可以边握手边问候。

（4）握手力度

握手力度以不握疼对方的手为最大限度。在一般情况下，握手不必用力，握一下即可。男士与女士握手不能握得太紧，西方人往往只握一下女士的手指部分，但老朋友可例外。

导游在与游客初次见面时，可握手表示欢迎，但只握一下即可，不必用力。对年龄较大或身份较高的游客应身体稍微前倾或向前跨出一小步双手握住对方的手以示尊重和欢迎。

在机场或车站送行，与游客告别时，导游和游客之间如已建立起较深厚的友谊，握手时可适当紧握对方的手并微笑着说些祝愿的话语。对于给予过导游大力支持和充分理解的海外游客及友好人士等更可加大些力度，延长握手时间，或双手紧握并说些祝福、感谢的话语以表示相互之间的深厚情谊。

（5）握手禁忌

① 忌多人同时握手，忌交叉同时与两个人握手。

② 忌精力不集中，握手时看着第三者或者环视四周。

③ 男士握手忌戴手套。

④ 忌将左手放在裤袋里。

⑤ 忌紧握对方的手，摇来摇去，长时间不放。

⑥ 忌边握手边拍对方肩头，握手时低头哈腰或与他人打招呼。

3.介绍礼仪

导游在服务过程中，如果能正确地利用介绍礼仪，则不仅可以扩大社交范围，而且有助于进行必要的自我展示、自我宣传。

（1）自我介绍

自我介绍时机　如有可能，导游有必要进行适当的自我介绍：一是本人希望结识他人时，导游可主动自我介绍；二是他人希望结识本人时，可做自我介绍；三是本人认为有必要让他人了解或认识本人的时候，做简短的自我介绍。

自我介绍的内容　导游在做自我介绍时，应兼顾实际需要，切不可“千人一面”。其方式一般可见下表。

方式	适用场合	举例
应酬式	适用于某些公共场合和一般性的社交场合，如旅行途中、宴会中。	“您好！我的名字叫张×。”“我是刘×。”
工作式	主要适用于工作之中。工作式的自我介绍内容应包括本人姓名、供职的单位及其部门、担负的职务或从事的具体工作三项。	“你好！我叫张×，是北京彩虹旅游科技公司人事经理。”“我叫吴×，××学校招生就业处老师。”
交流式	一般适用于社交活动中，它是一种希望对方认识自己、了解自己、与自己建立联系的自我介绍。可以包括介绍者的姓名、工作、籍贯、学历、兴趣及与某些熟人的关系等。	“我叫苏×，现在是迈腾旅游公司产品总监，我和您先生是大学同学。”

（续表）

方式	适用场合	举例
礼仪式	适用于讲座、报告、演出、庆典、仪式等正规隆重的场合，通过自我介绍表示对交往对象的友好、敬意。自我介绍可包含姓名、单位、职务，还应加入一些适宜的谦辞、敬语，以示自己礼待交往对象。	“各位来宾，大家好！我叫陈××，是远程公司的总经理。我代表本公司热烈欢迎大家莅临我们的产品发布仪式，谢谢大家的支持。”
问答式	一般用于应试、应聘和公务交往。	“您好！不知道应该怎么称呼？”“经理好！我叫唐×。”“请介绍一下你的基本情况。”“我……”

自我介绍的分寸 导游在做自我介绍时，态度要自然、友善、亲切、随和、落落大方。在进行自我介绍时，一定要敢于正视对方的双眼。另外，注意自我介绍的时间。介绍时要力求简洁，所用时间越短越好，以半分钟左右为佳，如无特殊情况最好不要超过1分钟。自我介绍还应选择在对方有空、对方情绪好、对方干扰少且有此要求时进行为好。

（2）他人介绍

他人介绍，又称第三者介绍，它是经第三者为彼此不相识的双方引见、介绍的一种介绍方式。

他人介绍的顺序 为他人介绍时，应遵守“尊者优先了解情况”的规则，大致有以下几种情况。

介绍顺序
- **先介绍年幼者，后介绍年长者**
- **先介绍晚辈，后介绍长辈**
- **先介绍男士，后介绍女士**
- **先介绍家人，后介绍同事、朋友**
- **先介绍主人，后介绍来宾**
- **先介绍职位、身份低者，后介绍职位、身份高者**

集体介绍的方式 集体介绍是他人介绍的一种特殊形式。进行集体介绍时，首先强调地位、身份；当双方地位、身份大致相似的时候，则遵循“少数服从多数”的原则，即先介绍人数少的一方，后介绍人数较多的一方；在为人数较多的一方做介绍时，可笼统介绍，也可依照礼仪，由尊而卑，由长而幼，依次进行。

他人介绍的内容 为他人做介绍时，介绍者对介绍内容应多斟酌。根据实际需要不同，通常有以下形式。

形式	说明	举例
标准式	适用于正式场合，一般以双方的姓名、单位、职务等为主。	“我给两位介绍一下。这位是××公司李主任，这位是××集团邓总经理。”
简介式	内容往往只有双方姓名，甚至只有姓。	“我来介绍一下，这位是老郭，这位是小秦，你们彼此认识一下吧。”
强调式	适用于各种交际场合，其内容除被介绍者的姓名外，往往还可以强调一下其中某位被介绍者与介绍者之间的特殊关系，以便引起另一位被介绍者的重视。	/
引见式	适用于普通的社交场合，做这种介绍时，介绍者所要做的是将被介绍双方引导到一起，而不需要表达任何具有实质性的内容。	/
推荐式	适用于比较正规的场合，多是介绍者有备而来，有意要将某人推荐给某人，因此在内容方面，通常会对前者的优点加以重点介绍。	/
礼仪式	适用于正式场合，是一种最为正规的介绍方式，其内容略同于标准式，但语气、表达、称呼上都更为礼貌、谦虚。	/

他人介绍的应对　在进行他人介绍时，介绍者与被介绍者都要注意自己的表述、态度与反应。例如：“很高兴认识你！”“幸会，幸会！”

他人介绍的注意事项　在为被介绍者做介绍之前，介绍者不仅要尽量征求一下被介绍者双方的意见，而且在开始介绍时还应再打一下招呼，切勿开口即讲，显得突如其来，让被介绍者措手不及。

4.电话礼仪

注意事项	具体说明
时间适宜	☆工作电话应尽量打到对方单位，最好避开临近下班时间，如果确有必要打对方手机，应注意避开吃饭或睡觉时间。 ☆拨打电话的时间，白天一般宜在上午8点以后，节假日应在上午9点以后，晚上应在22点以前。如无特殊情况，不宜在中午休息时间和就餐时间打电话。 ☆给海外人士打电话，要先了解一下时差，不要不分昼夜，骚扰他人。通话时间应有所控制，以短为佳，宁短勿长。 ☆在电话礼仪里，有一条“3分钟原则”，即每次通话时长以3分钟为宜。
内容简洁	☆通话内容力求简洁，表述清楚。

（续表）

注意事项	具体说明
体现文明	☆首先，要及时接听电话。一般要求铃响三声必须接电话。接通电话后，应立即说“你好！”，然后通报自己的单位名称，还可以加上自己的姓名。如果铃响三声后才接电话，应首先表示歉意：“您好，对不起，让您久等了。” ☆其次，问候介绍。对方接听电话后，拨打电话者要先自报家门，再问对方是谁，然后告知自己要找的人。比如：“您好！我是×××，请问您是×××吗？请您帮我找一下×××。” ☆再次，微笑接听电话，重视通话时的吐字、声调，体现出主动热情。 ☆最后，通话结束体现礼仪规范。一般来说，拨打电话的人会主动结束电话，等对方先挂断，然后再轻轻放下话筒。切忌没有致结束语就挂机或者挂机动作突然、用力过大，使对方产生误解。如果对方是长辈或身份较高者，无论是谁打出电话都应等待对方先挂电话。

电话礼仪还需注意一些细节。例如，在上司面前、在重要场合、在游客面前不随意接打电话。在公众场合，不可旁若无人地使用手机。在会议和洽谈的时候，最好的方式还是把手机调为静音或者关机。那种在会场上铃声不断的情况，并不能反映你“业务忙”，反而是一种缺乏修养的表现。

第三节　导游的修养、行为规范及职业道德规范

当前，旅游行业精神文明建设的目标是：以“全心全意为旅游者服务”为宗旨，立足岗位做奉献，全面提高从业人员的政治和业务素质，逐步规范行业行为，树立起积极、健康、文明的旅游行业新风尚。

一、导游的修养

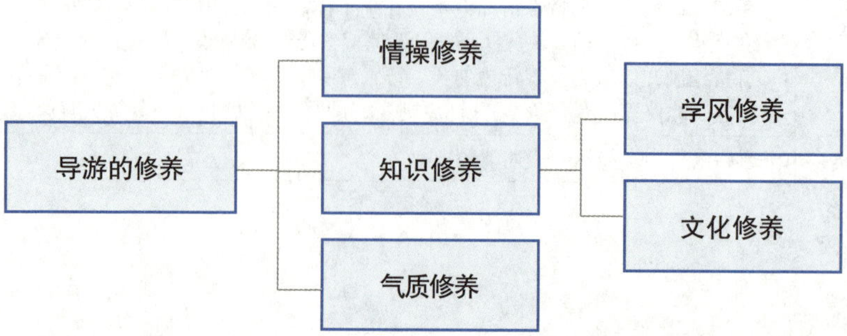

导游需加强自身修养的方面很多，其中主要有情操修养、知识修养和气质修养。

类别	具体说明
情操修养	情操是由情感和思想综合起来的、不易改变的心理状态或情感倾向。它通常表现为人们对事物的一种执着的信念和追求。所谓“富贵不能淫，贫贱不能移，威武不能屈”就是人们对高尚情操的赞誉和称颂。 ☆对国家要树立爱国心，即热爱祖国、热爱社会主义。 ☆对集体要树立集体主义精神。 ☆要树立全心全意为游客服务的思想。 ☆对自己的工作要有爱业、敬业精神。
知识修养	渊博的知识是导游立业之基。导游的知识修养包括**学风修养**和**文化修养**。 ☆学风修养：学风即学习的风气。导游服务工作是一种知识密集型的工作，要把这项工作做好，为游客提供优质的服务，需要博而专的知识，因此，导游应该养成良好的学风。 ☆文化修养：文化修养包含的内容甚为丰富，如知识、艺术鉴赏能力、兴趣爱好、审美情趣和礼节礼貌等。
气质修养	气质是一个人相当稳定的个性特点，俗称气度、脾气、秉性或性情。气质对一个人的工作态度、工作方式和工作作风会产生影响。

二、导游的行为规范

规范内容	具体说明
忠于祖国，坚持“内外有别”原则	导游不得有损害国家利益和民族尊严的言行，不得擅自带领游客进入保密禁区、军事要地参观、游览，不得泄露旅游团收费细目。在游客面前，导游不得谈论内部情况，在涉外场合，不得携带内部文件。
严格按规章制度办事，执行请示汇报制度	导游应严格按照旅行社确定的接待计划安排旅行、游览活动，不得擅自增加、减少旅游项目或者中止导游活动；在引导游客旅行、游览过程中，应就可能发生危及游客人身、财物安全的情况，向游客作出真实说明和明确警示，并按照旅行社的要求采取防止危害发生的措施。
自觉遵纪守法	导游在进行导游活动时，应当佩戴导游身份标识，开启导游执业相关应用软件，携带旅游接待计划或电子行程单。10人以上团队应打接待社社旗；不得私自转借导游证供他人使用。
自尊、自爱，不失人格、国格	☆导游有权拒绝游客提出的侮辱人格尊严或违反其职业道德的不合理要求。 ☆导游不得迎合个别游客的低级趣味，在讲解、介绍中掺杂庸俗、下流的内容。
注意一些细节	☆导游不要随便单独去游客的房间，更不要单独去异性游客的房间。 ☆导游不得携带自己的亲友随旅游团活动。 ☆导游不与同性外国旅游团领队同住一室。 ☆导游饮酒量不要超过自己酒量的1/3。

三、导游的职业道德规范

规范内容	具体说明
爱国爱企、自尊自强	不仅是导游必须遵守的一项基本道德规范，也是社会主义各行各业必须遵守的基本行为准则。
遵纪守法、敬业爱岗	导游除了要遵守国家的法律、法规外，还要遵守旅行社的制度和《导游人员管理条例》的规定，执行导游服务质量标准，敬业爱岗。
公私分明、诚实善良	在工作中，要能够自觉抵制各种诱惑，不为一己私利而损害游客利益；对待游客要诚实守信，不弄虚作假、不欺骗游客，严格履行合同的规定，杜绝随意增减景点和购物点的行为，维护游客的合理利益。
克勤克俭、宾客至上	克勤克俭、宾客至上是导游处理与游客关系的一条基本行为准则。它要求导游充分发挥主动性、积极性、创造性；发扬我国勤俭节约、热情好客的优良传统；要有很强的服务意识，能够始终把游客的利益放在第一位，想游客之所想、急游客之所急，把游客满意作为衡量自己工作的唯一标准。
热情大度、清洁端庄	热情大度、清洁端庄是导游在接待游客的过程中应当具备的基本道德品质和道德情操。导游要做到不管游客的态度如何，始终将微笑挂在脸上，关心游客，为游客着想。导游还要注意自己的仪容仪表，做到穿着得体、干净大方，使游客有舒心、满意之感。
一视同仁、不卑不亢	一视同仁、不卑不亢要求导游在整个旅游过程中要做到不因游客的地位、钱财、容貌和肤色而区别对待。 导游还要树立爱国主义的思想，对待游客要礼貌尊重，同时不卑不亢，真正体现出我国导游的国格和人格。
耐心细致、文明礼貌	耐心细致、文明礼貌是导游一项最重要的业务要求，它是衡量导游工作态度的一项重要标准。导游对待游客要像对待自己的家人一样耐心、细心、热心，尽自己最大的努力帮助游客解决遇到的问题。导游还要尊重每一位游客的不同生活习惯、宗教信仰、民族风俗等，对待每一位游客要举止文雅、态度友善。
团结服从、顾全大局	团结服从、顾全大局是集体主义原则在导游工作中的具体体现，它要求导游在服务游客的过程中必须以国家和集体的利益为重，讲团结、顾大局，要能够处理与他人之间的关系，杜绝相互指责的现象发生。
优质服务、好学向上	衡量导游道德素质高低的标准是看其是否具有优质服务的意识，导游在工作过程中必须时刻树立优质服务的意识，对于游客提出的问题要尽心、尽职、尽责地解答。此外，导游还要善于学习、勤于思考，不断提高自己的道德修养和业务水平。

易错考题小试牛刀

1.（判断题）导游人员应注意饮酒量不超过自己酒量的1/2。（　）

2.（判断题）地陪在导游工作集体中处于中心地位，起着主导作用。（　）

3.（判断题）中文导游人员即普通话导游员。（　）

4.（判断题）穿西装时，衬衫的袖子最好露出西服袖口3厘米左右。（　）

5.（单选题）在下列价值观中，（　　）是对美好社会的生动表述，也是从社会层面对社会主义核心价值观基本理念的凝练，它反映了中国特色社会主义的基本属性，是我们党矢志不渝、长期实践的核心价值理念。

A.富强、民主、文明、和谐　B.自由、平等、公正、法治

C.爱国、敬业、诚信、友善　D.富强、平等、诚信、和谐

6.（单选题）导游在服务中使用电话时，应自觉维护自己的“电话形象”，正确使用电话礼仪，给对方留下良好印象。如果确有必要打对方手机，应注意避开吃饭或睡觉时间，节假日应在上午（　）点以后，晚上应在（　）点以前。

A.8；21　B.8；20　C.9；22　D.10；20

7.（单选题）从卫生角度考虑，交谈最佳距离为（　）米，这样就不至于因交谈而感染上由飞沫传染的疾病，保证健康。

A.5　B.1　C.1.3　D.1.5

【答案】1. 错　2. 错　3. 错　4. 错　5.B　6.C　7.C

第二篇　服务规范

第三章
地方导游服务程序与服务质量要求

【考试大纲】

• **掌握：** 旅游团的地陪导游服务程序和服务质量要求。

【历年分值】

年份	判断（题）	单选（题）	多选（题）	分值（分）	分值占比（%）
2018	1	5	2	5	10
2019	1	3	1	3	6.12
2020	1	4	2	4.5	9.38
2023	0	4	2	4	8.51

地方导游服务程序是指地方陪同导游（简称地陪）在当地接待旅游团时应遵循的服务流程和标准。游客是否满意、旅游接待计划能否圆满实施在很大程度上取决于各站地陪的导游服务的好坏。

地陪导游服务流程如下图。

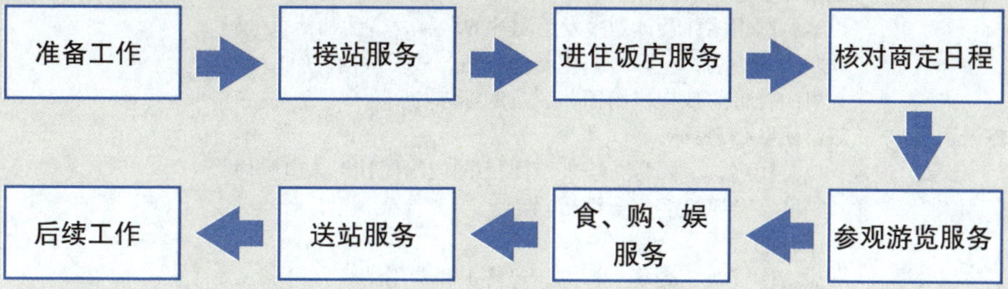

第一节　准备工作

地陪做好接团前的各项准备工作是向游客提供良好服务的前提。

地陪的准备工作包括以下几个方面。

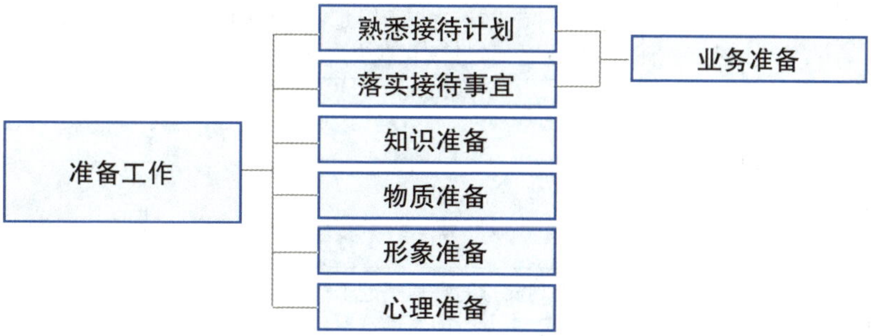

一、熟悉接待计划

接待计划既是组团社根据与游客签订的旅游合同（协议）而制订的各项旅游活动安排，又是组团社委托有关地方接待社组织落实旅游团活动的契约性文件，同时也是导游了解旅游团基本情况和安排当地活动日程的主要依据。

接待计划分为入境旅游团接待计划和国内旅游团接待计划。入境旅游团接待计划是国内组团社根据同境外旅行社所签旅游合同或协议的要求制订的旅游团在我国境内旅游活动的安排计划；国内旅游团接待计划是国内组团社根据同游客所签旅游合同的内容制订的各地的旅游团活动安排计划。

地陪在接到旅游团接待计划后，应认真阅读、思考，详细、准确地了解以下各方面信息。

事项	说明
旅游团基本信息	**组团社信息：** ☆客源国组团社及计划签发组团社的名称、电话和传真号码。 ☆联络人姓名、电话号码或其他联络方式（微信、QQ、钉钉）。 ☆组团社标志或提供给团队成员的标志物。 **旅游团队信息：** ☆旅游团名称、团号（境外组团社/国内组团社）、电脑序号。 ☆领队、全陪姓名与电话号码。 ☆旅游团种类。 ☆旅游团等级（豪华、标准、经济）和费用结算方式。 ☆旅游团住房及标准（房间数、床位数、是否有大床间），用车、游览、餐食标准。
旅游团成员情况	旅游团人数（男性人数、女性人数、儿童人数）、性别、国籍（省份、城市）、年龄、饮食习惯，尽可能了解旅游团成员的职业、文化层次、宗教信仰等。
旅游团抵离本地情况	抵离时间、所乘交通工具类型、航班（车次、船次）和使用的交通港（机场、车站、码头）名称。
旅游团交通票据情况	赴下一站交通票是否订妥，有无变更和更改后的落实情况，有无返程票（若有，是否落实）。
特殊要求和注意事项	**旅游团的服务接待特殊要求：**住房、用车、游览、餐食等方面的特殊要求，该团的特殊情况和注意事项。 **增收费用项目情况：**如额外游览项目（如游江、游湖等）、行李车费用等。 **特殊游客情况：**如团内有无2周岁以下婴儿或12周岁以下儿童，有无持老年证、学生证或残疾证的游客，是否需要提供残疾人服务等。

二、落实接待事宜

事项	说明
核对日程安排表	地陪应根据接待计划安排的日程（电子行程单），认真核对旅游团在当地活动日程表中所列日期、出发时间、游览项目、就餐地点、风味餐品尝、购物、晚间活动、自由活动和会见等项目。如发现有出入，应立即与本社有关人员联系核实，以免实施时出现不必要的麻烦。
落实接待车辆	☆地陪应在接团前同司机商定接头的时间和地点。 ☆提醒司机检查车辆空调、话筒及音响、座椅及安全带等设备，保证设备的正常使用。 ☆接待大型旅游团时，地陪应在车身合适的位置贴上醒目的编号或标记，以便游客识别。 ☆旅游团游客的行李通常随旅游车一起运输，但是如果旅游团在合同中要求提供行李车，地陪应与行李车司机联系，告知旅游团抵达的时间、乘坐的交通工具、抵达地点和下榻的饭店。

（续表）

事项	说明
落实住房	☆地陪应熟悉旅游团所住饭店的位置、概况、服务设施和服务项目，如距市中心的距离、附近有何购物娱乐场所、交通状况等。 ☆地陪在接团前要与旅行社计调人员核实该团客人所住房间的数量、房型、用房时间是否与旅游接待计划相符，核实房费内是否含早餐等，并与饭店销售部或总台核实。 ☆若接待重点旅游团，地陪可亲自到客人下榻的饭店向饭店接待人员了解其团队排房情况，告知旅游团的抵达时间和旅游车牌号，并主动介绍该团的特点，配合饭店做好接待工作。
落实用餐	地陪应熟悉旅游团就餐餐厅的位置、特色。与各有关餐厅联系，确认该团日程表上安排的每一餐的落实情况，并告知旅游团的团号、人数、餐饮标准、日期、特殊要求和饮食禁忌等。
落实行李运送	若旅行社为旅游团安排了行李车，地陪应与行李员联系，告知旅游团抵达的时间、地点以及下榻的饭店。
了解不熟悉的参观游览点	对新开放的旅游景点或不熟悉的参观旅游点，地陪应事先了解景点位置、行车线路、开放时间、最佳游览线路、厕所位置等。必要时，地陪可先去踩点，以保证旅游活动的顺利进行。 地陪还应提前核实景点门票优惠政策、景点内收费项目、景区内演出或表演的场次和时间等。
核实旅游团（者）离开当地的出票情况	地陪应主动与计调部门联系，核实旅游团（者）离开当地的交通工具出票情况，并核实航班（车次、船次）确切的出发时间，以便在接待中安排好旅游团（者）离开饭店前往机场（车站、码头）及托运行李出客房的时间。
落实其他计划内项目的安排情况	如果组团社发来的接待计划中包括该旅游团（者）的会见、宴请、品尝风味餐等活动，地陪应在接团前与计调部门联系，请其落实相关的会见、宴请、提供风味餐的单位和人员等事宜。
与全陪联系	地陪应提前与全陪取得联系，了解该团有何变化情况，对在当地的安排有何要求。告知全陪行程中景点对游客的优惠政策和需要携带的相关证件，以及相关的注意事项。若接待的入境旅游团是首站抵达，地陪应与全陪联系，约定见面时间和地点，一起提前赴机场（车站、码头）迎接旅游团。
掌握有关联系电话号码	地陪应掌握包括接待社各部门、行李员、全陪导游、旅游车租车公司（旅行社车队）、就餐餐厅、下榻饭店、景区、机场（车站或码头）、下一站接待旅行社等的联系电话。

三、知识准备

在接团前，地陪应根据所接旅游团的特点（如专业旅游团、特种旅游团）做好有关专业知识和语言上的准备。

事项	说明
专业知识准备	☆地陪应根据接待计划确定的参观游览项目，做好有关知识和资料的准备，特别是计划中所列新开放景点知识的准备。准备的过程中应注意知识的更新，及时掌握最新信息。 ☆接待有专业要求的团队，要做好相关专业知识和术语、词汇的准备。

（续表）

事项	说明
	☆地陪还应做好当前热门话题、国内外重大新闻以及游客可能感兴趣的话题的准备。 ☆做好客源国家（地区）有关知识的准备。
语言准备	若接待的是入境旅游团，地陪还要做好语言翻译和外语词汇的准备。

四、物质准备

事项	说明
领取必要的票证、表格和费用	地陪在出发前，应到旅行社相关部门领取旅游团接待计划表（电子行程单）、旅游服务质量反馈表、旅游团名单、旅游团费用结算单等。
准备工作物品	地陪应准备好必备的工作物品，包括电子导游证、导游身份标识、导游旗、扩音器、接站牌、旅行车标志、宣传资料、行李牌（或行李标签）、通讯录、工作服等。
准备个人物品	地陪必备的个人物品包括名片，手机、充电宝及充电器，洗漱用品与换洗衣服，防护用品（雨伞、遮阳帽、润喉片），常备药物，记事本与工作包等。

五、形象准备

事项	说明
仪容准备	地陪应面容整洁，不浓妆艳抹。地陪的头发要保持清洁、整齐、不染色。女性地陪留有长发的要束起，男性地陪的前发要不覆额，鬓角不近耳，后发不及领。
仪表准备	地陪的着装要符合职业身份，要方便开展旅游服务工作。地陪的衣着要简洁、整齐、大方、自然，佩戴首饰要适度。如果接待计划中安排有会见、宴会、舞会等，地陪要准备好适合这些场合的正装（男性如西装、中山装，女性如套装、晚礼服、旗袍等）或民族服装。

六、心理准备

事项	说明
准备面临艰苦复杂的工作	地陪在上团前，不仅要根据旅游团的情况考虑如何按照正规的工作程序向其提供热情周到的服务，而且还要有充分的思想准备考虑如何为特殊游客提供服务，以及如何去面对、处理接待过程中可能发生的问题和事故。
准备承受抱怨和投诉	可能遇到某些或个别游客的挑剔、抱怨和指责，甚至投诉，地陪要做好思想准备，要冷静、沉着地面对，无怨无悔地继续做好导游服务工作。
准备面对形形色色的“精神污染”和“物质诱惑”	地陪在接团过程中，经常要与各种各样的游客接触，还要同一些商家打交道，他们的言行举止可能有意无意地传播某些不健康的内容，甚至用不正当利益来进行诱惑。因此，对这些言行，地陪应有充分的思想准备，坚持兢兢业业带团，堂堂正正做人。

第二节　接站服务

接站服务是指地陪提前半小时到达机场、车站、码头迎接旅游团前后所提供的各项服务。这是地陪在游客面前的首次亮相，地陪应提供准时、热情、友好的接待服务，以给他们留下美好的第一印象。

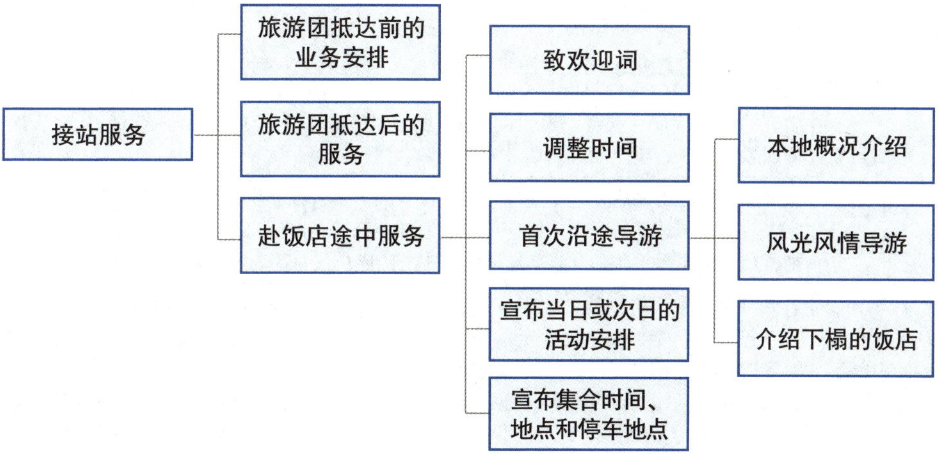

一、旅游团抵达前的业务安排

事项	说明
确认旅游团所乘交通工具抵达的准确时间	接团当天，地陪应及早与旅游团全陪或领队联系，了解旅游团所乘交通工具的运行情况，尤其是在天气恶劣的情况下，应随时掌握旅游团的动向，了解其抵达的准确时间。 此外，地陪还可以通过查询航班、火车动态信息的App，或向机场（车站、码头）问讯处问清旅游团所乘交通工具到达的准确时间。
与旅游车司机联系	确定该团所乘的交通工具到达的准确时间以后，地陪应与旅游车司机联系，与其商定出发时间，确保旅游车提前30分钟抵达接站地点，并告知司机旅游团活动日程和具体时间。到达接站地点后，与司机商定旅游车的具体停车位置。
与行李员联系	若为旅游团配备了行李车，地陪应提前与行李员联系，告知旅游团的名称、人数和行李运送地点。
再次核实航班（车次）抵达的准确时间	地陪在到达接站地点后，应再次通过App、问讯处或航班（车次）抵达显示牌确认航班（车次）抵达的准确时间。如获悉所接航班（车次）晚点，但推迟时间不长，地陪可留在接站地点继续等候旅游团，如推迟时间较长，应立即将情况报告接待社有关部门，听从安排。

（续表）

事项	说明
持接站牌迎候旅游团	旅游团所乘交通工具抵达后，地陪应在旅游团出站前，通过电话、微信或短信联系对方，并持接站牌站立在出口醒目的位置，面带微笑，热情迎候旅游团。接站牌上要写清团名、领队或全陪姓名，接小型旅游团或无领队、无全陪的旅游团要写上客人的姓名。

二、旅游团抵达后的服务

事项	说明
认找旅游团	游客出站时，地陪应尽快认找所接旅游团。认找的方法是： 地陪站在明显的位置举起接站牌或导游旗，以便领队、全陪（或客人）前来联系，与此同时地陪应通过手机与全陪或领队联系，了解游客出站情况。此外，还可根据游客的民族特征、衣着、组团社的徽记、人数等分析判断或上前委婉询问，问清该团团名、领队、全陪的姓名以及游客人数，以防错接。
认真核实人数	接到应接的旅游团后，地陪要向领队（或客人）做自我介绍，并与领队和全陪核实实到人数。如与计划的人数不符，要及时通知旅行社，以便安排住宿、餐饮上的变更。如所接旅游团无领队和全陪，地陪应与旅游团成员核对团名、人数及团员姓名。
集中检查行李	若旅游团是乘飞机抵达，地陪应协助该团游客将行李集中到指定的位置，提醒游客检查各自的行李物品是否齐全、是否有行李被损坏，若有行李被损坏，地陪应协助游客找机场的有关部门进行赔偿处理。 若旅游团配备了行李车，地陪应与领队、全陪、接待社行李员一起清点和核对行李件数，并请全陪填写行李卡，卡上应注明团名、人数、行李件数、所下榻的饭店。行李卡一式两份，由全陪和行李员双方签字。
集合登车	地陪要提醒客人带齐行李物品，引导游客前往旅游车停放处。旅游车司机应当打开大巴车底层的行李柜或汽车后备箱，帮助客人码放行李。地陪要站在车门旁，搀扶或协助客人上车。客人上车后，地陪应帮助游客将放在行李架上的手提行李整理齐顺，尤其注意行李架不得存放大型或重型行李，以免意外掉落砸伤客人。待客人坐定后，地陪要做好的第一件事是礼貌地清点人数，清点无误后方可示意司机开车。 为了保证安全，地陪应当坐在导游专座上。 导游专座设置在旅游客运车辆乘客前门侧第一排的乘客座椅靠通道侧位置上，配备印有“导游专座”字样的座椅套以提示客人不要占据该座位。旅行社制订团队旅游计划时，应根据游客与导游合起来的总人数，预订足够座位的旅游客运车辆。 地陪进行途中讲解时，应提醒司机放慢车速并保持匀速前进状态。当汽车高速行驶时，禁止导游在车内站立讲解。

三、赴饭店途中服务

从机场（车站、码头）前往下榻饭店的行车途中，地陪要做好以下几项工作。

（一）致欢迎词

致欢迎词是地陪给游客留下良好第一印象的重要环节，欢迎词的内容应简洁，一般应控制在5分钟左右。

欢迎词的内容应视旅游团的性质及其成员的文化水平、职业、年龄及居住地区等情况而有所不同，要有激情、有特点、有新意、有吸引力，快速把游客的注意力吸引到自己身上来，给游客留下深刻印象。

欢迎词一般包括以下内容：

①问候语：真诚问候游客，如“各位来宾、各位朋友，大家好！”

②欢迎语：代表所在旅行社、本人及司机欢迎游客光临本地。

③介绍语：介绍自己的姓名及所属单位，介绍司机。

④希望语：表示提供服务的诚挚愿望，希望得到全团的配合。

⑤祝愿语：预祝游客旅游愉快顺利。

（二）调整时间

这项工作是针对刚刚入境的国际旅游团而言的。地陪在致完欢迎词后要向客人介绍两国的时差，并请游客调整好时间。

（三）首次沿途导游

地陪认真做好首次沿途导游不仅可以满足游客初到一地的好奇心和求知欲，而且也是展示自己的气质、学识、语言水平的大好时机，有利于导游树立良好形象，增进游客对导游的信任感和满足感，为此后旅游活动的顺利开展打好基础。

首次沿途导游的内容包括三点。

事项	说明
本地概况介绍	地陪应在行车途中向游客介绍本地的概况，包括地理位置、行政区划、气候、人口、风物特产、居民生活、文化传统、历史沿革等。
风光风情导游	地陪应在行车途中对道路两边的人、物、景做好风光风情导游，以满足游客初到一地的求知欲。风光风情导游的讲解要简明扼要，语言节奏要明快清晰，景物取舍要恰当，要见人说人、见物说物，与游客的观赏同步。可适当采用类比的方法使游客听后有亲切感和对比感。为此，地陪要反应灵敏，把握好时机。
介绍下榻的饭店	在旅游车到达饭店之前，地陪还应向游客介绍他们下榻饭店的基本情况，包括饭店的名称、位置、距机场（车站、码头）的距离、星级、规模、主要设施设备与使用，以及入住手续和注意事项等（如途中行车距离短，这部分内容也可在客人进入饭店后介绍）。

（四）宣布当日或次日的活动安排

在首次沿途导游后，地陪应尽快与领队、全陪商量当日或次日活动安排，包括叫早时间、早餐时间和地点、集合时间和地点、旅行线路等，商定后地陪应向客人宣布当日或次日的活动安排，并提醒游客做好必要的参观游览准备。

（五）宣布集合时间、地点和停车地点

旅游车驶进下榻饭店后，地陪应在游客下车前向其讲清下次集合的时间、地点（一般在饭店大堂）和停车地点，让其记住旅游车的颜色、车型和车牌号，并提醒他们将手提行李和随身物品带下车。

与此同时，要再次跟司机确认第二天旅游团出发的时间，提醒司机提前到达酒店。

第三节　进住饭店服务

- 进住饭店服务
  - 协助办理入住手续
  - 介绍饭店设施
  - 带领游客用好第一餐
  - 处理游客入住后有关问题
  - 照顾行李进房
  - 确定叫早时间

事项	说明
协助办理入住手续	游客进入饭店后，地陪应先安排游客在大堂指定的位置休息，然后尽快向饭店前台讲明团队名称、订房单位，请领队或全陪收齐游客证件，与游客名单表一起交给饭店前台，尽快协助领队或全陪办理好住店登记手续。拿到客房号和住房卡后，请领队根据准备好的住房名单分发住房卡，并把分房情况迅速登记在分房名单表上，再请饭店前台人员将登记的分房名单复印两份，一份交饭店保存，另一份地陪留存，以便掌握领队、全陪和游客的房间号。 地陪还应在前台处领取印有饭店名称、地址和电话的饭店卡片分发给游客。如旅游团无领队，可请团长分房。如旅游团既无领队又无团长，则请全陪分房。 地陪原则上不在游客下榻的饭店留宿，若确有原因需要留宿饭店，应将自己的房号告知领队和全陪；若不留宿饭店，在离开饭店前应将自己的电话号码告知全陪和领队，以便联系。
介绍饭店设施	入住饭店后，地陪应向全团介绍饭店的主要设施，包括外币兑换处、中西餐厅、娱乐场所、商品部、电梯、公共卫生间等的位置以及在店内如何使用Wi-Fi、网络连接，并讲清住店注意事项，提醒游客将贵重物品交前台保管（若客房内未设置保管箱），告知客房内收费项目（如小酒吧、长途电话）、饭店安全通道位置以及房间安全注意事项。
带领游客用好第一餐	游客进入房间之前，地陪要向客人介绍该团就餐餐厅的地点、时间、就餐形式。待全体团员到齐后，带领他们进入餐厅，向领座服务员问清本团的桌次后，再带领游客到指定的餐桌入座，告知游客用餐的有关规定，如哪些饮料包括在团费内，哪些不包括在团费内，若有超出规定的服务要求，费用由游客自理，以免产生误会。在用餐前，地陪还要核实餐厅是否有根据该团用餐的特殊要求和饮食忌讳安排团餐。
处理游客入住后有关问题	游客进门时可能遇到门锁打不开，游客进入房间后可能遇到浴室没有热水、房间不干净或有虫害、电话线或网络线不通等问题，地陪应及时与饭店联系，迅速解决，并向游客说明情况，表示歉意。

（续表）

事项	说明
照顾行李进房	确保游客带着自己的行李进入房间。配备行李车的旅游团，游客进房后，地陪要等到该团行李运抵饭店后与行李员、领队、全陪一起核对行李，然后交给饭店行李员，督促其尽快将行李送到游客的房间。若个别游客未拿到行李或拿到的行李有破损，地陪应尽快查明原因，采取相应的措施。
确定叫早时间	地陪在结束当天活动离开饭店之前，应与领队确定第二天的叫早时间，并将确定的叫早时间通知饭店前台，由前台做好电话叫早服务。

第四节 核对商定日程

一、核对商定日程的必要性

游客作为旅游产品的购买者和消费者，有权审核旅游活动计划并提出修改意见。地陪与游客商定活动日程是对购买者和消费者的尊重，也是一种礼遇。

领队作为旅游团的代言人，也希望得到地陪的尊重和合作，使商定和宣布活动日程成为其行使职权的表现。某些专业旅游团除一般的参观游览外，还负有特定任务，商定活动日程对游客来说则更为重要。

在旅游团抵达目的地前，地陪应通过微信或电话与全陪就旅游活动日程进行初步沟通。当旅游团抵达后，地陪应与全陪、领队面对面地正式核对商定活动日程。

二、核对商定日程的时间、地点与对象

旅游团抵达后，地陪应尽早完成核对商定日程的工作。若团队抵达后是直接去游览点的，核对商定团队行程的时间、地点一般可选择在行车途中；若团队是先前往饭店的，一般可选择在首次沿途导游途中进行，也可在饭店入住手续办理完毕后进行，地点宜在公共场所，如饭店大堂等。

商谈日程的对象应根据旅游团的性质而定，对一般旅游团，可与领队、全陪商谈；对重点团、专业团、交流团，除领队、全陪外，还应请团内有关负责人一起参加商谈。如果旅游团没有领队，可与全团游客一起商定。

三、对可能出现的三种不同情况的处理

事项	处理方法
对方提出较小的修改意见	☆地陪可在不违背旅游合同的前提下，对游客提出的合理而又可能满足的项目，努力予以安排。 ☆如对方提出增加新的游览项目，而新增游览项目需增收费用，地陪应及时向旅行社有关部门反映，并事先向领队和游客讲明，若他们同意，

（续表）

事项	处理方法
	则订立书面合同，按规定收费，但新增项目的安排不得影响计划项目的实施。对确有困难而无法满足对方要求的，地陪要耐心做好解释和说服工作。
对方提出的要求与原计划的日程有较大变动，或涉及接待规格	对于这种要求地陪一般应予婉言拒绝，并说明我方不方便单方面不执行合同。如领队和全体游客提出的要求确有特殊理由，地陪必须请示旅行社有关领导，按领导指示而定。
领队（或全陪）手中的旅行计划与地陪的接待计划有部分出入	地陪应及时报告旅行社查明原因，以分清责任。若是接待方的责任，地陪应实事求是地向领队和全体游客说明情况，并致歉，然后及时做出调整。若责任不在接待方，地陪也不应指责对方，必要时，可请领队向游客做好解释工作。

第五节　参观游览服务

参观游览是团体游客出游的主要目的，是游客消费旅游产品的主要组成部分。带领游客参观游览是地陪服务工作的中心环节。

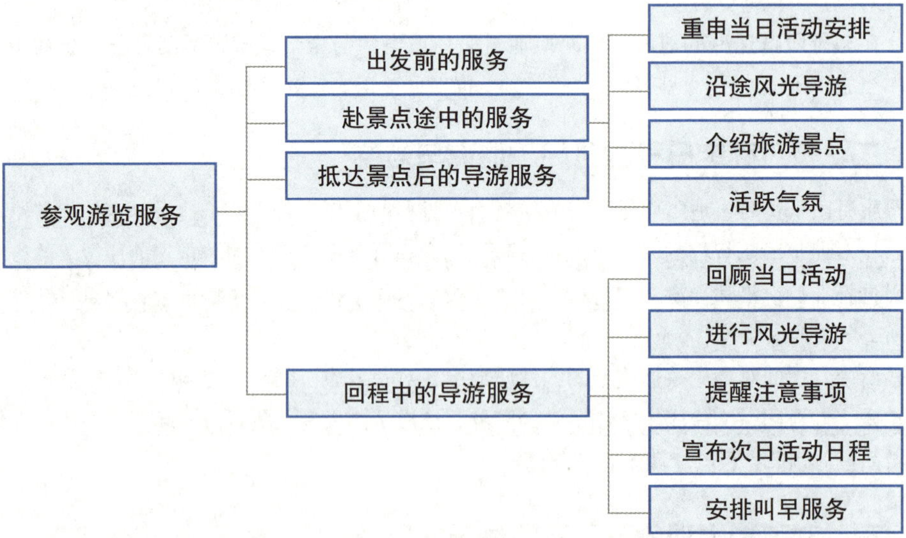

一、出发前的服务

事项	说明
做好出发前的准备	地陪应准备好导游旗、电子导游证、导游身份标识和必要的票证。与司机联系，督促其做好出车的各项准备工作。核实旅游团午餐、晚餐落实情况。

（续表）

事项	说明
提前到达出发地点	地陪至少提前10分钟到达集合地点，提前到达是地陪工作负责任的表现，会给游客留下很好的印象。地陪可利用这段时间礼貌地招呼早到的游客，向他们征询服务的意见和建议。在时间上留有余地，以身作则遵守时间，提前做好出发前的有关工作，应付可能出现的突发情况。
核实实到人数	若发现有游客未到，地陪应向全陪、领队或其他游客问明原因，设法及时找到；若有的游客想留在饭店或不随团活动，地陪要问清情况并妥善安排，必要时报告饭店有关部门。
提醒注意事项	地陪要在出发前向游客报告当日的天气情况，讲明游览点的地形、行走线路的长短等，使游客心中有数。必要时提醒游客带好衣服、雨具和备换鞋等。
准时集合登车	游客到齐后，地陪应站在车门一侧，一面热情地招呼游客上车，一面帮助老弱者登车。待游客全部上车坐好后，地陪要再次清点人数，并检查游客的随身物品是否放置妥当，待所有游客坐稳后，先提醒大家系好安全带，再请司机开车出发。

二、赴景点途中的服务

事项	说明
重申当日活动安排	开车后，地陪要向游客重申当日的活动安排，包括参观景点的名称，到达游览点所需时间，午餐、晚餐时间和地点等，并视情况介绍当日国内外重要新闻。
沿途风光导游	在前往景点的途中，地陪应介绍沿途的主要景物，并相机向游客介绍当地的风土人情、历史典故等，以加深游客对目的地的了解，并回答游客提出的问题。讲解中要注意所见景物与介绍“同步”，并留意游客的反应，以便对其中的景物做更为深入的讲解。
介绍旅游景点	抵达景点前，地陪应向游客介绍该景点的概况，尤其是其形成原因、价值和特色。介绍要简明扼要，目的是满足游客想事先了解景点有关知识的心理，激发其游览该景点的欲望，同时也为即将开始的参观游览活动做一个铺垫。
活跃气氛	如前往景点的路途较长，地陪可同游客讨论一些他们感兴趣的热点问题，或组织适当的娱乐活动，如猜谜语、讲故事等，以活跃途中气氛。

三、抵达景点后的导游服务

事项	说明
交代游览中的注意事项	☆抵达景点时，地陪应在下车前讲清和提醒游客记住旅游车的型号、颜色、标志、车号和停车地点以及开车时间。尤其是下车和上车不在同一地点时，地陪更应提醒游客注意。 ☆在景点示意图前，地陪应讲明游览线路、游览所需时间以及集合时间和地点等。 ☆地陪还应向游客讲明游览参观中的注意事项，如禁止吸烟、不能拍照等。

（续表）

事项	说明
游览中的导游讲解	☆抵达景点后，地陪要对景点有关景物进行导游讲解。它是地陪传播当地文化和丰富游客知识的主要途径，因此讲解前应对讲解的内容预先有所构思和计划，即先讲什么、后讲什么，中间穿插什么典故和趣闻故事，以及哪些多讲、哪些少讲，都应根据游客的情况和计划的游览时间长短来确定，但是主要内容应包括景点的历史背景、特色、地位和价值等。 ☆地陪还应结合有关景物或展品宣传环境以及文物保护知识，并对其进行讲解。讲解的语言要生动、优美、富有表现力，不仅使游客增长知识，而且能得到美的享受。 ☆在景点导游过程中，地陪应保证在计划的时间与费用内，使游客充分地参观游览，注意做好导游与讲解的结合，适当集中与分散的结合，劳逸结合，以及对老弱病残游客的关照。
注意游客安全	地陪应留意游客的动向，防止游客走失和治安事故的发生。 ☆在景点导游讲解中，地陪应时刻观察周围的环境和注意游客的动向，使游客自始至终环绕和跟随在自己周围或前后。 ☆为防止游客走失，地陪要与领队、全陪密切配合，随时清点人数。 ☆为防止游客发生意外事故，地陪还应注意和提醒游客在游览中提高警惕，防止治安事件发生。

四、返程中的导游服务

事项	说明
回顾当日活动	返程中，地陪要帮助游客回顾当天参观、游览的内容，用画龙点睛的方法做简要小结，必要时可做补充讲解，并回答游客的有关问题，以加深游客对当日活动的印象。
进行风光导游	为了让游客能看到更多的景物，地陪应尽量避免旅游团由原路返回。在返回途中做好沿途的风光导游。如果游客经过一天的参观游览活动显露出疲惫之态，地陪可在简要回顾之后让其休息。
提醒注意事项	若当晚旅游团无活动安排，游客可能会自行外出活动，地陪要事先提醒游客最好结伴同行，并带上饭店的卡片以防迷路。
宣布次日活动日程	返回饭店下车前，地陪要向游客宣告当日晚上和次日的活动日程、出发时间、集合地点等。提醒游客下车时带好随身物品，并率先下车，站在车门一侧照顾游客下车，随后将游客送回饭店。
安排叫早服务	如旅游团需要叫早服务，地陪应安排妥当。与全陪、领队确认当日工作完成后方可离开饭店。

第六节　食、购、娱服务

一、餐饮服务

事项	说明
计划内团餐的服务	☆饭店外用餐，地陪要提前按照合同规定予以落实，对用餐地点、时间、人数、标准、特殊要求、饮食禁忌等，与供餐单位逐一进行核实和确认。 ☆用餐时，地陪应引领游客进入餐厅，然后清点人数，介绍餐厅的有关设施、菜肴特色、酒水类别和洗手间位置，告知餐饮标准、所含范围与自费项目。向领队告知全陪和地陪的用餐地点，以及用餐后全团的出发时间。 ☆用餐过程中，地陪要巡视旅游团用餐情况1～2次，解答游客在用餐中提出的问题，并监督、检查餐厅是否按标准提供服务以及解决可能出现的问题。 ☆用餐后，地陪要按照事先约定的餐标，以及临时新增的酒水、饮料等实际数量与餐厅结账，并索要正规发票。
自助餐的服务	自助餐是旅游团队常见的一种用餐形式，游客可以根据自己的口味，各取所需。在用自助餐时，地陪要强调自助餐的用餐要求，提醒游客自助餐的用餐礼仪，如：注意节约、卫生，不可打包带走。
风味餐的服务	风味餐是广受游客欢迎的一种用餐形式，以品尝具有地方特色的风味佳肴为主，形式自由、不排座次。 品尝风味餐分为计划内和计划外两种。 ☆计划内是旅游接待计划中安排好的，地陪与游客一道参与。在品尝计划内风味餐之前，地陪要做好各项联系落实工作，用餐时要介绍风味餐的特色。 ☆计划外是旅游接待计划中未予安排而由游客自费预订的，如游客邀请地陪参加，在这种情况下地陪要注意不要反客为主。 风味餐作为当地的一种特色餐食、美食，是当地传统文化的组成部分，宣传、介绍风味餐是一项弘扬民族饮食文化的活动。因此，在旅游团队用风味餐时，地陪应进行必要的介绍，如风味餐（如北京的烤鸭、四川的火锅、湖北的武昌鱼等）的历史、特色、人文精神及其吃法等，这样能使游客既饱口福，又饱耳福。
宴请服务	宴请活动包括宴会、冷餐会和酒会等。地陪要重视宴请礼仪，举止礼仪不可失常。着装应符合宴请活动，按照就餐安排的座次入座，同时要正确处理好自己与游客的关系，提醒自己不能放松服务这根“弦”。

二、购物服务

地陪应严格按照《旅游法》的规定来操作，根据接待计划规定的购物次数、购物场所和停留时间带领游客购物，对于不愿参加购物活动的游客，要做出妥善安排，如就近参观其他景点，或安排到环境较好的地点休息、等候等。

游客购物时，地陪应向全团讲清停留时间和有关购物的注意事项，并介绍本地商品的特色及有关商品知识。入境游客购物时，地陪不仅要承担翻译工作，并做好商品的促销，而且当他们要求办理托运时，应向他们介绍托运的手续以及海关对游客携带物品出境的有关规定，并予以相应的协助。对商店不按质论价、以次充好、销售伪劣商品和不提供标准服务的行为，地陪应向商店负责人反映，以维护游客的利益。事后还可向旅行社报告，通过旅行社进行交涉，以避免以后出现此类问题。

对在景点游览中遇到小贩强拉强卖的情况，地陪有责任提醒游客不要上当受骗，不能放任不管。

三、娱乐服务

事项	说明
计划内的文娱活动	对计划内安排的文娱活动节目，地陪应陪同前往，并向游客简单介绍节目内容和特点。到达演出场所后，地陪要引领游客入座，并自始至终和游客在一起，介绍有关演出设施与位置，解答游客的问题。 在游客观看演出过程中，对入境游客，地陪要做好剧情介绍和必要的翻译工作。演出结束后，要提醒游客不要遗留物品并带领游客依次退场。在大型娱乐场所，地陪要提醒游客不要走散，随时注意游客的动向与周围的环境，了解出口位置，以便发生意外情况时能及时带领游客撤离。
计划外的文娱活动	对游客要求观看的计划外的文娱节目，地陪应告知演出时间、地点和票价，可协助他们购票，但一般不陪同前往。对于游客要观看格调低下的不健康的文娱节目，地陪应有礼貌地劝阻。

第七节　送站服务

送站服务是导游工作的尾声，地陪应善始善终，如接待过程中曾发生不愉快的事情，应尽量做好弥补工作；要想方设法把自己的服务工作推向高潮，使整个旅游过程在游客心目中留下深刻印象。

一、送行前的工作

事项	说明
核实交通票据	☆旅游团离开的前一天，地陪应认真核实旅游团离开的机（车、船）票，包括团名、代号、人数、全陪姓名、去向、航班（车次、船次）、起飞（开车、起航）时间（时间要做到四核实：计划时间、时刻表时间、票面时间、问询时间）、在哪个机场（车站、码头）离开等事项，然后移交给全陪。如果航班（车次、船次）和时间有变更，地陪应问清计调部门是否已通知了下一站，以免造成漏接。地陪还应了解本地和下一站次日的天气情况，以便向游客做适当提示。 ☆若是乘飞机离境的旅游团，地陪除了要核实机票的上述内容外，还应掌握该团机票的种类，并提醒领队和游客提前准备好海关申报单，以备海关查验。

（续表）

事项	说明
商定出行李时间	☆地陪应先了解旅行社行李员与饭店行李员交接行李的时间（或按旅行社规定的时间），然后与饭店礼宾部商定地陪、全陪、领队与饭店行李员四方交接行李的时间。 ☆在上述四方交接行李时间商定后，地陪再与领队、全陪一起商定游客出行李的时间，商定后再通知游客，并向其讲清有关行李托运的具体规定和注意事项（如不要将护照、贵重物品放在行李中）。 ☆一般旅游团不安排行李车，客人行李随车运送，地陪通知客人出发时间时一并提醒客人带上行李即可。
商定集合出发时间	由于司机对路况比较熟悉，所以出发时间一般由地陪首先与司机商定，然而为了安排得更合理，地陪还应与领队、全陪商议，商定后应及时通知游客。
商定叫早和早餐时间	地陪应与领队、全陪商定叫早和早餐时间，并及时通知饭店有关部门和游客。如果该团是乘早班飞机或火车离开，需要改变用餐时间、地点和方式（如带盒饭），地陪要及时做好有关安排。
提醒结账	☆旅游团离店前，地陪应提醒、督促游客尽早与饭店结清其有关账目，如洗衣费、长途电话费、食品饮料费等。 ☆若游客损坏了客房设备，地陪应协助饭店妥善处理赔偿事宜。 ☆地陪应将旅游团的离店时间及时通知饭店总台，提醒其及时与游客结清账目。
及时归还证件	☆一般情况下，地陪不应保管旅游团的证件，用完后应立即归还游客或领队。尽管如此，离店前一天，地陪还是应检查自己的物品，看是否保留有游客的证件、票据等，如有，应立即归还，当面点清。 ☆旅游团离开时，若有旅行社的负责人来送行，地陪应向领队、全陪和游客做介绍，并认真做好欢送的具体组织工作。

二、离店服务

事项	说明
集中交运行李	如旅游团配备行李车，旅游团的行李集中后，地陪要按商定好的时间与领队、全陪和饭店行李员共同确认托运的行李件数，并检查行李箱、包是否上锁、捆扎是否牢固、是否破损等，然后交给饭店行李员，填写行李交运卡。期间也需请游客核实自己的行李。
办理退房手续	旅游团离开饭店前，地陪可将游客的房卡收齐交到饭店总服务台（也可由游客自交），并及时办理退房手续（或通知有关人员办理）。在办理退房手续时，要认真核对旅游团的用房数，无误后按饭店规定结账签字。
集合登车	☆出发前，地陪应询问游客是否结清了饭店的账目；提醒游客是否有物品遗留在饭店；请游客将房卡交到总服务台（房卡由游客自行交予饭店的情况下）。 ☆引领游客登车。游客上车后，地陪要协助他们放好随身行李，待他们入座后，地陪要仔细清点实到人数。游客到齐后，要提醒游客再清点一下包括证件在内的随身携带的物品，若无遗漏则开车离开饭店。

三、送行服务

（一）致欢送词

在旅游车至机场（车站、码头）的途中，如有需要，地陪可酌情对沿途景物进行讲解。快到机场时（也可在机场、车站、码头），地陪要致欢送词，欢送词的内容主要包括以下几点。

事项	说明
回顾语	在去机场（车站、码头）的途中，地陪应对旅游团在本地的行程，包括食、住、行、游、购、娱等各方面做一个概要性的回顾，目的是加深游客对这次旅游经历的体验。
感谢语	对游客及领队、全陪、司机的合作表示感谢。若旅游活动中有不尽如人意之处，可借此机会表示真诚的歉意。
征求意见语	诚恳地征询意见和建议。
惜别语	表达友谊和惜别之情。
祝愿语	表达美好的祝愿，期待再次相逢。

致完欢送词，地陪可将“旅游服务质量评价意见表”分发给游客，请其现场填写，在游客填写完毕后如数收回，向其表示感谢并妥善保留。游客还可以通过在线平台评价旅游服务质量。

（二）提前到达机场（车站、码头），照顾游客下车

地陪带团到达机场（车站、码头）必须留出充裕的时间。按照要求，出境航班提前3小时或按航空公司规定的时间；乘国内航班提前2小时；乘火车、轮船提前1小时。

旅游车到达机场（车站、码头）后，下车时，地陪要提醒游客带齐随身行李物品，并照顾游客下车，等游客全部下车后，要再检查一下车内有无游客遗留的物品。

（三）办理离站手续

大多数旅游团都是行李随旅行车同载，下车后请游客拿取各自的行李，然后带领游客进入机场（车站、码头）的大厅等候。地陪如有提前取好的票据，清点无误后交给全陪（无全陪的团交给领队），请其清点核实。如没有提前办理票据，地陪应协助游客持有效证件取票并办理行李托运等登机手续。

送国内航班（火车、轮船）时，地陪应协助办理离站手续；送出境旅游团时，地陪应在核实行李后，将行李交给每位游客，由游客自己办理行李托运手续，必要时可协助游客办理购物退税手续，并向领队或游客介绍办理出境手续的程序，将旅游团送往安检区域。

如旅游团有行李车运送行李，到达后地陪应迅速与旅行社行李员取得联系，将其交来的交通票据和行李托运单或行李卡逐一点清、核实后，交给全陪或领队，并请其当面清点核实。

当游客进入安检区域时，地陪应热情地与他们告别，并祝一路平安。旅游团过安检口进入隔离区后，地陪方可离开。

（四）与司机结账

送走旅游团后，地陪应按旅行社的规定与司机办理结账手续，或在用车单据上签字，并妥善保留好单据。

第八节　后续工作

送走旅游团后，地陪还需要做好游客的善后服务以及旅行社要求的陪团结束后的有关工作。前者关系到地陪的接待工作是否有始有终，后者则涉及地陪对旅行社交付的工作是否圆满完成。

事项	说明
处理遗留问题	地陪下团后，应认真、妥善地处理好旅游团的遗留问题，按有关规定办理游客托办的事宜，必要时请示领导后再办理。
结账	地陪要按旅行社的具体要求在规定的时间内，填写清楚有关接待和财务结算表格，连同保留的单据、活动日程表等按规定上交有关人员，并到财务部门结清账目。
接团小结	地陪应养成每次下团后总结本次出团工作的良好习惯，认真填写导游日志，实事求是地汇报接团情况，尤其是突发事件。这样既有利于地陪业务水平的提高，又有利于旅行社及时掌握情况，发现不足，以便不断提高接待质量。 由于自身原因导致接团中出现问题的，要认真思考，积极调整，总结提高。涉及相关接待单位，如餐厅、饭店、车队等方面的意见，地陪应主动说明真实情况，由旅行社有关部门向这些单位转达游客的意见或谢意。涉及一些游客意见较大或比较严重的问题时，地陪要整理成书面材料，内容要翔实，尽量引用原话，并注明游客的身份，以便旅行社有关部门和相关单位进行交涉。若发生重大事故，应实事求是地写出事故报告，及时向接待社和组团社汇报。
提交物品	地陪应提交导游日志及旅游服务质量评价表，并及时归还在接待社里所借物品。

易错考题小试牛刀

1.（判断题）游客抵达饭店后，地方导游员应主动办理住房登记手续，并请领队或全陪导游员向旅游者分发住房卡。（　）

2.（单选题）2016年4月，原国家旅游局和交通运输部联合下发了《关于进一步规范导游专座等有关事宜的通知》，规定（　）为导游专座，游客不能抢占。

A.司机背后第一排靠窗位　　B.司机背后第一排靠过道位

C.乘客前门侧第一排靠过道位　　D.乘客前门侧第一排靠窗位

3.（单选题）某旅游团计划乘16：00的航班离开北京飞往香港，地陪小唐应在（　）之前将该团送到机场。

A.13：00　B.13：30　C.14：00　D.14：30

4.（单选题）接待旅游团队时，从下榻饭店出发前往游览景点，地陪应至少提前（　）到达规定的集合地点。

A.5分钟　B.10分钟　C.15分钟　D.20分钟

5.（单选题）旅游团办理完饭店登记手续拿到住房号和住房卡（钥匙）后，地陪应请（　）分发住房卡。

A.司机　B.饭店客房服务人员　C.领队　D.饭店前台人员

6.（多选题）地陪首次沿途导游的内容主要有（　）。

A.致欢迎词　B.风光导游　C.饭店情况介绍

D.地区情况介绍　E.宣布当日或次日的活动安排

7.（多选题）在前往景区的沿途导游过程中，地陪应（　）。

A.重申当日活动安排　B.了解游客生活需求　C.进行沿途导游讲解

D.介绍景区购物环境　E.进行游客满意度调查

8.（多选题）领队、全陪或旅游者提出的要求与原日程不符且又涉及接待规格时，地陪应当（　）。

A.查明原因

B.婉言拒绝

C.向其解释我方不便单方面不执行合同

D.界定责任

E.如确有特殊理由，并且由领队和全体旅游者一起提出时，地陪必须请示旅行社有关部门

【答案】1. 错 2.C 3.A 4.B 5.C 6.BCD 7.AC 8.BCE

第四章
全程导游服务程序与服务质量要求

【考试大纲】

- **掌握：** 旅游团的全陪导游服务程序和服务质量要求。

【历年分值】

年份	判断（题）	单选（题）	多选（题）	分值（分）	分值占比（%）
2018	0	0	1	1	2
2019	1	1	0	1	2.04
2020	2	1	1	2.5	5.21
2023	2	0	1	2	4.26

全程导游服务流程是指全陪自接受了旅行社下达的旅游团（者）接待任务起至送走旅游团（者）整个过程的工作程序。全程导游服务的任务是保证旅游团的各项旅游活动按计划顺利、安全地实施。全程陪同导游作为组团社的代表，应自始至终参与旅游团整个旅程的活动，负责旅游团空间移动中各环节的衔接，监督接待计划的实施，协调领队、地陪、司机等旅游接待人员之间的关系，严格按照接待计划和导游服务规范向游客提供旅游行程中的各项服务。

全陪导游服务的流程如下图。

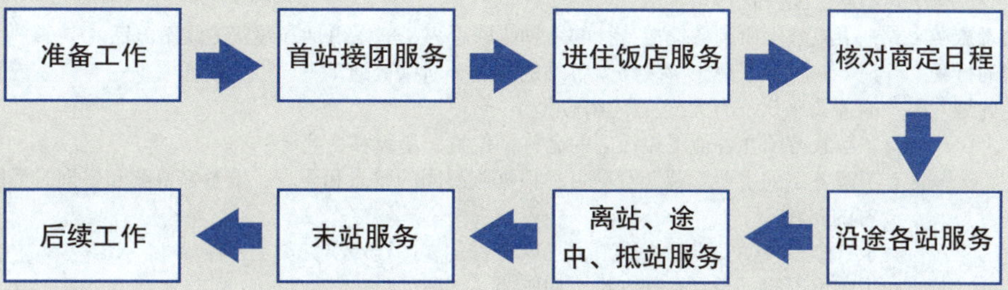

第一节　准备工作

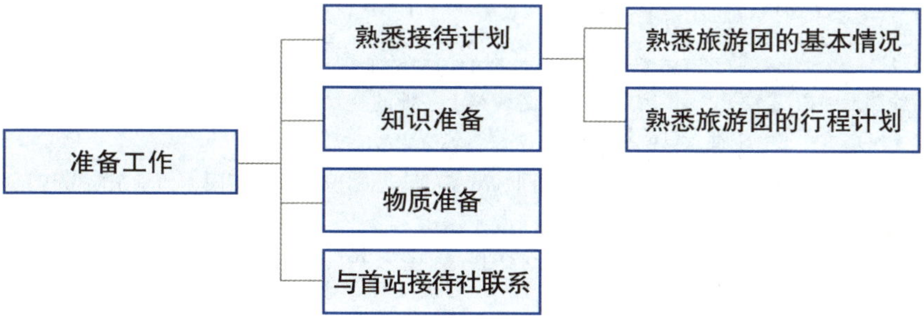

一、熟悉接待计划

接待计划是组团社委托相关接待社组织落实旅游团旅游活动的契约性文件。除包括组团社、接待社和接待人员有关信息外，还包括旅游团的基本情况、旅游交通住宿和餐饮等旅游服务的安排与标准等。上团前，全陪要认真查阅接待计划，全面掌握所接旅游团的情况，研究旅游团的特点、重点旅游团成员和游客的特殊要求，以便提供有针对性的服务。

事项	说明
熟悉旅游团的基本情况	☆熟记旅游团的名称（或团号）、游客国别或属地、人数和领队姓名。 ☆了解旅游团成员的姓名、职业、性别、年龄、民族、宗教信仰和特殊要求等。 ☆掌握团内有身份或较有影响力的成员、特殊游客（如记者、旅游商、残疾人、儿童、高龄老人等）的情况。
熟悉旅游团的行程计划	行程计划也称旅游行程单，它包括抵离旅游线路上各站的时间、所乘交通工具的航班（车次、船次）、各站的参观游览项目、安排的文娱节目、风味餐食以及自由活动的安排等。它是组团社与境外旅行社或国内游客所签包价旅游合同的重要组成部分，也是组团社和相关接待社需共同执行的合同标准。 熟悉旅游团行程计划包括： ☆记下旅游团所到各地接待社的名称、联系人、联系电话和地陪的联系电话。 ☆记下旅游团抵离旅游线路上各站的时间、所乘交通工具，以及交通票据是否订妥或是否需要确认、有无变更等情况。 ☆了解旅游团在各地下榻饭店的名称、位置、星级和特色等。 ☆了解各站的主要参观游览项目，根据旅游团的特点和要求，准备好讲解和咨询时要解答的问题。 ☆了解全程各站安排的文娱节目、风味餐食、计划外项目及是否收费等。 ☆了解重点团是否有特殊安排，如座谈、宴请等。

二、知识准备

全陪同游客相处时间较长，交谈时间较多，在旅途中，除了要做好生活服务外，还要解答游客的各种问题，甚至可能要做一些专题讲解，因此做好有关知识准备十分必要。

事项	说明
客源国（地区）知识	了解游客所在国家（地区）的历史、地理、政治、经济、文化、礼俗和禁忌等方面的知识。
旅游线路沿线概况	了解旅游线路所经各地的历史、地理、经济、民族、风土人情及景点知识。了解和熟知旅游线路上各地的主要景点情况，尤其是自己不熟悉和未曾去过的景点情况。
专题知识	根据旅游线路的不同，准备的专题知识内容也不同，如华东旅游线，可以重点收集吴越文化、海派文化、园林文化等专题知识；而西北旅游线则不妨重点收集石窟艺术文化、佛教文化等专题知识。根据游客特点的不同，准备的专题知识也不同。若接待的是境外专业旅游团，更应准备相关专业方面的知识。

三、物质准备

事项	说明
必备的证件	全陪应带齐本人身份证、电子导游证及导游身份标识，以及前往个别管制区域要求办理的证明文件等。
结算单据和费用	全陪需带好费用结算单、银行卡（或支票）和少量现金等，以备在旅途中使用。

（续表）

事项	说明
接团资料和物品	全陪需带好接待计划表或电子行程单、各地旅行社地址和联系电话、讲解资料（可存入手机中）、“全陪日志”、行李卡、组团社社旗等。
个人物品	全陪带团在外，出门时间较长，需带足个人物品，尤其是自己的手机、手机充电器、备用药品等。

四、与首站接待社联系

根据需要，全陪接团前一天应与第一站接待社取得联系，互通情况，妥善安排好接待事宜。

第二节　首站接团服务

事项	说明
迎接旅游团	☆迎接入境旅游团时，全陪应在接团前一天与首站接待社联系，了解接待工作的详细安排情况。 ☆全陪要与首站地陪一起提前30分钟到达接站地点，迎候旅游团。全陪要协助地陪认找应接的旅游团，防止错接。 ☆认准旅游团后，全陪要向领队和游客问好，进行自我介绍，并介绍地陪，然后应立即询问和确认该团实到人数。如实到人数与接待计划有出入，应及时通报组团社，由组团社再通知各站接待社。 ☆如该团配备行李车，全陪应将游客的行李集中，并与领队、地陪一起进行清点，然后移交给接待社行李员。 ☆若迎接的是首站国内旅游团，全陪也应提前30分钟到达组团社与游客事先约定的集合地点，手举社旗等候游客的到来，同时确认司机是否已经提前到达。在等待过程中，全陪应该先与团队的负责人做好对接，而后让其协助确认游客是否到齐。 ☆全陪可以视团队情况建立微信群，方便通知事项及团队内部沟通和交流。
首站讲解	为了使初次或即将踏上异地的游客心情放松和知悉旅途的安排，全陪应重视首站介绍，要在简明扼要的讲解中尽快与游客建立起信任关系，主要包括如下内容： ☆致欢迎词。全陪应代表组团社和个人向游客致欢迎词，其内容一般包括：表示欢迎，自我介绍并将地陪介绍给全团，真诚地表达提供全程服务的意愿，预祝旅行顺利愉快等。 ☆全程安排概述。全陪应将各站的主要安排（包括下榻的饭店、风味餐和主要景点等）向游客做简要介绍，对于沿线中可能存在的住宿或交通问题也要让他们适当了解，使其有心理准备。 ☆向游客说明行程中的注意事项并希望得到大家的支持与配合。

第三节　进住饭店服务

事项	说明
协助领队办理入住手续	全陪应和领队、地陪一起向饭店前台提供旅游团的团名、名单、游客的证件和住房要求，主动协助领队办理旅游团住店手续。 若是首发的国内旅游团，在进入下榻的饭店后，地陪应配合全陪为旅游团办理入住登记手续。
请领队分配住房	☆如果是入境旅游团，拿到房卡后，全陪应请领队根据准备好的分房名单分配房卡。在掌握全团分房名单后，要与领队互通各自房号以便联系。同时，提醒游客住店期间注意安全，将贵重物品存放在饭店前台或房内保险柜中。 ☆如果国内旅游团无领队，全陪应请旅游团的团长分配房卡；若旅游团既无领队又无团长，则由全陪负责分配房卡。
照顾行李进房及处理问题	游客进房后，全陪应巡视客人住房情况，询问他们是否都拿到了各自的行李，是否对房间满意。若客人反映房间卫生或设备存在问题，全陪应迅速通知饭店有关人员前来处理；如果有的客人还未拿到行李，全陪应与地陪一起迅速查找或进行处理。
照顾游客住店期间的安全和生活	全陪应将自己的房号和联系电话告知游客，以便联系。全陪还要掌握饭店前台电话号码及地陪的联系方法，如果地陪不住饭店，全陪要负起照顾旅游团的安全和生活的责任。

第四节　核对商定日程

核对商定日程是旅游团抵达一地后的重要程序。全陪应全程参与，与领队和地陪核对商定日程，以免出差错，造成误会和经济损失。

全陪核对商定日程时的主要工作如下表。

事项	说明
核商日程的原则	全陪在核对商定日程中应本着“服务第一、宾客至上、遵循合同、平等协商”的原则。
核商日程的重要性	核对商定日程对旅游团非常重要，对入境旅游团尤其必要。国内组团社与境外旅行社确认的日程安排，由于时间关系双方都可能有某些变化，全陪手中的接待计划与领队、地陪持有的旅行计划之间可能会出现差异。所以三方核对商定日程不仅是一种礼貌，也是必需的工作流程。

（续表）

事项	说明
全陪核对商定日程时的步骤	☆全陪与领队、地陪商谈日程时，应将各自持有的旅行计划进行对照，一般以组团社的接待计划为准。 ☆核对商定日程时应尽量避免大的变动。 ☆如果变动较小而又能予以安排（如不需要增加费用、调换上午和下午的节目安排等），可主随客便。 ☆若变动较大而又无法安排，应做详细解释。 ☆如遇难以解决的问题（如领队提一些对计划有较大变动的提议或全陪手中的计划与领队或地陪手中的计划不符等情况），应立即反馈给组团社，并给予领队及时的答复。 ☆如果领队和游客坚持，又有特殊理由，全陪应及时请示组团社，再做决定。 ☆详细日程商定后，请领队向全团正式宣布。

第五节　沿途各站服务

旅游团在各站的食、住、行、游、购、娱主要由各地的地陪安排，全陪的主要工作首先是承担各站之间的联络通报和有机衔接，以及按照接待计划的安排对各站服务进行协助、检查和督促，使旅游团的接待计划得以全面、顺利实施。其次是做好游客的人身和财物安全工作，使可能发生的突发事件得到及时、有效处理。

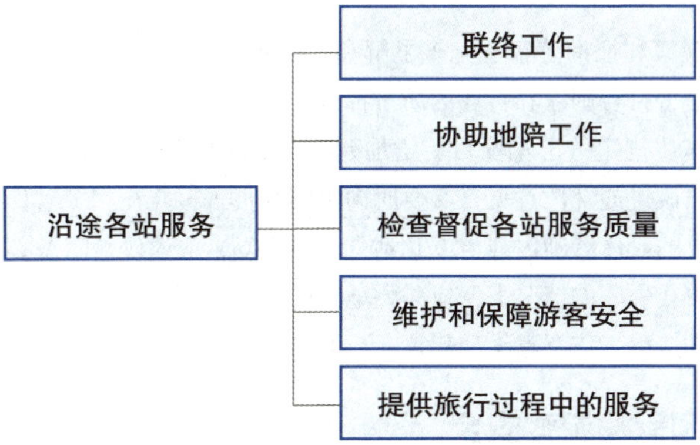

一、联络工作

全陪要做好各站间的联络工作，架起联络沟通的桥梁。

第一，做好领队与地陪、游客与地陪之间的联络、协调工作。

第二，做好旅游线路上各站间，特别是上、下站之间的联络工作。当实际行程和计划有出入时，全陪要及时通知下一站。

二、协助地陪工作

由于全陪自始至终参与旅游团的全部活动，能够比较深入地了解旅游团的情况，因此有责任向地陪通告旅游团的有关情况（如前几站的活动情况，游客的需要、兴趣、个性及团中“活跃人物”“中心人物”等），以便能更好地与地陪合作，有针对性地做好各站接待工作。

进入饭店后，全陪应协助领队办理入住登记手续，并掌握住房分配名单；如果饭店压缩预订房，而订房单位是组团社，全陪要负责处理；如果地陪不住饭店，全陪要负起照顾旅游团的责任。

在景点游览时，地陪带团前行，全陪应殿后，招呼滞后的游客，并不时清点人数，以防走失。如果有游客走失，一般情况下应由全陪和领队分头寻找，而地陪则带领其他游客继续游览。如果游览中需要登山，而少数老年游客不愿爬山，全陪应留下来照顾他们，地陪则带领其他游客登山。

旅游活动中若有游客突然生病，通常情况下由全陪及患者亲友将其送往医院，地陪则带团继续游览。

三、检查督促各站服务质量

旅游接待计划是游客对旅游产品质量评价的客观依据，因此检查和督促各地是否按照接待计划保质保量地提供各项服务是全陪的又一项重要工作。

全陪可通过计划的实施、计划的调整和督促改进等手段来检查和督促各站接待社的接待服务质量和计划落实情况。对于某些方面存在的缺陷和不足，全陪应向其提出改进的意见和建议。

☆通过自己观察和征询游客意见来了解和检查各地在交通、住宿、餐饮和地陪服务等方面的服务质量是否符合国家和行业的质量标准。

☆若发现有减少规定的游览项目、增加购物次数或降低住宿或餐饮质量标准的情况，要及时向地陪提出改进或补偿意见，必要时向组团社报告，并在“全陪日志”中注明。

☆若地陪安排的具体活动内容与上几站有明显重复，应建议地陪做必要的调整。

☆在地陪缺位或失职的情况下，应兼顾地陪的职责。

☆若对当地的接待工作有意见和建议，要诚恳地向地陪提出，必要时向组团社汇报。

四、维护和保障游客安全

保护游客的安全是全陪的一项重要工作。

☆入住饭店时，要提醒游客将贵重物品存放在前台或房间保险柜中；入睡前，将门窗关好，且不要躺在床上抽烟。

☆每次上车和集合时，要清点人数；下车时，提醒游客带好随身物品。

☆景点游览中，走在最后，随时留意游客的动向，尤其要关注团中因爱好拍照而滞后的游客和“好动的人物”，并注意周围环境有何异常，如发现形迹可疑者，要提醒游客照看好自己的随身物品；道路崎岖不平时，要提醒他们走路小心，对老弱者施以援手，照顾好生病的游客；天气异常时，要提醒他们增加或减少衣服；若有游客走失，应协助地陪寻找走失的游客。

☆旅游团抵离各站时，负责清点行李。

五、提供旅行过程中的服务

事项	说明
生活服务	全陪生活服务的主要内容包括： ☆出发、返回、上车、下车时，要协助地陪清点人数，照顾年老体弱的游客上下车。 ☆游览过程中，要留意游客的举动，防止游客走失和意外事件的发生，以确保游客人身和财产安全。 ☆按照“合理而可能”的原则，帮助游客解决旅行过程中的一些疑难问题。 ☆融洽气氛，使旅游团有强烈的团队精神。
讲解服务	作为全陪，提供讲解服务虽然不是最重要的，但适当的讲解仍是必要的。尤其是两站之间，在汽车、火车上做较长时间的旅行时，全陪也要提供一定的讲解服务。
为游客当好购物顾问	全陪要从游客的角度考虑，结合自己所掌握的旅游商品方面的知识，为游客着想，当好购物顾问。

第六节　离站、途中、抵站服务

一、离站服务

旅游团离开每一地前，全陪都应为本站送站与下站接站的顺利衔接做好以下工作：

（1）提前提醒地陪再次核实旅游团离开本地的交通票据以及离开的准确时间。如离开的时间有变化，全陪要迅速通知下一站接待社，若离开时间紧迫，则敦促地陪通知。

（2）离开前，要向游客讲清航空（铁路、水路）有关行李托运和手提行李的规定，并帮助有困难的游客捆扎行李，请游客将行李上锁。

（3）协助领队和地陪清点行李，与行李员办理交接手续。

（4）离站前，要与地陪、旅游车司机话别，对他们的热情工作表示感谢。

（5）到达机场（车站、码头）后，应与地陪交接交通票据和行李托运单，点清、核实后妥善保存。

（6）进入候机厅后，如遇旅游团所乘航班延误或取消的情况时，全陪应立即向机场有关方面进行确认。当航班延误或取消的消息得到民航部门的证实后，全陪应主动与相关航空公司联系，协同航空公司安排好游客的餐饮或住宿问题。

二、途中服务

途中服务始于旅游团通过机场（车站、码头）的安全检查，进入候机厅（候车室、候船室），结束于飞机（火车、轮船）抵达下一站，旅游团走出机场（车站、码头）。无论途中乘坐何种交通工具赴下一站，全陪都要提醒游客注意人身和财物的安全，积极争取交通营运部门工作人员的支持和配合，安排好游客的途中生活，努力使他们感到旅途舒适、愉快。

（1）乘坐长途火车（轮船）时的服务：全陪应事先请领队分配好包房、卧铺铺位，无领队的旅游团，则由全陪负责此项工作。上车（船）后，应立即找餐厅负责人订餐，告知游客人数、餐饮标准和游客的口味等。

（2）乘坐飞机时的服务：全陪应协助游客办妥登机、安检和行李托运等相关手续，并适时引导游客及时到登机牌注明的登机口依次登机。

（3）如有晕机（车、船）的游客，全陪要给予重点照顾。若有游客突患重病，全陪应第一时间寻求飞机、高铁或游船上乘务人员的帮助，也可以通过所乘交通工具上的广播系统，在乘客中寻找医生对其进行初步急救，并设法通知下站有关方面（急救站、旅行社）尽早落实车辆，以便到站后争取时间送患者到就近医院救治。

（4）长途旅行中，全陪应在旅行途中加强与游客之间的信息沟通，了解游客的最新需求动态，回答游客的各种问题，征求他们对旅游服务质量的评价并组织一些活动活跃气氛。

☆了解游客：全陪应利用陪同旅游团的机会，进一步了解游客的需要、个性与爱好，以及客源地、目的地的有关情况，以便能够及时把握游客的最新动态，并将其传递给地接社，以便适当调整接待服务策略，使各站的旅游接待更有针对性。

☆解答问题：游客在旅游过程中往往会产生各种各样的问题和疑惑。全陪应该充分利用途中与游客密切接触的机会，适时回答他们的问题，为他们解惑。

☆征求意见：全陪应通过与游客在途中的交谈，了解他们对前一阶段旅游接待服务质量的评价，以便为改进其后各站的旅游服务质量提供建议。

☆组织活动：全陪可根据游客的特点和旅途中的具体情况，或组织娱乐活动，或组织专题讨论或讲解，以活跃途中气氛，消除游客的寂寞和疲劳。

（5）全陪要提醒游客注意长途旅行中的人身和财物安全，乘坐火车（轮船）时，与车厢（船舱）乘务员联系，请他们协助做好游客的安全工作，下机（车、船）时提醒游客带好随身物品，保管好自己的交通票据和行李托运单。

（6）若交通工具不正常运行时，全陪应与交通部门和组团社保持有效沟通，并稳定好游客的情绪，适时安排和引导游客登机（车、船）。

三、抵站服务

抵站服务是指全陪带领旅游团从上一站抵达下一站时所提供的有关服务，主要内容如下表。

事项	说明
通报旅游团信息	全陪应在离开上一站之前向下一站通报旅游团的信息，内容包括旅游团离开上一站和抵达下一站的确切时间，所乘的航班号（车次、船次），有无人员变动、游客的要求、全陪的意见与建议等。
带领旅游团出站	在游客乘坐的交通工具抵达下一站前，全陪应通知游客整理好随身物品，做好下机（车、船）的准备。下机（车、船）后，清点人数，手举组团社社旗，带领游客到指定的出口出站。
做好与地陪的接头工作	出站前，全陪应与地陪进行联系，出站后，手举组团社社旗，寻找地陪，并向地陪问好，将地陪介绍给领队和游客，然后将旅游团行李牌交给地陪，与地陪一起带领游客登车。
转告游客有关情况	全陪应客观如实地将旅游团游客的有关情况（如游客的情绪、身体状况、要求等）转告地陪，以协助地陪做好接待工作。如果全陪带领的是入境旅游团，而有的城市或景点没有相应的外语导游，全陪应主动承担起导游讲解和翻译工作。
转告游客的意见与建议	/

第七节　末站服务

末站服务是指旅游团离开最后一站时全陪应做好的有关工作。它是全陪整个服务工作的最后一个环节，全陪应本着有始有终的精神，使游客如期顺利离站，并给他们留下美好的印象。

事项	说明
协助落实工作	在离开最后一站之前，全陪要提醒和协助地陪落实好旅游团返程的交通票据和行李托运等事宜。如果是入境旅游团，全陪要提醒和协助领队落实该团游客机票的确认和行李托运等事项。
致欢送词	全陪应当把握好时机致欢送词。欢送词主要内容有： ☆简明扼要地回顾全程中的主要活动，表示与游客共同度过了一段愉快的旅行生活，对全团给予的合作表示感谢。 ☆欢迎他们再次光临，表示愿意再度同他们合作。 ☆征求游客对整个接待工作的意见和建议。途中，如游客蒙受了损失或发生过不快的事，要再次表示歉意，以求得游客的谅解或予以弥补。 ☆提醒他们离店前捆扎好（锁好）托运行李，带好自己的随身物品和证件。若是入境旅游团，要随身带好护照、海关申报单、购买文物和贵重中药材的发票，以备出境时海关查验，并向他们介绍如何办理出境手续。
做好回头客的营销工作	全陪应根据一路上对游客的了解，对其中有意愿再次出游的游客进行必要的营销工作，适当介绍一些他们感兴趣的线路和景点，希望他们下次出游时再次与该组团社联系，自己将继续为之服务。

（续表）

事项	说明
送别旅游团	游客登车后，全陪应再次提醒他们带好随身物品和证件。抵达机场（车站、码头）后，应提醒游客各自携带好行李。如果是送别出境旅游团，全陪还应提醒领队出关时准备好行李托运所需的证件和表单，提醒游客准备好证件、交通票据、出境卡和申报单等。 当游客即将进入安检区域时，全陪应热情地与他们一一握手道别，并与地陪一起目送他们离开。
结清旅游团账目	全陪要与地陪结清旅游团在当地活动期间的账目。 结账的方式有两种：一是现结，即在旅游团离开的前一天与地陪当面结清团款，并向接待社收取发票；二是全陪给地陪的单据签字，由地陪携带签字单据回地接社，地接社凭借单据向组团社索要团款。

第八节　后续工作

事项	说明
处理遗留问题	送走旅游团后，全陪应根据旅行社领导的指示，认真处理好旅游团的遗留问题，办理好游客的委托事项，提供尽可能的延伸服务。
填写“全陪日志”	全陪应认真、如实地填写“全陪日志”或撰写旅行社所要求的资料。 “全陪日志”的内容包括：旅游团的基本情况，旅游日程安排及旅程中的交通运输情况，各地接待质量（包括游客对行、游、住、食、购、娱等方面的满意程度），发生的问题及事故的处理经过，游客的反映及改进意见等。
做好总结工作	对团队的整个行程做好总结，若有重大情况发生或有影响到旅行社以后团队操作的隐患问题，应及时向领导汇报。 及时总结带团的经验体会，找出不足，不断提高全陪导游服务的水平，不断完善自我。
结账、归还物品	送走旅游团后，全陪应按规定尽快向财务部门报账，归还所借钱物。

易错考题小试牛刀

1.（判断题）若国内旅游团无领队，全陪应请地陪分配游客的住房卡。（　）

2.（判断题）在接待旅游团并带领旅游团开始旅游活动的当天，全程导游应设法与旅游目的地首站（入境站）的地接社联系，互通信息，妥善安排接团事宜。（　）

3.（单选题）全陪与领队对全程旅游活动日程商定后，应由（　）向旅游者宣布。

A.全陪　B.领队　C.团长　D.地陪

4.（单选题）全程陪同导游小李带领一个广东旅游团到北京、内蒙古旅游，小李在陪同该团旅游过程中的主要工作首先是（　）。

A.做好团中旅游者之间的团结工作

B.协助处理可能发生的旅游事故

C.负责广东、北京、内蒙古各站之间的衔接

D.协助北京和内蒙古的地方导游做好各项服务

5.（多选题）个别游客在旅游景点走失，一般应由（　）分头去找。

A.全陪　B.地陪　C.领队　D.其他游客　E.团长

6.（多选题）下列导游人员职责中，属于全陪导游员的有（　）。

A.负责旅游团各站之间的衔接

B.带领旅游团游客参观游览

C.做好组织协调工作

D.监督地接社接待计划实施

E.安排旅游团在当地的活动

【答案】1. 错　2. 错　3.B　4.C　5.AC　6.ACD

第五章
景区导游服务程序与服务质量要求

【考试大纲】

- 熟悉：景区导游服务程序和服务质量要求。

【历年分值】

年份	判断（题）	单选（题）	多选（题）	分值（分）	分值占比（%）
2018	1	0	0	0.5	1
2019	0	0	0	0	0
2020	0	1	1	1.5	3.13
2023	0	0	0	0	0

旅游景区导游即讲解员，指受旅游景区委派或安排，为游客提供旅游景区导游讲解服务的人员。

旅游景区的参观游览是旅游活动的主要目的，是旅游消费的重要环节，因此景区导游服务的好坏直接关系到游客的满意程度。要做好旅游景区的导游服务和讲解，旅游景区讲解员需要对其服务的景区或景点乃至该景区、景点所在地区有较全面、深入的了解及相应的专门知识。

旅游景区导游服务主要包括以下三个环节。

服务准备 → 导游讲解 → 后续工作

第一节　服务准备

景区导游服务准备主要包括以下五点。

事项	说明
业务准备	☆了解所接团队或游客的有关情况。 ☆预先了解来访游客所在地区或国家的宗教信仰、风俗习惯和禁忌。 ☆对游客有特殊需要的讲解内容应事先进行准备。 ☆提前了解服务当天的天气和景区、景点道路情况。 ☆应急预案的准备。
知识准备	☆熟悉并掌握本景区讲解内容所需的情况和知识。 ☆讲解方案准备。根据游客对讲解的时间长度、认知深度的不同要求，讲解员应对讲解内容做好两种或两种以上讲解方案的准备，以适应不同旅游团队或个体游客的不同需要。 ☆掌握必要的环境保护和文物保护知识以及安全知识。 ☆熟悉本景区的有关管理规定。
语言准备	在以普通话为普遍使用的语言的基础上，根据游客的文化层次做好有关专业术语的解释；对于外籍客人，外语讲解员应准备相应语言词汇的讲解服务。
物质准备	☆佩戴好本景区讲解员的上岗标志，如有需要，准备好无线传输讲解用品。 ☆带好接待团队时所需的票证、需要发放的相关资料，如景区导游图、景区景点介绍等。
形象准备	形象主要体现在导游的仪容仪表和言行举止上。

第二节　导游讲解

一、参观游览前的导游讲解服务

（一）致欢迎词

旅游团（者）抵达景区后，讲解员应主动迎上前去，向游客表示欢迎，致欢迎词。欢迎词的内容主要包括：

（1）代表本景区对游客表示欢迎；

（2）介绍本人姓名及所属单位；

（3）表达景区对提供服务的诚挚意愿；

（4）表达希望游客对讲解工作给予支持配合的意愿；

（5）预祝游客旅游愉快。

（二）旅游景区情况介绍

游览前景区讲解员应向游客介绍景区的基本情况和游览中的注意事项，主要包括以下几方面：

（1）本景区开设背景（包括历史沿革）、规模、布局、价值和特色；

（2）本景区所在旅游地的位置以及周边的自然、人文景观和风土人情；

（3）提醒团队游客注意自己团队原定的游览计划安排，包括在景区停留的时间，主要游览线路，以及参观游览结束后集合的时间和地点；

（4）讲清游览过程中的注意事项，并提醒游客保管好自己的贵重物品；

（5）景区游程中如需讲解员陪同游客乘车或乘船游览，讲解员应协助游客联系有关车辆或船只。

二、参观游览过程中的导游讲解

导游讲解是景区讲解员的核心工作，讲解员应根据景区的规模和布局，带领游客按照游览线路分段讲解，要繁简适度，视游客的类型、兴趣、爱好的不同有所侧重，因人施讲。

在时间允许和个人能力所及的情况下，宜与游客有适度的问答互动，讲解中要虚心地听取游客的不同意见和表述。在讲解过程中，讲解员应自始至终与游客在一起，对游客中的老幼病残孕和其他弱势群体要给予合理关照，注意游客的安全，随时做好安全提示，避开景区中存在安全隐患的地方，提醒游客注意容易碰头和失足的地方，以防意外事故发生。如在讲解过程中发生意外情况，讲解员应及时联络景区有关部门，以期尽快得到妥善处理或解决。

（一）讲解技巧

讲解的语言应准确易懂，吐字应清晰，并富有感染力。要努力做到导游安排上的活跃生动，做好讲解与引导游览的有机结合。讲解中应结合景物或展品相机宣传环境、生态系统维护或文物保护知识，对游客的问询，回答时要耐心、和气、诚恳，不冷落、顶撞或轰赶游客，不与游客发生争执或矛盾。

（二）讲解原则

（1）应以科学性和真实性为原则对导游讲解内容做适当的取舍。

（2）讲解中涉及的民间传说应有故事来源或历史传承，讲解员不得随意编造。

（3）有关景区内容的讲解应力避同音异义词语造成的歧义。

（4）讲解中若使用文言文，需注意游客对象，需要使用时，宜以大众化语言给予补充解释。

（5）对讲解中涉及的历史人物或事件，应充分尊重历史的原貌，如遇尚存争议的科学原理或人物、事件，则宜选用中性词语给予表达。

（6）若讲解的某方面内容系引据他人研究成果，应在解说中给予适度的说明，以利于游客今后的使用和知识产权的保护。

三、在景区观看节目及购物的导游讲解服务

（一）观看节目时的服务

若游客游程中原已包含在景区内观看节目演出的，景区讲解员应注意：

（1）如实向游客介绍本景区演出的节目内容与特色；

（2）按时组织游客入场，引导游客文明观看节目；

（3）在游客观看节目过程中，讲解员应自始至终坚守岗位；

（4）如个别客人因特殊原因需要中途退场，讲解员应设法给予妥善安排；

（5）不得强迫或变相强迫游客增加需要另行付费的演出项目。

（二）购物时的服务

游客如需购物，景区讲解员应该注意：

（1）如实向游客介绍本地区、本景区的商品内容与特色；

（2）如实向游客介绍本景区合法经营的购物场所；

（3）不强迫或变相强迫游客购物。

四、乘车（乘船）游览时的讲解服务

乘车（乘船）游览时，导游讲解服务应注意：

（1）协助司机（或船员）安排游客入座；

（2）在上车（船）、乘车（船）、下车（船）时提醒游客有关安全事项，提醒游客清点自己的行李物品，并对老幼病残孕和其他弱势群体给予特别关照；

（3）注意保持讲解内容与行车（行船）节奏的一致，讲解声音应设法让更多的游客都能听见；

（4）努力做好与行车安全（或行船安全）的配合。

五、送别服务

参观游览结束后，讲解员要向游客致简短的欢送词。欢送词的内容包括：

（1）对游客参观游览中给予的合作表示感谢；

（2）征询游客对导游讲解以及景区（点）建设与保护的意见和建议；

（3）欢迎游客再次光临。

如果备有景区（点）有关资料或小纪念品，可以赠送游客以作留念，并热情地和他们道别。一般情况下，在游客离开之后方可离开。

第三节　后续工作

事项	说明
撰写小结	景区（点）导游完成接待服务后，要认真、按时写好接待小结，实事求是地汇报接待情况。接待小结的内容包括： ☆接待游客的人数、抵离时间。若是旅游团队，还需记录团队的名称及旅行社的名称； ☆游客成员的基本情况、背景及特点； ☆重点游客的反映，尽量引用原文，并注明游客的姓名和身份； ☆游客对景区（点）景观及建设情况的感受和建议； ☆游客对接待工作的反映； ☆尚需办理的事情； ☆自己的体会及对今后工作的建议； ☆若发生重大问题，需另附专题报告。
查漏补缺	景区（点）导游在总结工作中，应及时找出工作中的不足或存在的问题，如导游不清楚的知识、回答不准确的地方甚至有些回答不出的问题。根据这些问题进行有针对性的补课，请教有经验的同行，以提高自己的导游讲解水平。
总结提高	在导游服务中，游客提出的意见和建议涉及景区（点）导游的，景区（点）导游应认真检查，汲取教训，不断改进，以提高自己的导游水平和服务质量；涉及其他接待部门的，应及时反馈到所在单位，以便改进工作。

易错考题小试牛刀

1.（判断题）基于游客对讲解的时间长度、认知深度的不同要求，讲解员应对讲解内容至少准备三种讲解方案，以适应旅游团队或个体的不同需要。（ ）

2.（判断题）景区导游服务的核心工作是做好线路引导，解答游客问询。（ ）

3.（多选题）游览前的讲解服务要求景区讲解员向游客适度介绍本景区所在旅游地的（ ）。
A.行政区划 B.自然景观 C.风土人情 D.人文景观 E.规模布局

4.（多选题）景区讲解员在导游讲解中要运用好的技巧主要有（ ）。
A.要根据旅游者的不同情况在讲解内容上注意繁简适度
B.要根据景区主要景观的分布做好旅游线路安排
C.导游讲解中要使用准确易懂的语言，应吐字清晰
D.要安排并控制好讲解时间，以免影响游客的原有行程
E.要做好讲解与引导游览的有机结合

5.（多选题）景区讲解员在进行本景区导游讲解中应注意的问题主要有（ ）。
A.讲述民间传说要有故事来源的历史传承，不得胡编乱造
B.使用文言文时应以大众化的语言进行补充解释
C.导游的讲解内容应力避同音异义词语造成的歧义
D.讲解内容涉及的所有历史人物均以书本上的说法为准
E.讲解内容如援引他人研究成果应予以适度说明

【答案】1. 错 2. 错 3.BCD 4.ACDE 5.ABCE

第六章
散客导游服务程序与服务质量要求

【考试大纲】

- **了解：** 散客旅游的含义。
- **熟悉：** 散客旅游的特点。
- **掌握：** 散客的导游服务程序和服务质量要求。

【历年分值】

年份	判断（题）	单选（题）	多选（题）	分值（分）	分值占比（%）
2018	1	1	0	1	2
2019	1	3	1	3	6.12
2020	2	4	2	5	10.42
2023	1	0	0	0.5	1.06

第一节　散客旅游的含义和特点

一、散客旅游的含义

散客旅游是指游客自行安排旅游行程，以零星现付的方式购买各项旅游服务的旅游形式。散客旅游分为自助游和定制游两种。

类别	说明
自助游	指个人、家庭或亲朋好友一起不使用旅行社的服务而自定行程、自主安排各项旅游事宜的旅游活动。
定制游	指个人、家庭或亲朋好友一起自行安排旅游行程但部分使用旅行社服务（如订房、订购交通票据等）的旅游活动，也可以是旅行社根据散客所提具体要求所设计的完整的定制旅游产品。

散客旅游已成为当今旅游的主要方式。从国内市场来看，人们的外出旅游已从观光旅游逐步向体验型旅游发展，国内散客市场也日益扩大。

散客旅游之所以越来越受到游客的青睐，除了它的旅游形式比团队旅游灵活、伸缩性强、自由度大以及可供游客自由选择等原因外，还和下列因素有关。

事项	说明
游客自主意识增强	随着我国国内旅游的发展，游客的旅游经验得到积累，自主意识、消费者权益保护意识也不断增强，更愿意根据个人喜好自主出游或结伴出游。
游客内在结构改变	随着我国经济的发展，社会阶层产生了变化，一部分人先富裕起来，中产阶级逐渐扩大，改变了游客的经济结构；青年游客增多，他们往往性格大胆，富有冒险精神，旅游过程中带有明显的个人爱好，不愿受团队旅游的束缚和限制。
交通和通信的发展	现代交通和通信工具的迅速发展，为散客旅游提供了便利的技术条件。现代通信、网络技术的发展，也使得游客无须通过旅行社来安排自己的旅行，他们越来越多地借助于网上预订和电话预订。
散客接待条件改善	为发展散客旅游，世界各国和我国各地区都在努力调整接待机制，增加或改善散客接待设施。他们通过旅游咨询电话、计算机导游显示屏等为散客提供服务。我国不少旅行社已经在着手建立完善的散客服务网络，并运用网络等现代化促销手段，为散客旅游提供详尽、迅捷的信息服务，还有的旅行社设立专门的散客接待部门，以适应这种发展趋势。

二、团队旅游与散客旅游的区别

散客旅游与团队旅游的目的是相同的，即外出参观游览，但在旅游方式、人员组合、活动内容及付款方式等方面还是存在一定的差别。

区别	团队旅游	散客旅游
旅游方式	团队旅游的食、住、行、游、购、娱一般都是由旅行社或旅游服务中介机构提前安排。	自助游游客外出旅游的计划和行程都是自行安排； 定制游游客是旅行社根据游客要求为其定制安排行程。
游客人数	团队旅游一般都是由10人以上（包括10人）的游客组成。	散客旅游以人数少为特点，一般界定为由10人以下（不包括10人）的游客组成。可以是单个的游客也可以是一个家庭，还可以是由几位好友组成。
服务内容	团队旅游是有组织按预订的行程、计划进行的旅游。	散客旅游的随意性很强，变化多，服务项目不固定，而且自由度大。
付款方式和价格	团队旅游是通过旅行社或旅游服务中介机构，采取支付综合包价的形式，即全部或部分旅游服务费用由游客在出游前一次性支付或者是支付大部分。 由于团队旅游的人数多、购买量大，在价格上有一定的优惠。	散客旅游的付款方式是零星现付，即购买什么、购买多少，按零售价格当场现付。 散客旅游的特点是零星购买，即每个服务项目散客都按零售价格支付，相对而言，数量较少，所以，散客旅游服务项目的价格比团队旅游服务项目的价格贵一些。
服务难度	与散客旅游相比，团队导游的服务难度相对要小一点。	散客旅游常常没有出境旅游领队和全陪，有些散客服务是预先委托的，但大部分则是临时到旅行社委托安排其旅游活动，游客之间也互不相识，而且往往时间紧迫，导游没有时间做准备，因此，与团队旅游相比，散客导游服务的难度要大得多、复杂得多、琐碎得多。

三、散客旅游的特点

特点	说明
规模小	散客旅游多为游客本人单独出行或与朋友、家人结伴而行，因此与团队旅游相比，规模小。对旅行社而言，接待散客旅游的批量比接待团体旅游的批量要少得多。
批次多	散客旅游发展迅速，采用散客旅游形式的游客人数大大超过团队游客人数，各国、各地都在积极发展散客旅游业务，为其提供各种便利条件，使散客旅游更得到长足的发展。旅行社在向散客提供旅游服务时，因其批量少、总人数多而形成了批次多的特点。
要求多	在散客旅游中，不乏消费水平较高的游客，他们不仅要求多，而且对服务的要求也高。
变化大	散客在出游前对旅游计划的安排往往缺乏周密细致的考虑，因而在旅游过程中常常需随时变更其旅游计划，导致更改或全部取消出发前向旅行社预订的服务项目，而要求旅行社为其预订新的服务项目。
自由度大	散客由于没有团队集体行动的限制，一切都根据自己的需要和意愿来行动，想走就走，想歇就歇，因而自由度较大。
预订期短	与团队旅游相比，散客旅游的预订期比较短。因为散客旅游要求旅行社提供的或是全套定制旅游服务，或是一项或几项服务，有时是在出发前临时提出的，有时是在旅行过程中遇到的，他们往往要求旅行社能够在较短时间内安排或办妥相关的旅游业务，从而对旅行社的工作效率提出了更高要求。

第二节　散客旅游规范服务程序

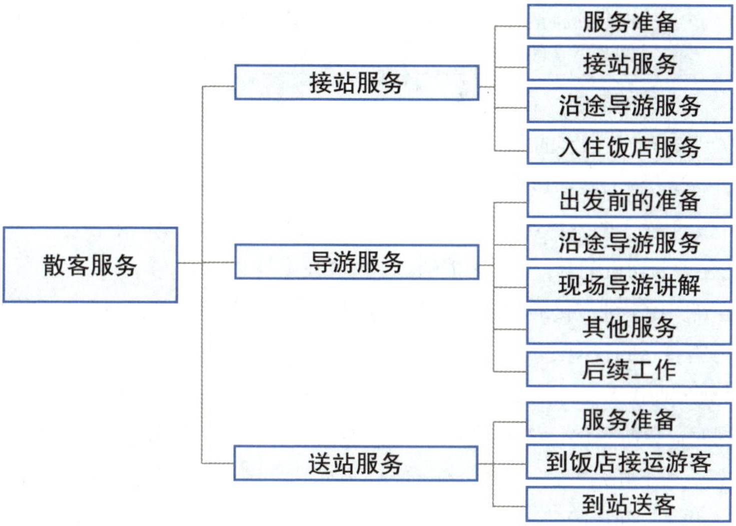

一、接站服务

（一）服务准备

导游接受旅行社派发的迎接散客的任务后，应认真做好迎接的准备工作，它是接待好游客的前提。

事项	说明
认真阅读接待计划	导游应明确迎接的日期，航班或车次抵达的时间，散客姓名、人数和下榻的饭店，有无航班或车次及人数的变更，提供哪些服务项目，是否与其他游客合乘一辆车至下榻的饭店等。
做好出发前的准备	导游要准备好所迎接散客的欢迎标志（接站牌）、地图、随身携带的电子导游证、导游身份标识、旗子；检查所需票证，如餐单、游览券等。
联系交通工具	导游要与计调部门确认司机姓名并与司机联系，约定出发时间、地点，了解车型、车号。
与游客联系	导游应在接站前与游客联系，确认接站地点和时间。

（二）接站服务

事项	说明
提前到站等候（提前30分钟）	☆若迎接的是乘飞机来的散客，应通过航班动态查询软件查询航班动态，确保在航班抵达前30分钟到达机场，在国际或国内进港隔离区门外等候。 ☆若是迎接乘火车而来的散客，应提前30分钟在出站口等候。

（续表）

事项	说明
迎接散客	☆通过电话、短信或其他社交软件联系客人，并与司机站在不同的出口易于被接散客发现的位置举牌等候，以便其前来联系，导游也可根据游客的民族特征上前询问。 ☆确认迎接到该接的散客后应主动问候，并介绍所代表的旅行社和自己的姓名，对其表示欢迎。 ☆询问所接散客在机场或车站是否有还需办理的事情，并给予必要的协助。询问其行李件数并进行清点，帮助其提取行李和引导客人上车。

如果未接到应接的散客，导游应该：

（1）立刻拨打应接散客的手机号码。

（2）如果客人没有接听电话，导游应马上询问机场（车站、码头）的工作人员，确认本次航班（车次、船次）的游客确已全部进港和在隔离区内已无未出港的游客。

（3）导游要与司机配合，在尽可能的范围内寻找（至少20分钟）。

（4）若确实找不到应接的散客，导游应通过电话同计调部或散客部联系，报告迎接的情况，核实该散客抵达的日期或航班（车次、船次）有无变化。

（5）当证实迎接无望时，经计调部或散客部同意方可离开机场（车站、码头）。

（6）同时，导游可电话咨询散客下榻的饭店，询问该散客是否已入住饭店，若没有入住，可以在饭店留下联系方式，游客一旦自行入住饭店，请饭店马上通知自己；若已入住，必须主动与客人联系，问清情况，并表示歉意。

（三）沿途导游服务

在从机场（车站、码头）至下榻饭店的途中，导游对散客应像对待全包价旅游团一样进行沿途导游，介绍所在城市的概况、下榻饭店的地理位置和设施，以及沿途景物和有关注意事项等。沿途导游服务可采取对话的形式进行。

（四）入住饭店服务

事项	说明
帮助办理住店手续	☆散客抵达饭店后，导游应帮助其办理饭店入住手续，向其介绍饭店的主要服务项目及住店注意事项。 ☆按接待计划向其明确饭店将为其提供的服务项目，并告知其离店时要现付的费用和项目。 ☆记下该散客的房间号码。 ☆督促饭店行李员将行李运送到游客的房间。
确认日程安排	办理入住手续后，要与游客确认日程安排。当游客确认后，将填好的安排表、游览券及赴下一站的飞机（火车）确认订妥票据的凭证交予游客，并让其确认。 如散客参加旅行社组织的“一日游”游览，应将游览券、游览徽章交给他（她），并详细说明各种票据的使用场合，集合时间、地点，以及“一日游”旅游车上的导游召集散客的方式，在何处等车等相关事宜。如果该散客还有送机（车、船）服务，导游要与其商定离店时间与送站安排。
提前订购机票	若散客将乘飞机赴下一站，而又不需要旅行社为其代购机票时，导游应叮嘱其提前订购机票，并在航空公司规定的时间内通过电话或网络方式选择座位。当散客确定了乘机时间并告知导游后，导游应当及时向散客部门或计调部门报告，以便提前派人、派车为其提供送机服务。

（续表）

事项	说明
推销旅游服务项目	导游在迎接散客的过程中，应相机询问该散客在本地停留期间还需要旅行社为其提供何种服务，并表示愿竭诚为其提供服务。

（五）后续工作

迎接散客完毕后，导游应及时将同接待计划有出入的信息与特殊要求反馈给散客部或计调部。

二、导游服务

参加散客旅游的游客一般文化水平比较高，旅游经验也比较丰富，在旅游中更加注重文化内涵，对旅游服务的要求也高，因此要求导游有较高的素质，有高度的工作责任心，能多倾听他们的意见，并在此基础上做好组织协调工作。

事项	说明
出发前的准备	出发前，导游应做好相关的准备工作，如携带游览券、导游旗、电子导游证、导游身份标识等，并与司机联系集合的时间、地点，督促司机做好有关准备工作。 导游应提前15分钟抵达集合地点，引导散客上车。如果客人分别入住不同的饭店，导游应协同司机驱车按事先与客人约定的接运时间到各饭店接运散客。将他们接齐后，再驶往游览景点。根据接待计划的安排，导游必须按照规定的线路和景点带领客人游览。
沿途导游服务	散客的沿途导游服务与全包价旅游团大同小异。初次与游客见面时，应代表旅行社、司机向游客致以热烈的欢迎，表示愿竭诚为大家服务，希望大家予以合作，多提宝贵意见和建议，并祝大家游览愉快、顺利。 导游除做好沿途导游之外，应特别向游客强调在游览中注意安全。
现场导游讲解	抵达游览景点后，导游应对景点的历史背景、特色等进行讲解，语言要生动，富有感染力。对于散客，导游可采取对话的形式进行讲解，这样显得更加亲切自然。 游览前，导游应向其提供游览线路的合理建议，由其自行选择，但需要提醒其记住上车时间、地点和车型、车号。 游览时，导游应注意观察散客的动向和周围的情况，以防游客走失或发生意外事故。 游览结束后，导游要随车将游客一一送回各自下榻的饭店。
其他服务	由于散客自由活动时间较多，导游应当好他们的参谋和顾问，向他们介绍当地的文艺演出、体育比赛或饭店开展的活动，请其自由选择，并表示愿意协助进行安排。 如果散客要外出购物或参加晚间娱乐活动，导游应提醒其外出时注意安全，并引导他们去健康的娱乐场所。 若是全程私人定制旅游，要根据游客的喜好和需求定制旅游行程，给游客提供个性化的服务。因此导游在设计行程时，应全方位根据游客需求，在食、住、行、游、购、娱各方面灵活设计，精心安排。在陪同游客过程中，真正为游客考虑，服务周到全面，让散客真正省心又开心。
后续工作	若接待任务书或委托书中注明参观游览需现场收费，导游应向散客收取现款或让其在线支付，并及时将收取的金额交旅行社财务部。接待任务完成后，导游还应及时将接待中的有关情况反馈给散客部或计调部，或填写“零散游客登记表”。

三、送站服务

（一）服务准备

事项	说明
详细阅读送站计划	导游接受送站任务后，应详细阅读送站计划，明确所送游客的姓名、离开本地的日期、所乘航班（车次、船次）以及游客下榻的饭店，有无航班或车次与人数的变更，是否与其他游客合乘一辆车去机场（车站、码头）。
做好送站准备	导游必须在送站前24小时与游客确认送站时间和地点，可通过微信、电话等告知游客具体的送站时间和地点，请游客确认。要备好游客的机（车、船）票或网络订票凭证，同散客部或计调部确认与司机会合的时间、地点、车型及车号。 导游必须为需送站的散客到达机场（车站、码头）留出充裕的时间。 ☆乘出境航班提前3小时或按航空公司规定的时间； ☆乘国内航班提前2小时； ☆乘火车、轮船提前1小时。

（二）到饭店接运游客

（1）按照与散客约定的时间，导游必须提前20分钟到达散客下榻的饭店，协助其办理离店手续，交还房卡，付清账款，清点行李，提醒散客带齐随身物品，然后照顾客人上车离店。

（2）如果导游到饭店后，未找到应送的散客，导游应到饭店前台了解该客人是否已经离店，并通过微信、电话等联系客人，视情况决定是继续等待还是返回或者前去接送下一批客人。

（3）如果需送站的散客与住在其他饭店的散客合乘一辆车去机场（车站、码头），导游要严格按约定的时间顺序抵达各个饭店。途中如果遭遇严重交通堵塞或其他特殊情况，需调整原来约定的时间顺序和行车线路，导游应及时打电话将时间上的变化情况通知后面在饭店等候的客人，必要时可以请示计调部门，请客人采取其他措施前往机场（车站、码头）。

（三）到站送客

在送站途中，导游应向散客征询在本地停留期间的感受及对服务的意见和建议，并代表旅行社向游客表示感谢。

到站后，导游应提醒和帮助散客带好行李与物品，协助其办理离站手续（如取网络预订票、领取登机牌、办理行李托运等）。

导游在同散客告别前，应向机场人员确认航班是否准时起飞。如果航班延时起飞，应主动为客人提供力所能及的帮助。如果确认航班准时起飞，导游应将散客送至安检区域入口处同其告别，热情欢迎其下次再来。若散客将再次返回本地，要同客人约好返回等候的时间和地点。

送别散客后，导游应及时结清所有账目，将有关情况反馈给散客部或计调部。

易错考题小试牛刀

1.（判断题）散客旅游，是游客自行安排旅游行程，一次付清各项旅游费用的一种旅游形式。（ ）

2.（判断题）散客导游人员在导游服务中，应该提前20分钟到达集合地点，引导游客上车。（ ）

3.（单选题）导游员在接送单个散客时的沿途讲解宜采用（ ）。
A.宣讲形式
B.启发方式
C.对话形式
D.诱导方式

4.（单选题）关于散客旅游与团队旅游的区别，下列表述正确的是（ ）。
A.散客旅游付费方式是零星现付，团队旅游采用包价形式
B.团队旅游和散客旅游价格差不多
C.团队旅游与散客旅游行程均是由旅行社来安排
D.团队旅游一般为16人以上

5.（多选题）散客旅游的特点是（ ）。
A.批量大、批次少
B.自由度大
C.服务要求多
D.活动计划不容易变化
E.预订期长

【答案】1.错 2.错 3.C 4.A 5.BC

第七章
导游引导文明旅游规范

【考试大纲】

- **掌握：**导游引导文明旅游的规范内容。

【历年分值】

年份	判断（题）	单选（题）	多选（题）	分值（分）	分值占比（%）
2018	0	2	1	2	4
2019	0	1	1	1.5	3.06
2020	1	1	1	2	4.17
2023	1	0	1	1.5	3.19

第一节　引导文明旅游的基本要求与主要内容

一、引导文明旅游的基本要求

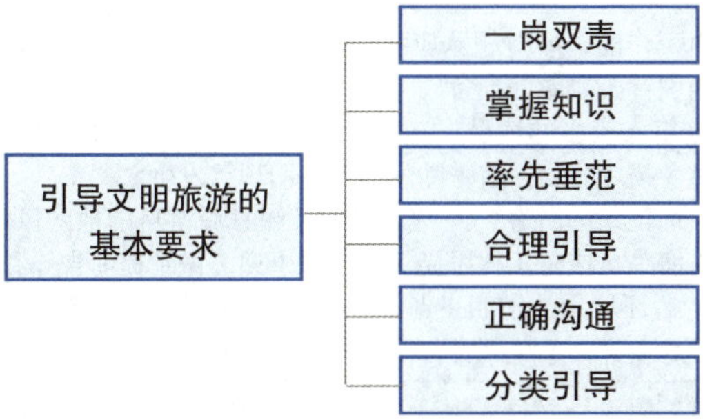

（一）一岗双责

导游领队应兼具为游客提供服务与引导游客文明旅游两项职责。

导游领队在引导游客文明旅游过程中应体现服务态度、坚持服务原则，在服务游客过程中应包含引导游客文明旅游的内容。

（二）掌握知识

（1）具备从事导游领队工作的基本专业知识和业务技能。

（2）掌握我国旅游法律、法规、政策以及有关规范性文件中关于文明旅游的规定和要求。

（3）掌握基本的文明礼仪知识和规范。

（4）熟悉旅游目的地法律规范、宗教信仰、风俗禁忌、礼仪知识、社会公德等基本情况。

（5）应掌握必要的紧急情况处理技能。

（三）率先垂范

（1）以身作则、遵纪守法、恪守职责，体现良好的职业素养和职业道德，为游客树立榜样。

（2）注重仪容仪表、衣着得体，展现导游领队职业群体的良好形象。

（3）言行规范、举止文明，为游客做出良好示范。

（四）合理引导

（1）对游客文明旅游的引导应诚恳、得体。

（2）应有维护文明旅游的主动性和自觉性，关注游客的言行举止，在适当时机对游客进行相应提醒、警示、劝告。

（3）应积极主动地营造轻松和谐的旅游氛围，引导游客友善共处、互帮互助、相互督促并适时地给予游客友善的提醒。

（五）正确沟通

（1）在引导时，导游领队应注意与游客充分沟通，秉持真诚友善原则，增强与游客之间的互信，增强引导效果。

（2）对游客的正确批评和合理意见，导游领队应认真听取，虚心接受。

（六）分类引导

情况	说明
针对不同游客的引导	☆在带团工作前，导游领队应熟悉团队成员、旅游产品、旅游目的地的基本情况，为恰当引导游客做好准备。 ☆对未成年人较多的团队，应侧重对家长的引导，并需要特别关注未成年人的特点，避免损坏公物、喧哗吵闹等不文明现象发生。 ☆对无出境记录的游客，应特别提醒其注意旅游目的地的风俗禁忌和礼仪习惯，以及出入海关、边防（移民局）的注意事项，做到提前告知和提醒。 ☆游客生活环境与旅游目的地环境差异较大时，导游领队应提醒游客注意相关习惯、理念差异，避免因言行举止不合时宜而导致的不文明现象。
针对不文明行为的处理	☆对于游客因无心之过而出现与旅游目的地风俗禁忌、礼仪规范不协调的行为，应及时提醒和劝阻，必要时协助游客赔礼道歉。 ☆对于从事违法或违反社会公德活动的游客，以及从事严重影响其他游客权益的活动，不听劝阻、不能制止的游客，根据旅行社的指示，导游领队可代表旅行社与其解除旅游合同。 ☆对于从事违法活动的游客，不听劝阻、无法制止、后果严重的，导游领队应主动向相关执法、管理机关报告，寻求帮助，依法处理。
特殊、突发情况处理	☆旅游过程中遭遇特殊/突发情况，如财物被抢被盗、重大传染性疾病、自然灾害、交通工具延误等情形，需要旅游者配合相关部门处理的，导游领队人员应及时向旅游者说明情况，进行安抚劝慰，导游领队人员还应积极协助有关部门进行处理或直接处理。 ☆导游领队人员应在旅游者和相关机构或人员发生纠纷时，及时介入并正确疏导，引导旅游者理性维权、化解矛盾。 ☆遇旅游者采取拒绝上下机（车、船）、滞留等方式非理性维权的，导游领队人员应与旅游者进行说明、晓以利害。必要时应向有关机关和机构报告，寻求帮助。

二、引导文明旅游的主要内容

情况	说明
法律法规的提示和说明	导游领队应将我国及旅游目的地国家和地区文明旅游的有关法律规范和要求向游客进行提示和说明，避免游客出现触犯法律的不文明行为。引导游客爱护公物、文物，遵守交通规则，尊重他人权益。
风俗禁忌的主动提醒	导游领队应主动提醒游客尊重当地风俗习惯、宗教禁忌。在有支付小费习惯的国家和地区，应引导游客以礼貌的方式主动向服务人员支付小费。

（续表）

情况	说明
绿色环保的倡导和说明	导游领队应向游客倡导绿色出游、节能环保，并将具体环保常识和方法向游客进行说明，引导游客爱护旅游目的地自然环境。
礼仪规范的提醒	导游领队应提醒游客注意基本的礼仪规范：仪容整洁，遵序守时，言行得体。提醒游客不在公共场合大声喧哗、违规抽烟，提醒游客依序排队、不拥挤争抢。
诚信善意的引导	导游领队应引导游客在旅游过程中保持良好心态，尊重他人、遵守规则、恪守契约、包容礼让，展现良好形象，通过旅游提升文明素养。

第二节　引导文明旅游的具体规范与总结反馈

一、引导的具体规范

（一）出行前

（1）导游领队应在出行前将旅游文明需要注意的事项以适当方式告知游客。导游领队参加行前说明会的，宜在行前说明会上向游客讲解《中国公民国内旅游文明行为公约》或《中国公民出境旅游文明行为指南》，提示基本的文明旅游规范，并将旅游目的地的法律法规、宗教信仰、风俗禁忌、礼仪规范等内容系统、详细地告知游客，使游客在出行前具备相应知识，为文明旅游做好准备。

（2）不便召集行前说明会或导游领队不参加行前说明会的，导游领队宜通过向游客发送电子邮件、电话沟通等方式，将文明旅游的相关注意事项和规范要求进行说明和告知。

（3）在旅游出发地机场、车站等集合地点，导游领队应将文明旅游注意事项向游客进行重申。

（4）当旅游产品具有特殊安排，如入住酒店不提供一次性洗漱用品、乘坐的廉价航班上不提供餐饮时，导游领队应向游客事先告知和提醒。

（二）登机（车、船）与出入口岸

（1）导游领队应提醒游客提前办理检票、安检、托运行李等手续，不携带违禁物品。

（2）导游领队应组织游客依序候机（车、船），并优先安排老人、未成年人、孕妇、残障人士。

（3）导游领队应提醒游客不抢座、不占位，主动将上下交通工具方便的座位让给老人、孕妇、残障人士和带婴幼儿的游客。

（4）导游领队应引导游客主动配合机场、车站、港口以及安检、边防（移民局）、海关的检查和指挥。与相关工作人员友好沟通，避免产生冲突，携带需申报物品时，应主动申报。

（三）乘坐公共交通工具

（1）导游领队应利用乘坐交通工具的时间，将文明旅游的规范要求向游客进行说明和提醒。

（2）导游领队应提醒游客遵守和配合乘务人员指示，确保交通工具安全有序运行，如乘机时应按照要求使用移动电话等电子设备。

（3）导游领队应提醒游客乘坐交通工具的安全规范和基本礼仪，遵守秩序，尊重他人，如乘机（车、船）时勿长时间占用通道或卫生间，不强行更换座位，不强行开启安全舱门。避免不文雅的举止，勿无限制索要免费餐饮等。

（4）导游领队应提醒游客保持交通工具内的环境卫生。

（四）餐饮

（1）导游领队应提醒游客注意用餐礼仪，有序就餐，避免高声喧哗，干扰他人。

（2）导游领队应引导游客就餐时适量点用，避免浪费。

（3）导游领队应提醒游客自助餐区域的食物、饮料不能带离就餐区。

（4）集体就餐时，导游领队应提醒游客正确使用公共餐具。

（5）游客如需在就餐时抽烟，导游领队应指示游客到指定抽烟区域就座，如果就餐区禁烟，游客应遵守相关规则。

（6）就餐环境对服装有特殊要求的，导游领队应事先告知游客，以便游客准备。

（7）在公共交通工具或博物馆、展览馆、音乐厅等场所，应遵守相关规则，勿违规饮食。

（五）住宿

（1）导游领队应提醒游客尊重服务人员，服务人员问好时要友善回应。

（2）导游领队应指引游客爱护和正确使用住宿场所的设施设备，注意维护客房和公共空间的整洁卫生，提醒游客不在酒店禁烟区域抽烟。

（3）导游领队应引导游客减少一次性物品的使用，减少环境污染，节水节电。

（4）导游领队应提醒游客在客房区域举止文明，如在走廊等公共区域时应衣着得体，出入房间应轻关房门，不吵闹喧哗，宜调小电视音量，以免打扰其他客人休息。

（5）导游领队应提醒游客如在客房内发生消费，应在离店前主动声明并付费。

（六）游览

（1）导游领队应将文明旅游的内容融合在讲解词中，进行提醒和告知。

（2）导游领队应提醒游客遵守游览场所规则，依序文明游览。

（3）在自然环境中游览时，导游领队应提示游客爱护环境，不攀折花草，不惊吓伤害动物，不进入未开放区域。

（4）观赏人文景观时，导游领队应提示游客爱护公物、保护文物，不攀登骑跨或胡写乱画。

（5）在参观博物馆、教堂等室内场所时，导游领队应提示游客保持安静，根据场馆要求规范使用摄影摄像设备，不随意触摸展品。

（6）游览区域对游客着装有要求的（如教堂、寺庙、博物馆、皇宫等），导游领队应提前一天向游客说明，提醒其做好准备。

（7）导游领队应提醒游客摄影摄像时先后有序，不妨碍他人。如需拍摄他人肖像或与他人合影，应征得同意。

（七）购物

（1）导游领队应提醒游客理性、诚信消费，适度议价，善意待人，遵守契约。

（2）导游领队应提醒游客遵守购物场所规范，保持购物场所秩序，不哄抢喧哗，试吃试用商品应征得同意，不随意占用购物场所非公共区域的休息座椅。

（3）导游领队应提醒游客尊重购物场所购物数量限制。

（4）在购物活动前，导游领队应提醒游客购物活动结束时间和购物结束后的集合地点，避免因游客迟到、拖延而引发的不文明现象。

（八）娱乐

（1）导游领队应组织游客安全、有序、文明、理性地参与娱乐活动。

（2）导游领队应提示游客观赏演艺、比赛类活动时遵守秩序：如按时入场、有序出入；中途入场或离席以及鼓掌喝彩应合乎时宜；根据要求使用摄像摄影设备，慎用闪光灯。

（3）导游领队应提示游客观看体育比赛时，尊重参赛选手和裁判，遵守赛场秩序。

（4）游客参加涉水娱乐活动的，导游领队应事先提示游客听从工作人员指挥，注意安全，爱护环境。

（5）导游领队应提示游客在参加和其他游客、工作人员互动的活动时，文明参与、大方得体，并在活动结束后对工作人员表示感谢，礼貌话别。

（九）如厕

（1）在旅游过程中，导游领队应提示游客正确使用卫生设施；在如厕习惯特殊的国家、地区，或卫生设施操作复杂的，导游领队应向游客进行相应说明。

（2）导游领队应提示游客维护卫生设施清洁，适度取用公共卫生用品，并遵照相关提示和说明，不在卫生间抽烟或随意丢弃废弃物，不随意占用残障人士专用设施。

（3）在乘坐长途汽车前，导游领队应提示游客行车时间，提醒游客提前上卫生间。在长途行车过程中，导游领队应与司机协调，在中途安排停车如厕。

（4）游览过程中，导游领队应适时提示卫生间位置，尤其应注意引导家长带领未成年人使用卫生间，不随地大小便。

（5）在游客众多的情况下，导游领队应引导游客依序排队使用卫生间，并礼让急需的老人、未成年人、残障人士。

（6）在野外无卫生间等设施设备的情况下，导游领队应引导游客在适当的位置如厕，避免污染水源或影响生态环境，并提示游客填埋、清理废弃物。

二、特殊、突发情况处理

旅游过程中遭遇特殊或突发情况，如财物被抢被盗、感染重大传染性疾病、遭受自然灾害、交通工具延误等，导游领队应沉着应对，冷静处理。

需要游客配合相关部门处理的，导游领队应及时向游客说明，进行安抚劝慰，并积极协助有关部门进行处理。在突发紧急情况下，导游领队应立即采取应急措施，避免损失扩大和事态升级。

导游领队应在游客和相关机构与人员发生纠纷时，及时处理、正确疏导，引导游客理性维权、化解矛盾。

遇游客采取拒绝上下机（车、船）、滞留等方式非理性维权的，导游领队应与游客进行沟通、晓以利害。必要时应向驻外使领馆或当地警方等机构报告，寻求帮助。

三、总结反馈

旅游行程全部结束后，导游领队向旅行社递交的《带团报告》或《团队日志》中，应有总结和反馈文明旅游引导工作的内容，以便积累经验并在导游领队中进行培训、分享。

旅游行程结束后，导游领队宜与游客继续保持友好交流，并妥善处理遗留问题。

对旅游过程中严重违背社会公德，违反法律规范，影响恶劣、后果严重的游客，导游领队应将相关情况向旅行社进行汇报，并通过旅行社将该游客的不文明行为向旅游管理部门报告，经旅游管理部门核实后，纳入游客不文明旅游记录。

旅行社、导游行业组织等机构应做好导游领队文明旅游的宣传培训和教育工作。

易错考题小试牛刀

1.（判断题）导游领队不参加行前说明会或不便召开行前说明会的，导游领队在机场出发前，应将文明旅游的相关注意事项和规范要求，对游客进行说明和告知。（　）

2.（单选题）对未成年人较多的团队，在引导游客文明旅游时，导游领队人员应侧重对（　）的引导。

A.家长　B.未成年人　C.问题儿童　D.整个旅游团

3.（多选题）根据《导游领队引导文明旅游规范》（LBT039-2015）规定，以下属于导游领队游览时应引导的文明旅游规范是（　）。

A.爱护环境、不攀折花草

B.爱护公物、保护文物

C.游览区域对旅游者着装有要求的，导游领队应提前一天向旅游者说明

D.遵守游览场所规则，依序文明游览

E.需拍摄他人肖像或与他人合影，应征得同意

4.（多选题）导游领队人员在对不同旅游者进行分类引导过程中，个别游客出现了不文明的行为，以下属于导游人员正确处理方法的有（　）。

A.对于旅游者无心之过，应及时提醒和劝阻

B.对于违法或者违反社会公德的，不听劝阻、无法制止的，根据旅行社指示，导游领队可以代表旅行社与其解除合同

C.对于违法或者违反社会公德的，应晓之以理，动之以情进行劝阻，但是无权解除合同

D.对于违法的，不听劝阻、无法制止、后果严重的，导游应主动向相关执法、管理机关报告，依法处理

E.对于违法的，不听劝阻、无法制止、后果严重的，导游人员应向组团社报告，将客人列入旅游黑名单

5.（多选题）根据《导游领队引导文明旅游规范》（LBT039-2015）规定，以下属于引导文明旅游的主要内容的是（　）。

A.法律法规的提示和说明　B.风俗禁忌的提醒

C.一岗双责、掌握知识　D.绿色环保的说明

E.率先垂范、正确沟通

【答案】1. 错　2.A　3.ABCDE　4.ABD　5.ABD

第三篇　导游技能

第八章
导游的语言技能

【考试大纲】

- **了解：**导游语言的内涵和特性。
- **熟悉：**导游口头语言的表达技巧和态势语言的运用技巧。

【历年分值】

年份	判断（题）	单选（题）	多选（题）	分值（分）	分值占比（%）
2018	0	2	2	3	6
2019	2	5	1	4.5	9.18
2020	1	4	0	2.5	5.21
2023	4	2	1	4	8.51

导游服务效果的好坏在很大程度上取决于导游掌握和运用语言的能力。导游应该练好导游语言这一基本功，努力提高自己的语言技能。

第一节　导游语言的内涵和特性

一、导游语言的内涵

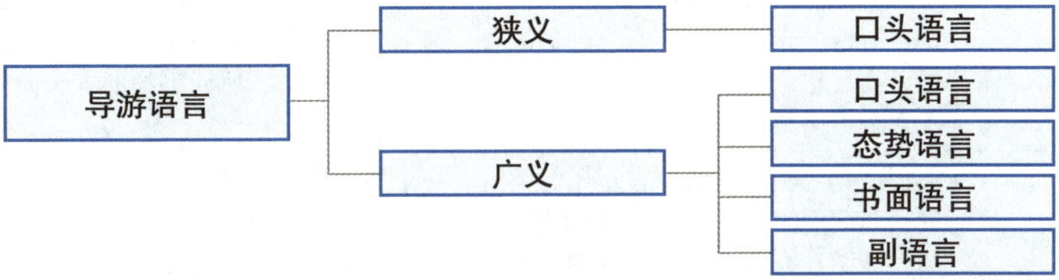

狭义的导游语言，是导游与游客交流思想感情、指导游览、进行讲解、传播文化时使用的一种具有丰富表达力、生动形象的口头语言。

广义的导游语言是导游在导游服务过程中必须熟练掌握和运用的所有含有一定意义并能引起互动的一种符号。其具体解释见下表。

事项	说明
“所有”	指导游语言，包括口头语言、态势语言、书面语言和副语言。
“含有一定意义”	指能传递某种信息或表达某种思想感情。如介绍旅游景观如何美、美在何处等。
“引起互动”	指游客通过感受导游语言行为所产生的反应。譬如，导游微笑着搀扶老年游客上车，其态势语言（微笑语和动作语）就会引起游客的互动：老年游客说声“谢谢”，周围游客投来“赞许的目光”。
“一种符号”	指导游过程中的一种有意义的媒介物。

二、导游语言的特性

语言是以语音为物质外壳、以词汇为建筑材料、以语法为结构规律而构成的体系。导游语言也是思想性、科学性、知识性和趣味性的结合体。导游语言除了符合语言规范之外，还具有以下特性：

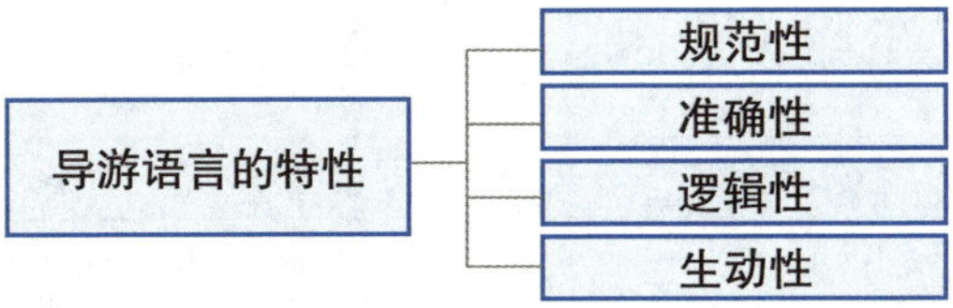

（一）准确性

准确性，是指导游语言必须以客观现实为依据，在遣词造句、叙事上要以事实为基础，准确地反映客观实际。

导游语言要做到准确性，必须注意以下四个方面。

事项	说明
态度严肃认真	严肃认真的科学态度是导游语言准确性的前提。一方面，导游要有竭诚为游客服务的思想，有不断提高导游服务质量的意愿，才能抱着对游客、对自己、对旅行社、对国家负责的态度，实事求是地用恰当的语言予以表达。另一方面，导游要有锲而不舍、勤学苦练的科学精神。只有这样才能不断进取，认真地对待语言中的每一个词语，使之符合语境并贴切地反映客观实际。
了解所讲内容	了解、熟悉所讲、所谈的事物和内容，是运用好导游语言的基础。如果导游对所讲、所谈的事物和内容有充分的准备，谙熟于心，讲起来不仅侃侃而谈、旁征博引，而且遣词造句也十分贴切，就能准确地反映所讲、所谈事物的本来面貌，易于为游客接受和理解。
遣词造句准确	遣词造句准确是导游语言运用的关键。一个句子要表达确切、清楚，首先在于用词，即词语的选择，如果词语用法不当，就会使信息失真。 如，导游在介绍《杨柳观音图》时说："这幅相传为唐代阎立本所绘的壁画，它所体现的艺术手法值得我们珍惜。"这里，"珍惜"属于用词不当，而应该用"珍视"。"珍惜"是爱惜的意思，而"珍视"则为看重的意思，即古画所体现的艺术手法值得仔细欣赏。
词语组合得当	词语的组合、搭配要恰当。导游在选择贴切的词汇基础上，还要按照语法规律和语言习惯进行词语的有机组合和搭配，使之符合规范，搭配相宜，这样才能准确地表达意思。 如导游在向游客介绍了某一自然景观之后说："这里的景色真叫人心旷神怡。"这里的"叫"字同"心旷神怡"的搭配就不如用"令"字更好，因为"令"字有"使"的含义，即客观事物使人们主观上产生一种感受。

（二）逻辑性

逻辑性，是指导游的思维要符合逻辑规律，语言要保持连贯性，并且语言表达条理清晰、有层次感。

要使导游语言具有逻辑性，导游必须做到以下三点。

1.思维要符合逻辑规律

逻辑分为形式逻辑和辩证逻辑。形式逻辑是孤立地、静止地研究思维的形式结构及其规律；辩证逻辑是从事物本身矛盾的发展、运动、变化来观察、把握，研究事物的内在联系及其相互转化的规律性。

形式逻辑的思维规律主要有同一律、矛盾律和排中律。

思维规律	公式	要求
同一律	甲是甲	在同一思维过程中，思想要保持自身同一。

（续表）

思维规律	公式	要求
矛盾律	甲不是非甲	在同一思维过程中，对同一对象不能做出两个矛盾的判断，不能同时既肯定又否定。
排中律	或者是甲，或者是非甲	对两个互相矛盾的判断，承认其中之一是真的，做出非此即彼的明确选择。

导游员如果能掌握并正确运用这些思维规律，就会使自己的思维具有确定的、前后一致的、有条理的状态，从而在语言表达上保持前后一致，具有较强的逻辑性。

排中律使用例子（两个互相矛盾的判断）：

“孤山不孤、断桥不断、长桥不长”。

2.语言表达要有层次感

导游应根据思维逻辑，将要讲的内容划分前后次序，即先讲什么、后讲什么，使之层层递进，条理清楚，脉络清晰。

3.掌握必要的逻辑方法

逻辑方法	说明	举例分析
比较法	比较法是对两种或两种以上同类的事物辨别其异同或高下的方法。人们常说“有比较才有鉴别”，只有通过比较，才能对事物有所区分。	“长江是中国第一长河，世界第三长河。” 运用比较法得出的结论，因为长江的长度仅次于非洲的尼罗河和南美洲的亚马逊河。
分析法和综合法	分析法是把一件事物、一种现象或一个概念分成较简单的组成部分，然后找出这些部分的本质属性和彼此之间的关系。 综合法是把分析的对象或现象的各个部分、各种属性联合成一个统一的整体。	“西安牛羊肉泡馍的传统做法有三：一曰……；二曰……；三曰……。” 对西安牛羊肉泡馍做法的讲解采用了分析法，先将其做法分为三种类型，再分别介绍具体的做法。 若将这些导游词倒过来叙述，即先讲牛羊肉泡馍的各种做法，再归纳为三种，这就是综合法的运用。
抽象法（概括法）	抽象法是从许多事物中舍弃个别的、非本质的属性，抽出共同的、本质的属性的方法。	“正是由于人们对道教神仙的崇拜、敬仰和畏惧，才产生了道教文化。至今保存在龙虎山各宫观中大量的道教神仙造像、法器供器，既是中国古人对神仙信仰的生动体现，也是道教文化留给今人的可贵的艺术成果。道教思想文化，作为中华传统文化的重要组成部分，在悠久和精深博大的中华传统思想文化的哺育下，形成了具有自己特色的思想哲理和信仰体系，为历代有识之学者和方外之士所珍重，引导着历代悟道修真之士信仰修行、研究继承和弘扬发展。” 这段导游词高度概括出道教文化对江西龙虎山和中国传统文化的影响。

（续表）

逻辑方法	说明	举例分析
演绎法和归纳法	演绎法是由一般原理推出关于特殊情况下的结论，其中三段论就是演绎的一种形式。（一般到特殊） 归纳法是由一系列具体的事实概括出一般原理。（特殊到一般）	导游在介绍湖北神农架野人之谜时说："关于野人的传说在我国流传几千年，且遍布全国，早在3000年前，我国西南少数民族靡国就将'野人'作为礼物献给周成王。战国时屈原曾在《九歌》中对'野人'进行过充满诗意的描写，而在1976年5月14日，神农架林区副主任就曾在神农架大龙潭亲眼见到'红毛野人'，后又有人再次发现野人的毛发、粪便及野人窝。从毛发的表皮来看，无论是髓质形态还是细胞结构都优于高等灵长目动物。最令人惊叹的是'野人窝'，它由20根箭竹扭成，人躺在上面视野开阔，舒服如靠椅。其制造与使用者是介于人和高等灵长目动物之间的奇异动物或野人。" 此段导游词首先介绍我国关于野人的传说，然后叙述神农架林区有关野人的情况，最后得出"野人窝"证明了这一情况的结论。导游在这里采用的逻辑方法正是从一般到特殊的演绎法。归纳法则与此相反，即从特殊到一般。

（三）生动性

要使口语表达生动形象，导游除了要把握好语音、语调之外，还要善于运用比喻、比拟、排比、夸张、映衬、引用、双关和示现等修辞手法。

1.比喻

比喻就是用类似的事物来打比方的一种修辞手法，它包括以下五种形式。

比喻形式	举例分析
使抽象事物形象化的比喻	"土家族姑娘山歌唱得特别好，她们的歌声就像百灵鸟鸣叫的声音一样优美动听。" 土家族姑娘的歌声是抽象的，这里将其比喻为百灵鸟鸣叫的声音就形象化了。
使自然景物形象化的比喻	"玉龙雪山在碧蓝天幕的映衬下，像一条银色的玉龙在永恒地飞舞，故名玉龙山。" 这里将玉龙雪山比喻为一条银色的玉龙，显得既贴切又形象。
使人物形象更加鲜明的比喻	"屈原的爱国主义精神和《离骚》《九歌》《天问》等伟大的诗篇与日月同辉！" 这里将屈原的精神和成就比喻为"日月"，使其形象更加突出。
使语言简洁明快的比喻	"鄂南龙潭是九宫山森林公园的一处三级瀑布，其形态特征各异，一叠仿佛白练悬空；二叠恰似银缎铺地；三叠如同玉龙走潭。" 这里将瀑布比喻为白练、银缎和玉龙，言辞十分简洁明快。
激发丰富想象的比喻	"从桂林到阳朔，83公里水程的漓江，不仅山水如画，而且水声淙淙，悦耳动听，仿佛是天宫中的仙乐，听了叫人飘飘欲仙。" 这里将桂林漓江的流水声比喻为天宫中的仙乐，令人产生无穷的遐想。

2.比拟

比拟是通过想象把物拟作人或把甲物拟作乙物的修辞手法。在导游语言中，最常用的是拟人。

如：“迎客松的主干高大挺直，修长的翠枝向一侧倾斜，如同一位面带微笑的美丽少女向上山的游客热情招手。”

迎客松是植物，赋予人的思想感情后，会“面带微笑”，能“热情招手”，显得既贴切又生动形象。

运用比拟手法时，导游要注意表达恰当、贴切，要符合事物的特征，不能牵强附会；另外，还要注意使用场合。

3.排比

排比是将几个内容相关、结构相同或相似、语气连贯的词语或句子组合在一起，以增强语势的一种修辞手法。导游在讲解中运用得当，可产生朗朗上口、一气呵成的效果，增添感人力量。

如，一段关于上海南浦大桥的导游词：“大桥的建成已成为上海又一重要的标志。它仿佛一把钥匙，打开上海与世界的大门；它仿佛一面镜子，反映着代表中国最先进生产力水平的大都市的现代文明；它仿佛……；它仿佛……；它仿佛……。”

4.夸张

夸张是在客观真实的基础上，用夸大的词句来描述事物，以唤起人们丰富的想象的一种修辞手法。在导游语言中，夸张可以强调景物的特征，表达导游的情感，激起游客的共鸣。

如：“四川有座峨眉山，离天只有三尺三”“湖北有座黄鹤楼，半截插在云里头”。

导游运用夸张手法应注意两点：一是要以客观现实为基础，使夸张具有真实感；二是要鲜明生动，能激起游客的共鸣。

5.映衬

映衬是把两个相关或相对的事物，或者同一事物的两个方面并列在一起，形成鲜明对比的修辞手法。在导游讲解中运用映衬的手法可以增强口语表达效果，激发游客的兴趣。

如：“溶洞厅堂宽敞、长廊曲折，石笋耸立、钟乳倒悬，特别是洞中多暗流，时隐时现、时急时缓，水声时如蛟龙咆哮，令人惊心动魄；时如深夜鸣琴，令人心旷神怡。”

这里“宽敞”与“曲折”，“耸立”与“倒悬”，“隐”与“现”，“急”与“缓”，“蛟龙咆哮”与“深夜鸣琴”形成强烈的对比，更加深了游客对洞穴景观的印象。

6.引用

引用是指用一些现成的语句或材料（如名人名言、成语典故、诗词寓言等）作为根据来说明问题的一种修辞手法。在导游讲解中经常运用这种方法来增强语言的表达效果。

引用包括明引、意引和暗引三种形式。

引用形式	定义	举例说明
明引	直接引用原话、原文。其特点是出处明确，说服力强。	“山西平遥古城作为世界文化遗产，它的特点是什么？联合国教科文组织给予高度总结：‘平遥古城是中国汉民族城市在明清时期的杰出范例，平遥古城保存了其所有特征，而且在中国历史的发展中为人们展示了一幅非同寻常的文化、社会、经济及宗教发展的完整画卷。’” 由于是联合国教科文组织的评价，引用后会给游客更强的信服感。

（续表）

引用形式	定义	举例说明
意引	不直接引用原话、原文而只引用其主要意思。	“国内外洞穴专家考察后确认，湖北利川的腾龙洞不仅是中国目前已知最大的岩溶洞穴，而且是世界特级洞穴之一，极具旅游和科研价值。” 这里引用的专家对腾龙洞的评价虽不是原话，但同样具有较强的说服力。
暗引	把别人的话语融入自己的话语中，而不注明出处。	“东坡赤壁的西面石壁更峻峭，就像刀劈的一样。留在壁面上的层层水迹，表明当年这儿确乎有过‘惊涛拍岸，卷起千堆雪’的雄奇景象。” 这里引用的苏东坡《念奴娇·赤壁怀古》中的词句虽没有点明出处，但却是对赤壁景观最形象的描写和绝妙的概括，让游客听后产生无穷的遐想。

导游在运用引用手法时，既要注意为我所用、恰到好处，不能断章取义，又要注意不过多引用，更不能滥引。

7.双关

双关是利用词语同音或者多义条件，使一个语言片段同时兼有表、里两层意思，并以里层意思为表意重点。双关有谐音、谐义两种。

8.示现

示现是把已经过去的事情、将要发生的事情或想象中的事情活灵活现地描述出来的修辞手法。

示现一般有回忆、追述、预想、悬想等形式。

示现具有极强的表现力，回忆、追述是使过去的事情再现出来，如在眼前，给人以身临其境的感觉；预想是将未来移至眼前，生动形象，给人以活灵活现的感受。不论是哪种示现，都使人“未见如见”“未闻如闻”，具有较强的艺术魅力与感染力。

第二节　导游口头语言的表达技巧

在导游服务中，口头语言是使用频率最高的一种语言形式，是导游做好导游服务工作最重要的手段和工具。导游要提高自己的口头语言表达能力，必须在“达意”和“舒服”上下功夫。

一、口头语言的基本形式

基本形式	定义	特点
独白式	导游讲游客听的语言传递方式。如导游致欢迎词、欢送词或进行独白式的导游讲解等。	☆目的性强。 ☆对象明确。 ☆表述充分。

（续表）

基本形式	定义	特点
对话式	导游与一个或一个以上游客之间所进行的交谈，如问答、商讨等。在散客导游中，导游常采用这种形式进行讲解。	☆依赖性强。即对语言环境有较强的依赖性。对话双方需共处同一语境，有些话不展开来说，即使用简洁的语言也能表达一个完整的或双方都能理解的意思。 ☆反馈及时。对话式属于双向语言传递形式，其信息反馈既及时又明确。

二、口头语言的表达要领

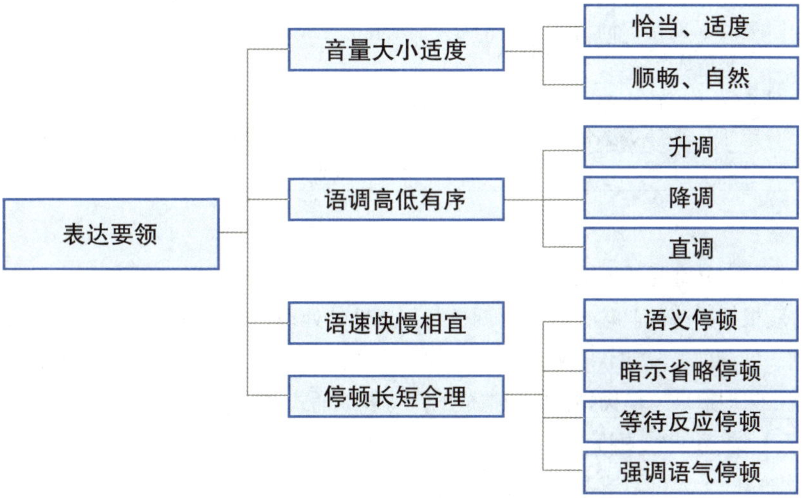

（一）音量大小适度

音量是指一个人讲话时声音的强弱程度。

导游在进行导游讲解时要注意控制自己的音量，力求做到音量大小适度。讲话时音量的大小有两点要求：

一要恰当、适度。声音当大则大，当小则小，当平则平。大，不可大到声嘶力竭的程度；小，不可小到别人没法听清的地步。

二要顺畅、自然。音量不可没有根据地忽大忽小，生硬地变换音量，不仅听起来不自然、不舒服，还会引起误会。总之，音量的大小变化是由思想情感决定的，而恰当的音量又会有助于思想感情的表达。

一般来说，导游音量的大小应以每位游客都能听清为宜，但在游览过程中，音量大小往往受到游客人数、讲解内容和所处环境的影响，导游应根据具体情况适当进行调节。当游客人数较多时，导游应适当调高音量，反之则应把音量调低一点；在室外嘈杂的环境中讲解，导游的音量应适当放大，而在室内宁静的环境中则应适当放小一些；对于导游讲解中的一些重要内容、关键性词语或需要特别强调的信息，导游要加大音量，以提醒游客注意，加深游客的印象。

（二）语调高低有序

语调是指一个人讲话的腔调，即讲话时语音的高低起伏和升降变化。语调一般分为升调、降调和直调三种，高低不同的语调往往伴随着人们不同的感情状态。

语调	适用范围	举例说明
升调	多用于表达兴奋、激动、惊叹、疑问等感情状态。	（1）“大家快看，前面就是美丽的长白山天池了！”（表示兴奋、激动） （2）“你也知道我们湖北咸宁有个神秘的‘131’军事工程？”（表示惊叹、疑问）
降调	多用于表达肯定、赞许、期待、同情等感情状态。	（1）“我们明天早晨8点准时出发。”（表示肯定） （2）“希望大家有机会再来我们厦门，再来鼓浪屿。”（表示期待）
直调	多用于表达庄严、稳重、平静等感情状态。	（1）“这儿的人们都很友好。”（表示平静状态） （2）“武汉红楼是中华民族推翻帝制、建立共和的历史里程碑。”（表示庄严、稳重）

语调有着十分重要的表达情感的作用，被称为“情感的晴雨表”。

导游应根据讲解的具体内容对语调进行创造性的处理，使语调随着讲解内容的变化而呈现高潮、低潮的升降起伏，使讲解声情并茂。要注意的是，在实地导游讲解中，也要注意避免因一味地追求“抑扬顿挫”而造成的“诗歌朗诵式讲解”的倾向。

（三）语速快慢相宜

语速是指一个人讲话速度的快慢程度。

导游在导游讲解或同游客谈话时，要力求做到疾徐有致、快慢相宜。如果语速过快，会使游客感到听起来很吃力，甚至跟不上导游的节奏，对讲解内容印象不深甚至遗忘；如果语速过慢，会使游客感到厌烦，注意力容易分散，导游讲解亦不流畅；如果一直用同一种语速往下讲，像背书一样，不仅缺乏感情色彩，而且使人乏味，令人昏昏欲睡。

在导游讲解中，较为理想的语速应控制在每分钟200字左右。当然，具体情况不同，语速也应适当调整：

☆对中青年游客，导游讲解的速度可稍快些，而对老年游客则要适当放慢。

☆对讲解中涉及的重要或要特别强调的内容，语速可适当放慢一些，以加深游客的印象，而对那些不太重要的或众所周知的事情，则要适当加快讲解速度，以免浪费时间，令游客不快。

（四）停顿长短合理

停顿是一个人讲话时语音的间歇或语流的暂时中断。这里所说的停顿不是讲话时的自然换气，而是语句之间、层次之间、段落之间的有意间歇。其目的是集中游客的注意力，增强导游语言的节奏感。

停顿主要包括以下四种类型。

1.语义停顿

语义停顿，指导游根据语句的含义所做的停顿。一般来说，一句话说完要有较短的停顿，一个意思说完则要有较长的停顿。如：

泰山至今保护较好的古建筑群有22处，/总建筑面积达14万多平方米。//在古建筑群之间，/还有12处石坊、6座石桥、7座石亭、1座铜亭和1座铁塔。//泰山刻石有2200多处，/被誉为“中国摩崖刻石博物馆”，//这里有中国碑刻最早的刻石——/泰山秦刻石；/有珍贵的汉代张迁碑、衡方碑和晋孙夫人碑；/有被誉为“大字鼻祖”“榜书之宗”的北齐经石峪刻石；/有天下洋洋大观的唐玄宗《纪泰山铭》和唐代双束碑等。//

这里的“/”表示一个短停顿，而“//”则表示一个长停顿。有了这些长短不一的停顿，导游就能把泰山的特点娓娓道来，游客听起来也比较自然。

2.暗示省略停顿

暗示省略停顿，指导游不直接表示肯定或否定，而是用停顿来暗示，让游客自己去判断。

如：“请看，江对面的那座山像不像一只巨龟？//黄鹤楼所在的这座山像不像一条长蛇？//这就是‘龟蛇锁大江’的自然奇观。”这句话通过停顿让游客去思考、判断，从而留下深刻的印象。

3.等待反应停顿

等待反应停顿，指导游先说出令人感兴趣的话，然后故意停顿下来以激起游客的反应。

如：“三斗坪坝址的选择不是一帆风顺的，中外专家在三峡工程坝址的选择上曾发生过长时间的争论。”这时导游故意停顿下来，看到游客脸上流露出急于知道答案的神情，再接着介绍将坝址定在三斗坪的原因。

4.强调语气停顿

强调语气停顿，指导游讲解时，每讲到重要的内容，为了加深游客内心的印象所做的停顿。

如：“藏经洞位于第16号洞窟通道的北侧，编号为17窟。那么，藏经洞是什么时候被密封？又为何被密封的呢？”导游讲到这里，故意把问题打住，然后讲解藏经洞被发现的历史及珍藏的文物，让游客在参观过程中联系这个问题进行思考。

第三节 导游态势语言的运用技巧

态势语言亦称体态语言、人体语言或动作语言，它是通过人的表情、动作、姿态等来表达语义和传递信息的一种无声语言。态势语言同口头语言一样，也是导游服务中重要的语言艺术形式之一，常常在导游讲解时对口头语言起着辅助作用，有时甚至还能达到口头语言难以企及的效果。

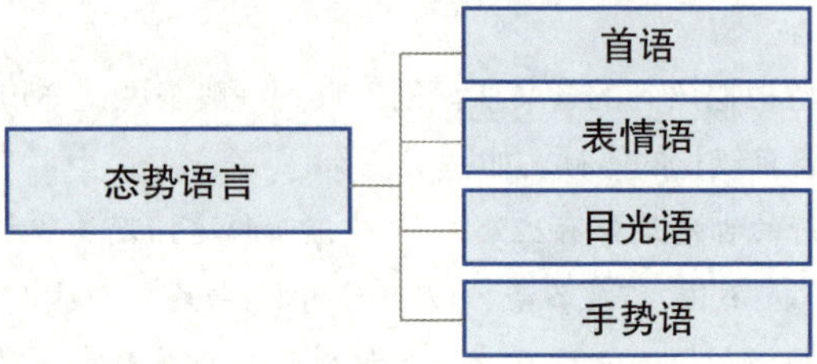

一、首语

首语是通过头部活动来表达语义和传递信息的一种态势语言，它包括点头和摇头。一般来说，世界上大多数国家和地区都以点头表示肯定、以摇头表示否定，而实际上，首语有更多的具体含义，如点头可以表示肯定、同意、承认、认可、满意、理解、顺从、感谢、应允、赞同、致意等。

因民族习惯的差异，首语在有些国家和地区还有不同的含义，如印度、泰国等地某些少数民族奉行的是“点头不算摇头算”的原则，即同意对方意见用摇头来表示，不同意则用点头表示。

二、表情语

表情语是通过人的眉、眼、耳、鼻、口及面部肌肉运动来表达情感和传递信息的一种态势语言。导游的面部表情要给游客一种平静、放松、自然的感觉，要尽量使自己的目光显得自然、诚挚，额头平滑不起皱纹，面部两侧笑肌略有收缩，下唇方肌和口轮匝肌处于自然放松的状态，嘴唇微闭。这样，才能使游客产生亲切感。

对导游来说，控制自己的面部表情要注意以下四点。

要点	说明
灵敏	导游面部表情的变化要随着讲解内容的需要迅速表现出来。
鲜明	表情的鲜明是与敏感联系在一起的，先有了敏感的表情，进一步才是鲜明的表情。讲解的内容是明快的，就眉舒目展；是快乐的，就笑逐颜开；是郁闷的，就紧皱眉头；是沉重的，就严肃凝重。
真诚	导游讲解时的面部表情要表现出真情实感，要让游客感到导游的表情是真诚的，否则任何虚情假意或者做作的姿态都会引起游客的反感。
有分寸	导游在讲解过程中的各种表情还要有分寸，要自然、合理、和谐，千万不能夸饰。

微笑是一种富有特殊魅力的面部表情，被称为“交际世界语”。微笑可以美化人的形象，是导游良好修养和文雅气质的体现，是塑造良好形象必不可少的手段。

导游的微笑要给游客一种明朗、甜美的感觉，微笑时要使自己的眼轮匝肌放松，面部两侧笑肌收缩，口轮匝肌放松，嘴角含笑，嘴唇似闭非闭，以露出半牙为宜。这样才能使游客感到和蔼亲切。

三、目光语

目光语是通过人与人之间的视线接触来传递信息、表达情感的一种态势语言。

目光接触的长度是指目光接触时间的长短。导游一般连续注视游客的时间应在1～2秒钟以内，以免引起游客的厌恶和误解。

目光接触的向度是指视线接触的方向。

类型	特点	分析说明
仰视	视线向上接触	表示“期待”“盼望”或“傲慢”等含义。
俯视	视线向下接触	表示“爱护”“宽容”或“轻视”等含义。
正视	视线平行接触	表示“理性”“平等”等含义。

导游常用的目光语应是“正视”，让游客从中感到自信、坦诚、亲切和友好。

在导游讲解时，运用目光的方法很多，常用的有以下四种。

类型	说明
目光的联结	导游应注意与游客目光的联结，切忌目光呆滞（无表情）、眼帘低垂（心不在焉）、目光向上（傲慢）、视而不见（轻视）和目光专注而无反应（轻佻）等不正确的目光联结方式。
目光的移动	导游在讲解某一景物时，首先要用目光把游客的目光牵引过去，然后再及时收回目光，并继续投向游客。这种方法可使游客集中注意力，并使讲解内容与具体景物和谐统一，给游客留下深刻的印象。
目光的分配	导游在讲解时，应注意自己的目光要统摄全部听讲解的游客，既可把视线落点放在最后边两端游客的头部，也可不时环顾周围的游客，但切忌只用目光注视面前的部分游客，使其他的游客感到自己被冷落，产生遗弃感。
目光与讲解的统一	导游在讲解传说故事和逸闻趣事时，讲解内容中常常会出现甲、乙两人对话的场景，需要加以区别，导游应在说甲的话时把视线略微移向一方，在说乙的话时把视线略微移向另一方，这样可使游客产生一种逼真的临场感，犹如身临其境一般。

四、手势语

手势语是通过手的挥动及手指动作来传递信息的一种态势语言。

（一）手指语

手指语是一种较为复杂的伴随语言，是通过手指的各种动作来传递不同信息的手势语。由于文化传统和生活习俗的差异，在不同的国家、不同的民族中手指动作的语义也有较大区别，导游在工作中要根据游客所在国和民族的特点选用恰当的手指语，以免引起误会和尴尬。

类型	举例说明
竖起大拇指	在世界上许多国家包括中国都表示“好”，用来称赞对方高明、了不起、干得好。 韩国表示“首领”“部长”“队长”或“自己的父亲”； 日本表示“最高”“男人”或“您的父亲”； 美国、墨西哥、澳大利亚等国则表示“祈祷幸运”； 希腊表示叫对方“滚开”； 法国、英国、新西兰等国是请求“搭车”。
伸出食指	新加坡表示“最重要”； 缅甸表示“拜托”“请求”； 美国表示“让对方稍等”； 澳大利亚表示“再来一杯啤酒”。
伸出中指	墨西哥表示“不满”； 法国表示“下流的行为”； 澳大利亚表示“侮辱”； 美国和新加坡表示“被激怒和极度不愉快”。
伸出小指	韩国表示“女朋友”“妻子”； 菲律宾表示“小个子”； 日本表示“恋人”“女人”； 印度和缅甸表示“要去厕所”； 美国和尼日利亚表示“打赌”。
伸出食指往下弯曲	中国表示数字“9”； 墨西哥表示“钱”； 日本表示“偷窃”； 东南亚一带表示“死亡”。
用拇指与食指尖形成一个圆圈并手心向前	中国表示数字“0”； 日本表示“金钱”； 希腊人、巴西人和阿拉伯人用这个手势表示“诅咒”。
伸出食指和中指构成英语“Victory”（胜利）的第一个字母“V”	西方人常用此手势来预祝或庆贺胜利，但应注意把手心对着观众，如把手背对着观众做这一手势，则被视为下流的动作。

在导游服务中，导游要特别注意不能用手指指点游客，这在西方国家是很不礼貌的动作，如导游在清点人数时用食指来点数，就会引起游客的反感。

（二）讲解时的手势

导游讲解中的手势有以下三种。

手势	说明
情意手势	用来表达导游讲解情感的一种手势。 如在讲到“我们中华民族伟大复兴的梦想一定能实现”时，导游用握拳的手有力地挥动一下，既可渲染气氛，也有助于情感的表达。

（续表）

手势	说明
指示手势	用来指示具体对象的一种手势。 如导游讲到孔府大门对联“与国咸休，安富尊荣公府第；同天并老，文章道德圣人家”时，可用指示手势来一字一字地加以说明。
象形手势	用来模拟物体或景物形状的一种手势。 如当讲到“有这么大的鱼”时，可用两手食指比一比；当讲到“5千克重的西瓜”时，可用手比画成一个球形状；当讲到“四川有座峨眉山，离天只有三尺三……湖北有座黄鹤楼，半截插在云里头”时，也可用手的模拟动作来形容。

导游讲解时，在什么情况下用何种手势，都应视讲解的内容而定。在手势的运用上必须注意：一要简洁易懂；二要协调合拍；三要富有变化；四要节制使用；五要避免使用游客忌讳的手势。

（三）服务时的手势

导游为游客提供服务时也要善于运用手势。

如当游客提出询问时，导游脸上马上露出笑容，并且用手表示出一种关怀的姿态。这会使游客心里感到愉快，因为他得到了导游的尊重和关注。又如，游客询问洗手间在哪里，或许有的导游会用手指指明方向，而更文明的方式则是用手掌（手心朝上）指明方向。此外，在导游服务中用带尖刃的锐器指向别人也是不礼貌的。如把刀子递给别人时，不能用刀尖直指对方，而应把刀子横着递过去；在餐桌上，用刀、叉或筷子指着别人让菜也是不友善的。

易错考题小试牛刀

1.（判断题）导游语言的准确性原则是指导游语言表达条理清晰、有层次感。（　）

2.（判断题）在导游讲解中，较为理想的语速应控制在每分钟180字左右。（　）

3.（单选题）形式逻辑中的同一律的公式是（　）。

A.甲是甲　B.甲不是甲　C.甲不是非甲　D.或者是甲，或者是非甲

4.（单选题）“长江是中国第一长河，名列世界第三”，这种逻辑方法是（　）。

A.分析法　B.综合法　C.比较法　D.归纳法

5.（单选题）“鄂南龙潭是九宫山森林公园的一处三级瀑布，其形态特征各异，一叠仿佛白练悬空；二叠恰似银缎铺地；三叠如同玉龙走潭……”这种比喻是（　）。

A.使抽象事物形象化的比喻　B.使语言简洁明快的比喻

C.使自然景物形象化的比喻　D.使人物形象更加鲜明的比喻

6.（单选题）导游讲解中，多用于表达肯定、同情的感情状态的语调是（　）。

A.升调　B.降调　C.平调　D.直调

7.（单选题）东坡赤壁的西面石壁更峻峭，就像刀劈的一样。留在壁面上的层层水迹，表明当年这儿确乎有过“惊涛拍岸，卷起千堆雪”的雄奇景象。这种修辞手法是（　）。

A.比喻　B.示现　C.夸张　D.引用

8.（多选题）独白式口头语言的主要特点是（　）。

A.目的性强　B.深入浅出　C.对象明确　D.形象生动　E.表述充分

9.（多选题）用拇指与食指尖形成一个圆圈并手心向前，用这个手势表示“诅咒”的是（　）。

A.美国人　B.日本人　C.巴西人　D.希腊人　E.阿拉伯人

【答案】1. 错　2. 错　3.A　4.C　5.B　6.B　7.D　8.ACE　9.CDE

第九章
导游的带团技能

【考试大纲】

- **了解：**导游带团的特点和原则。
- **熟悉：**导游主导地位的确立和导游形象的塑造。
- **掌握：**导游提供心理服务、活跃团队气氛、引导游客审美、组织协调旅游活动、接待不同类型游客的方法和技巧。

【历年分值】

年份	判断（题）	单选（题）	多选（题）	分值（分）	分值占比（%）
2018	1	5	1	4	8
2019	2	3	2	4.5	9.18
2020	3	1	1	3	6.25
2023	2	10	0	6	12.77

第一节　导游带团的特点和原则

一、导游带团的特点

特点	说明
环境的流动性	导游的工作环境不是静止和固定的，会随着游客的不同和业务的需要而不断改变。
需求与个性的差异性	不同旅游团以及同一旅游团内游客在旅游需求和个性上存在不同的特点。这种差异性要求导游要根据不同游客的不同需求和不同个性，有针对性地提供个性化服务。
服务的主动性	导游是旅游团队的主导者和中心人物。在带团过程中，导游负有组织游客、联络协调、传播文化的职能。无论是哪个环节的工作，都需要导游积极主动地为游客提供服务。

二、导游带团的原则

原则	说明
游客至上原则	在带团过程中，导游要有强烈的责任感和使命感，工作中要明辨是非，任何情况下都要严格遵守职业道德，遇事多从游客的角度去思考，将维护游客的合法利益摆在首位，真正做到“游客至上”。
服务至上原则	“服务至上”既是导游的一条服务准则，也是导游职业道德中一项最基本的道德规范，还是导游在工作中处理问题的出发点。“服务至上”的关键在于关心他人，导游要始终将游客放在心上，时时刻刻关心游客。
履行合同原则	导游带团要以旅游合同为基础，是否履行旅游合同的内容，是评价导游是否尽职的基本尺度。 一方面，导游要设身处地为游客考虑；另一方面，导游也应考虑旅游企业的利益，力争既使游客在合同约定的范围内获得优质的服务，又使旅行社获取应得的利益。
公平对待原则	导游对游客应一视同仁，公平对待。

第二节　导游主导地位的确立和形象的塑造

一、确立在旅游团的主导地位

素不相识、各种各样的游客构成临时性和松散性的旅游团队。导游在带团过程中应该尽快确立自己在旅游团中的主导地位，这是带好一个旅游团的关键。导游只有确立了主导地位并取得了游客的信任，才能具有凝聚力、影响力和调控力，才能真正带好一个旅游团。

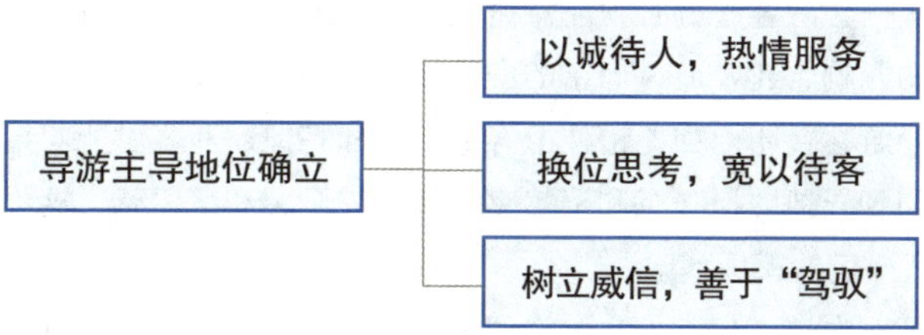

（一）以诚待人，热情服务

导游服务具有周期性短的特点，导游每接一个团，与游客接触的时间都不长，难以“日久见人心”，因此，导游要尽快与游客建立良好的人际关系。真诚对待游客是建立良好人际关系的感情基础，心诚则灵，有诚意才可靠。当导游的真诚和热情被游客认可，就能赢得游客的信赖。

真诚和热情有时还能弥补导游工作中的某些不足。当游客认定导游是真心维护他们的利益时，即使遇到了问题、事故，他们也会持合作的态度。

（二）换位思考，宽以待客

换位思考是指导游站在游客的角度，以“假如我是游客”的思维方式来理解游客的所想、所愿、所求和所为，从而做到“宽以待客”，想方设法满足游客的要求，理解他们的“过错”或苛求。

由于客观条件的差异，往往游客在客源地很容易办到的事情到目的地却很难办到，甚至成了“苛求”。导游如果能站在游客的角度，对游客提出的种种要求平心静气地对待，努力寻找其中的合理成分，尽力使游客的要求得到满足，那么，即使是苛求也一定能妥善地加以处理。

（三）树立威信，善于“驾驭”

由于导游服务是一种引导、组织游客进行各种旅游活动的积极行为，因此导游必须是旅游团的主导者，对旅游团具有“驾驭”能力。导游要确立自己在旅游团中的威信，主导游客的情绪和意向，努力使游客的行为趋于一致，使一个临时组成的松散的游客群体成为井然有序的旅游团队。

二、树立良好的导游形象

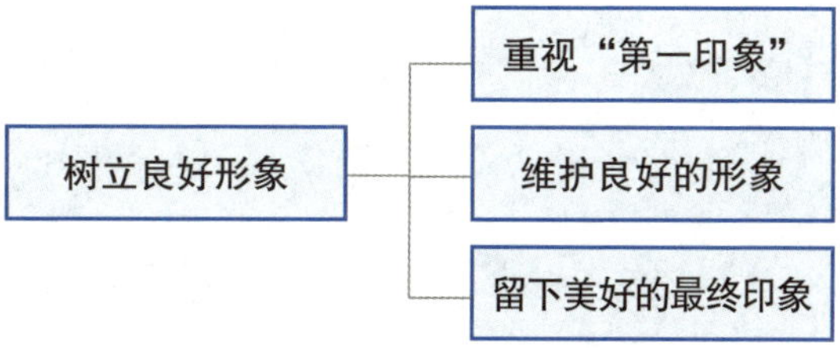

导游要想在游客心目中树立良好的导游形象，必须从以下三个方面着手。

（一）重视“第一印象”

导游从第一次接触游客起就必须注意树立良好的形象。既要注意外在形象，又要注意态度对游客心理的影响，还要通过周密的安排、细致的服务和高效率的工作给游客留下良好的第一印象。导游在接团前如能记住游客的姓名和特征，迎客时能叫出他们的名字，游客就会迅速消除初到异地的孤独感和茫然感，增强安全感和信任感，这也为以后导游与游客和睦相处奠定了一定的感情基础。

导游真正的第一次“亮相”是在致欢迎词的时候，只有在这时，游客才会静下心来，“掂一掂导游的分量”。他们会用审视的目光观察导游的衣着装束和举止风度；聆听导游的讲话声音、语调、用词是否得体、态度是否真诚……然后通过分析思考对导游做出初步的结论。

因此，导游应特别注意致欢迎词这一环节的言行举止，力求在游客心目中留下良好的第一印象。

（二）维护良好的形象

维护形象则贯穿于导游服务的全过程，往往比树立形象更艰巨、更重要。形象塑造是一个长期的、动态的过程，贯穿于导游服务的全过程。良好的第一印象不能“一劳永逸”，需要在以后的服务工作中注意维护和保持。导游在游客面前要始终表现出豁达自信、坦诚乐观、沉着果断、办事利落、知识渊博、技能娴熟等特质，用使游客满意的行为来加深、巩固良好的形象。

（三）留下美好的最终印象

心理学中有一种“近因效应”，它是指在人际知觉中，最后给人留下的印象因时间距离最近而对人有着强烈的影响。旅游业最关心的是其最终的产品——游客的美好回忆。若导游留给游客的最终印象不好，就可能导致前功尽弃。旅游后期阶段，虽然导游已感到很疲惫，但从外表上依然要热情不减，这能令游客对整个游程抱肯定和欣赏的态度。同时，导游要针对游客此时开始想家的心理特点，提供周到的服务，不厌其烦地帮助他们。

送行致欢送词时，导游要对服务中的不尽如人意之处诚恳道歉，广泛征求意见和改进建议，代表旅行社祝他们一路平安，真诚地请他们代为问候亲人。送别时要行注目礼或挥手示意，一定要等飞机起飞、火车启动、轮船驶离后方可离开。

美好的最终印象能使游客对即将离开的旅游目的地和导游产生较强烈的不舍的心情，从而激起再游的动机。游客回到家乡后，通过现身说法还可起到良好的宣传作用。

第三节　导游提供心理服务和活跃团队气氛的方法与技巧

心理服务也称情绪化服务，是导游为调节游客在旅游过程中的心理状态所提供的服务。导游服务的对象是游客，带好旅游团，关键是带好游客。旅游团中的游客因受团体的限制，个别要求难以在旅游合同中反映出来。当游客到达旅游目的地后，个人的想法和要求会在心里产生，继而在情绪上、行动上有所反映。另外，在旅游过程中，也可能因接待服务某个环节的欠缺，导致一些问题的产生。有的出自游客本人或其家庭，有的来自与旅游团中其他游客的关系，但碍于团体关系不便表达出来，因而形成心理障碍。遇到这种情况，导游除了要提供旅游合同中规定的游客有权享受的服务之外，还有必要向游客提供心理服务。

一、了解游客的心理

（一）从人口统计特征上了解游客

每个国家、民族都有自己的传统文化和民风民俗，人们的性格和思维方式也不相同，即使是同一个国家，不同地区、不同民族的人在性格和思维方式上也有很大差异。另外，游客所属的社会阶层、年龄和性别的不同，对其心理特征和生活情趣也会产生较为明显的影响。导游应多方面了解游客，并有针对性地提供心理服务。

类别	分析说明
区域和国籍	☆从区域看，东方人和西方人在性格和思维上有明显的差异：西方人较开放、感情外露，喜欢直截了当地表明意愿，其思维方式一般由小到大、由近及远、由具体到抽象；东方人较含蓄、内向，往往委婉地表达意愿，其思维方式一般从大到小、从远到近、从抽象到具体。 由于这些差异，导游在接待西方游客时，要特别注重细节。如西方游客认为，只有各种具体的细节做得好，由各种细节组成的整体才会好，他们把导游提供的具体服务抽象为导游的工作能力与整体素质。 ☆从国籍看，同是西方人，在思维方式上也存在差别，如英国人矜持，讲究绅士风度；美国人开朗，随意，重实利；法国人浪漫，追求华丽，爱享受生活；德国人踏实，勤奋，守纪律；意大利人热情，热爱生活等。
所属社会阶层	☆一般游客喜欢不拘形式的交谈，话题广泛，比较关心带有普遍性的社会问题及当前的热门话题。在参观游览时，期待听到故事性的导游讲解，希望轻轻松松地旅游度假。 ☆来自上层社会的游客大多严谨持重，发表意见时往往经过深思熟虑，他们期待听到高品位的导游讲解，以获得高雅的精神享受。

（续表）

类别	分析说明
年龄和性别	☆年轻的游客好逐新猎奇，喜欢多动多看，对热门社会问题有浓厚的兴趣。 ☆女性游客喜欢谈论商品及购物，喜欢听带故事情节的导游讲解。 ☆年老的游客好思古怀旧，对游览名胜古迹、会见亲朋老友有较大的兴趣，他们希望得到尊重，希望导游多与他们交谈。

（二）从地理环境来了解游客

游客由于所处的地理环境不同，对于同一类旅游产品会有不同的需要与偏好，他们往往更喜欢那些与自己所处地理环境迥然不同的旅游目的地。如北方游客喜爱南国风情，南方游客偏好北国风光；内陆地区游客喜欢去三亚等海滨城市，沿海地区游客向往九寨沟、西双版纳独特的风貌；在盛夏去哈尔滨等北方名城，隆冬去海南岛和东南亚，这种反向、反季节出游已成为一种普遍的现象，导游可通过分析地理环境来了解游客的这些心理活动。

（三）从参团和出游动机了解游客

游客参加旅游团的心理动机一般是：①省心，不用做决定；②节省时间和金钱；③有伴侣、有团友；④有安全感；⑤能正确了解所看到的景物。导游通过细致周到的服务和精彩生动的讲解能满足游客的这些心理需求。

从旅游的角度看，游客的旅游动机一般包括：

☆观赏风景名胜、探求文化差异、寻求文化交融的文化动机；

☆考察国情民风、体验异域生活、探亲访友寻根的社会动机；

☆考察投资环境、进行商务洽谈、购买旅游商品的经济动机；

☆休闲度假、康体健身、消遣娱乐的身心动机。

导游了解和把握游客的旅游动机，就能更恰当地安排旅游活动和提供导游服务。

（四）从不同的个性特征了解游客

类型	特点	分析说明
活泼型	爱交际，喜讲话，好出点子，乐于助人，喜欢多变的游览项目。	☆对这类游客，导游要扬长避短，既要乐于与他们交朋友，又要避免与他们过多交往，以免引起其他团员的不满； ☆要多征求他们的意见和建议，但注意不让其左右旅游活动，打乱正常的活动日程； ☆可适当地请他们帮助活跃气氛，协助照顾年老体弱者等。活泼型游客往往能影响旅游团的其他人，导游应与之搞好关系，在适当的场合表扬他们的配合并表示感谢。
急躁型	性急，好动，争强好胜，易冲动，好遗忘，情绪不稳定，比较喜欢离群活动。	☆对这类比较难对付的游客，导游要避其锋芒，不与他们争论，不激怒他们； ☆在他们冲动时不要与之计较，待他们冷静后再与其好好商量，往往能取得良好的效果； ☆对他们要多微笑，服务要热情周到，而且要多关心他们，随时注意他们的安全。

（续表）

类型	特点	分析说明
稳重型	稳重，不轻易发表见解，一旦发表，会希望得到他人的尊重。	☆这类游客容易交往，但他们不主动与人交往，不愿麻烦他人； ☆游览时他们喜欢细细欣赏，购物时爱挑选比较。导游要尊重这类游客，不要怠慢，更不能故意冷淡他们； ☆要采取主动多接近他们，尽量满足他们的合理且可能的要求； ☆与他们交谈要客气、诚恳，速度要慢，声调要低；讨论问题时要平心静气，认真对待他们的意见和建议。
忧郁型	身体弱，易失眠，忧郁孤独，敏感多疑，少言语但重感情。	☆对这类游客，导游要格外小心，不要多问，尊重他们的隐私； ☆要多亲近他们、多关心体贴他们，但不能过分表示亲热； ☆多主动与他们交谈些愉快的话题，但不要与之高声说笑，更不要与他们开玩笑。

游客个性中以活泼型和稳重型居多，急躁型和忧郁型只是少数。需要注意的是，典型个性只能反映在少数游客身上，多数游客往往兼有其他类型个性的特征。

在特定的环境中，人的个性往往会发生变化。因此，导游在向游客提供服务时要因人而异，要随时观察游客的情绪变化，及时调整，力争使导游服务更具针对性，获得令游客满意的效果。

（五）从分析心理变化来了解游客

游客来到异国他乡，由于生活环境和生活节奏的变化，在旅游的不同阶段，其心理活动也会随之发生变化。

1.旅游初期阶段：求安全心理、求新心理

游客初到目的地，较为兴奋激动，但人生地疏、语言不通，往往容易产生孤独感、茫然感和不安全感，唯恐发生不测，危及财产甚至生命。也就是说，在旅游初期阶段，游客求安全的心态表现得非常突出，因此，消除游客的不安全感是导游的首要任务。

旅游目的地全新的环境、奇异的景物、独特的民俗风情，使游客逐新猎奇的求新心理空前高涨，这在入境初期阶段表现得尤为突出，一般与不安全感并存。所以在消除游客不安全心理的同时，导游也要尽力安排富有特色的活动项目，满足游客的求新心理。

2.旅游中期阶段：懒散心态、求全心理、群体心理

随着时间的推移、旅游活动的开展以及相互接触的增多，旅游团成员之间、游客与导游之间越来越熟悉，游客开始感到轻松愉快，会产生一种平缓、轻松的心态。但也正是这种心态的影响，游客往往忘记了控制自己，常常自行其是，甚至出现一些反常言行及放肆、傲慢、无理的行为。

☆游客的个性充分暴露，有些游客开始出现懒散心态，如时间概念较差，群体观念弱，游览活动中自由散漫，到处丢三落四，旅游团内部的矛盾逐渐显现等。

☆游客把旅游活动理想化，希望在异国他乡能享受到在家中不可能得到的服务，希望旅游活动的一切都是美好的、理想的，从而产生生活上、心理上的过高要求，对旅游服务横加挑剔，求全责备，求全心理非常明显。

☆由于游客的思考力和判断力减弱，如果团内出现思辨能力较强而又大胆直言的“领袖人物”时，其他游客便会不假思索地附和他，唯其马首是瞻，不知不觉地陷入一种人云亦云、随波逐流的群体心理状态。

导游在旅游中期阶段的工作最为艰巨，也最容易出差错。因此，导游的精力必须高度集中，对任何事都不得掉以轻心。这个阶段也是对导游组织能力和独立处理问题能力的实战检验，是对其导游技能和心理素质的全面检阅，导游应重视这个阶段的工作。

3.旅游后期阶段：忙于个人事务

旅游活动后期，即将返程时，游客的心理波动较大，开始忙乱起来，如与家庭及亲友联系突然增多，想购买称心如意的纪念品但又怕行李超重等。总之，他们希望有更多的时间处理个人事务。

在这一阶段，导游应给游客留出充分的时间处理自己的事情，对他们的各种疑虑要尽可能耐心地解答，必要时做一些弥补和补救工作，使前一段时间未得到满足的个别要求得到满足。

二、调整游客的情绪

游客在旅游过程中，会随着自己的需要是否得到满足而产生不同的情感体验。如果他们的需要得到满足，就会产生肯定的、积极的情绪；反之则会产生否定的、消极的情绪。导游要善于从游客的言行举止和表情变化去了解他们的情绪，在发现游客出现消极或否定情绪后，应及时找出原因并采取相应措施来消除或进行调整。

方法	说明	举例
补偿法	导游从物质上或精神上给游客以补偿，从而消除或弱化游客不满情绪的一种方法。	如果没有按协议书上注明的标准提供相应的服务，应给游客以补偿，而且替代服务一般应高于原先的标准；如果因故无法满足游客的合理要求而导致其不满时，导游应实事求是地说明困难，诚恳地道歉，以求得游客的谅解，从而消除游客的消极情绪。
分析法	导游将造成游客消极情绪的原委向游客讲清楚，并一分为二地分析事物的两面性及其与游客的得失关系的一种方法。	由于交通原因而不得不改变日程，游客要多花时间于旅途之中时，常常会引起游客的不满。导游应耐心地向游客解释造成日程变更的客观原因，诚恳地表示歉意；并分析改变日程的利弊，强调其有利的一面或着重介绍新增加的游览内容的特色和趣味，这样往往能收到较好的效果。
转移注意法	在游客产生烦闷或不快情绪时，导游有意识地转移游客的注意力，使其从不愉快、不顺心的事情转移到愉快、顺心的事情上。	有的游客因对参观对象有不同意见而不快；有的游客因看到不愉快的现象产生联想而伤感等。导游除了说服或安慰游客以外，还可以通过讲笑话、唱山歌、学说本地话或讲述民间故事等形式来活跃气氛，使游客的注意力转移到有趣的文娱活动上来。

三、激发游客的游兴

导游可以从以下四个方面激发游客的游兴。

方法	定义	举例
通过直观形象激发游客的游兴	通过突出游览对象本身的直观形象来激发游客的游兴。	九寨沟所有的瀑布都是从密林里狂奔而出。其中诺日朗瀑布宽度居全国之冠，它在高高的翠岩上急泻倾挂，似巨幅画帘凌空飞落，雄浑壮丽。跌落之水激溅起无数小水珠，化作迷茫的水雾。导游要引导游客从最佳的角度观赏，才能突出诺日朗瀑布的直观形象，使游客产生叹为观止的观感，激起游客强烈的兴趣。
运用语言艺术激发游客的游兴	运用语言艺术可以调动游客的情绪，激发游客的游兴。	通过讲解历史故事可激发游客对名胜古迹和民间艺术的探索；通过朗诵名诗佳句可激起游客漫游名山大川的豪情；通过提出生动有趣的问题可引起游客的思考和探讨。 这样营造出的融洽、愉快的氛围可使游客的游兴更加浓烈。
通过组织文娱活动激发游客的游兴	一次成功的旅游活动，仅有导游讲解是远远不够的，导游还应抓住时机，组织丰富多彩的文娱活动，动员全团游客共同营造愉快氛围。	在旅游活动开始不久，导游请游客们做自我介绍，以加速彼此之间的了解，同时还可以发现游客的特长，如所去景点的路途较远，导游可在途中组织游客唱歌、猜谜语、做游戏，教外国游客数数、学说中国话等。如果团内有多才多艺的游客，可请他出来主持或表演等。导游也应有一两手“绝活”，来回报游客的盛情邀请。如有的导游会演奏民族乐器，常带着唢呐、笛子上团；有的导游会唱山歌，常在途中为游客即兴演唱，使游客惊叹不已，对传统民间艺术兴趣倍增。
使用声像导游手段激发游客的游兴	声像导游是导游服务的重要辅助手段之一。去景点游览之前，导游如能先为游客放映一些内容相关的幻灯片、录像或光盘，往往能收到事半功倍的效果。	有时有些景点因受客观条件限制或因游客体力不支，游客难以看到景点的全貌，留下不少的缺憾，通过声像导游可以弥补这一缺憾，给游客留下完整的、美好的印象。如果是在旅游车上进行导游讲解，导游还可利用车上的音响设备配上适当的音乐，或在讲解间歇时播放一些有着浓郁地方特色的歌曲、乐曲、戏曲等，使车厢内的气氛轻松愉快，让游客始终保持游兴和兴奋、愉悦的心情。

四、把握心理服务的要领

（一）尊重游客

尊重他人是人际关系中的一项基本准则。尊重游客，就是要尊重游客的人格和愿望。游客对于能否在旅游目的地受到尊重非常敏感。他们希望在同旅游目的地的人们的交往中，人格得到尊重，意见和建议得到尊重；希望在精神上能得到在本国、本地区所得不到的满足；希望要求得到重视，生活得到关心和帮助。游客希望得到尊重是正常的、合理的，也是起码的要求。导游必须清楚，只有当游客生活在热情友好的气氛中，自我尊重的需求得到满足时，为他提供的各种服务才有可能发挥作用。

“扬他人之长，隐其之短”是尊重人的一种重要做法，在旅游活动时，导游要妥善安排，让游客进行“参与性”活动，使其获得自我成就感，增强自豪感，从而在心理上获得最大的满足。

（二）微笑服务

微笑是自信的象征，是友谊的表示，是和睦相处、合作愉快的反映；微笑还是一种无声的语言，有强化有声语言、沟通情感的功能，还有助于增强交际效果。在旅游服务中，微笑具有特别的魅力。

导游若想向游客提供成功的心理服务，就得学会笑口常开，“笑迎天下客”。

（三）使用柔性语言

“一句话能把人说笑，也能把人说跳。”有时一句话说好了会使人感到高兴；有时一不小心，甚至是无意中的一句话，就有可能伤害人的自尊心。因此，导游在与游客交往时必须注意自己的语言表达方式，与游客说话要避免使用“铿锵有力”“掷地有声”的刚性语言。要尽量做到语气亲切、语调柔和、措辞委婉、说理自然，常用商讨的口吻与游客说话，这样的“柔性语言”既使人愉悦，又有较强的说服力，往往能达到以柔克刚的效果。

（四）与游客建立“伙伴关系”

旅游活动中，只有游客的通力合作，旅游活动才能顺利进行。要想获得游客的合作，导游应设法与游客建立“伙伴关系”。

一方面，导游可通过诚恳的态度、热情周到的服务、谦虚谨慎的作风，让游客获得自我成就感等方式与游客建立合乎道德的正常理性的情感关系。当然，导游应注意这种情感关系绝不能厚此薄彼。另一方面，导游在与游客交往时还应把握正确的心理状态，尊重游客，与游客保持平行性交往。

（五）提供个性化服务

个性化服务是导游在做好规范化服务的同时，针对游客个别要求而提供的服务。个性化服务虽不是全团游客的共同需求，它针对的只是个别游客的个别需求，有时甚至只是旅游过程中的一些琐碎小事，但是，做好这类小事往往会起到事半功倍的效果，尤其是对注意细节的西方游客而言，可使他们感受到导游求真务实的作风和为游客分忧解难的精神，从而产生对导游的信任。“细微之处见真情”，讲的就是这个道理。

提供个性化服务并不容易，关键在于导游要将游客“放在心中”，眼中“有活儿”，善于把握时机主动服务。个性化服务要求导游要了解游客，用热情主动的服务尽力满足其合理要求。

个性化服务只有与规范化服务完美地结合，才是优质的导游服务。

第四节　导游引导游客审美的方法和技巧

旅游活动是一项寻觅美、欣赏美、享受美的综合性审美活动。它不仅能满足人们爱美、求美之需求，而且还能起到净化情感、陶冶情操、增长知识的作用。导游在带团旅游时，应重视旅游的美育作用，正确引导游客观景赏美。

一、传递正确的审美信息

游客来到旅游目的地，由于对其旅游景观，特别是人文景观的社会、艺术背景不了解，审美情趣会受到很大的影响，往往不知其美在何处，从何着手欣赏。作为游客观景赏美的向导，导游首先应把正确的审美信息传递给游客，帮助游客在观赏旅游景观时，感觉、理解、领悟其中的奥妙和内在的美。

向游客传递正确的审美信息，导游首先应注意所传递的信息是准确无误的。

二、分析游客的审美感受

游客在欣赏不同的景观时会获得不同的审美感受，但有时游客在观照同一审美对象时，其审美感受也不尽相同，甚至表现出不同的美感层次。我国著名美学家李泽厚就将审美感受分为“悦耳悦目”“悦心悦意”和“悦志悦神”三个层次。

审美感受	定义	举例说明
悦耳悦目	指审美主体以耳、目为主的全部审美感官所体验的愉快感受，这种美感通常以直觉为特征，仿佛主体在与审美对象的直接交融中，不假思索便可于瞬间感受到审美对象的美，同时唤起感官的满足和愉悦。	漫步于江苏西山国家森林公园之中，当游客看到以绿色为主的自然色调，呼吸到富含负氧离子的清新空气，嗅到沁人心脾的花香，听到林间百鸟鸣唱，就会不自觉地陶醉其中，从而进入“悦耳悦目”的审美境界。
悦心悦意	指审美主体透过眼前或耳边具有审美价值的感性形象，在无目的中直观地领悟到对方某些较为深刻的意蕴，获得审美享受和情感升华。这种美感是一种意会，有时很难用语言加以充分而准确地表述。	观赏齐白石的画，游客感到的不只是草木鱼虾，而是一种悠然自得、鲜活洒脱的情思意趣；泛舟沱江之上，聆听土家族姑娘优美动人的歌声，游客感到的不只是音响、节奏与旋律的形式美，而是一种饱含着甜蜜和深情的爱情信息流或充满青春美的心声。 这些较高层次的审美感受，可使游客的情感升华到一种欢快愉悦的状态，进入较高的艺术境界。
悦志悦神	指审美主体在观照审美对象时，经由感知、想象、情感、理解等心理功能交互作用，从而唤起的那种精神意志上的昂奋和伦理道德上的超越感。它是审美感受的最高层次，体现了审美主体大彻大悟，从小我进入大我的超越感，体现了审美主体和审美对象的高度和谐统一。	乘船游览长江、黄河，会唤起游客的思旧怀古之情，使游客产生深沉崇高的历史责任感；登上八达岭长城俯瞰长城内外，会激起游客的壮志豪情，使游客产生强烈的民族自豪感。

导游应根据游客的个性特征，分析他们的审美感受，有针对性地进行导游讲解，使具有不同审美层次的游客都能获得审美愉悦和精神享受。

三、激发游客的想象思维

观景赏美是客观风光环境和主观情感结合的过程。人们在观景赏美时离不开丰富而自由的想象，如泰山登山路旁的一块摩崖刻石，如果没有发挥想象，我们很难体会隐喻其中的“风月无边”的意境。人的审美活动是以审美对象为依据，经过积极的思维活动，调动已有的知识和经验，进行美的再创造的过程。一些旅游景观，尤其是人文景观的导游讲解，需要导游制造意境，进行美的再创造，才能激起游客的游兴。

四、灵活掌握观景赏美的方法

（一）动态观赏和静态观赏

无论是山水风光还是古建园林，任何风景都不是单一的、孤立的、不变的画面形象，而是活泼的、生动的、多变的、连续的整体。游客漫步于景物之中，步移景异，从而获得空间进程的流动美，这就是动态观赏。

如，在浙江的千岛湖中泛舟，游人既可欣赏山上树木葱茏、百花竞艳，也可领略水上浮光跃金、沙鸥翔集，还有镶嵌在绿波之上的1000多个岛屿，灿灿地撩你的思绪，楚楚地勾你的魂魄，让你在移动中流连忘返。

然而，在某一特定空间，观赏者停留片刻，选择最佳位置驻足观赏，通过感觉、联想来欣赏美景、体验美感，这就是静态观赏。这种观赏形式时间较长、感受较深，人们可获得特殊的美的享受。

如，在庐山花径景区云雾缭绕的如琴湖畔，驻足于繁花似锦的花径公园，吟诵白居易的著名诗篇《大林寺桃花》，引人遐想，令人陶醉。

（二）观赏距离和观赏角度

距离和角度是两个不可或缺的观景赏美因素。自然美景千姿百态，变幻无穷，一些似人似物的奇峰巧石，只有从一定的空间距离和特定的角度去看，才能领略其风姿。

如，游客在长江游轮上观赏长江三峡神女峰，远远望去，朦胧中看到的是一尊风姿秀逸、亭亭玉立的中国美女雕像，然而若借助望远镜观赏，游客定会大失所望，因为能看到的只是一堆石头而已，毫无美感可言。

又如，在黄山半山寺望天都峰山腰，有堆巧石状似公鸡，头朝天门，振翅欲啼，人称“金鸡叫天门”，但到了龙蟠坡，观看同一堆石头，看到的则又似五位老翁在携杖登险峰，构成了“五老上天都”的美景。

这些都是由于空间距离和观赏角度不同而造就的不同景观。导游带团游览时要善于引导游客从最佳距离、最佳角度去观赏风景，使其获得美感。

除空间距离外，游客观景赏美还应把握心理距离。心理距离是指人与物之间暂时建立的一种相对超然的审美关系。在审美过程中，游客只有真正从心理上超脱于日常生活中功利的、伦理的、社会的考虑，摆脱私心杂念，超然物外，才能真正获得审美的愉悦，否则就不可能获得美感。

如，深海恐惧症患者不可能领略大海的波澜壮阔，刚失去亲人的游客欣赏不了地下宫殿的宏伟等。常年生活在风景名胜中的人往往对周围的美景熟视无睹，也不一定能获得观景赏美带来的愉悦，“不识庐山真面目，只缘身在此山中”说的就是这个道理。

（三）观赏时机和观赏节奏

观赏美景要掌握好时机，即掌握好季节、时间和气象的变化。清明踏青、重阳登高、春看兰花、秋赏红叶、冬观蜡梅等都是自然万物的时令变化规律造成的观景赏美活动。

如，观赏山景，北宋郭熙在《林泉高致》中告诉游人：“真山水之烟岚，四时不同，春山淡冶而如笑，夏山苍翠而如滴，秋山明净而如妆，冬山惨淡而如睡。”

变幻莫测的气候景观是欣赏自然美景的一个重要内容。如在泰山之巅观日出，在峨眉山顶看佛光，在庐山小天池欣赏瀑布云，在蓬莱阁观赏海市蜃楼，这些都是因时间的流逝、光照的转换造成的美景，而观赏这些自然美景，就必须把握住稍纵即逝的观赏时机。

观景赏美是为了让游客愉悦身心、获得享受，如果观赏速度太快，不仅使游客筋疲力尽达不到观赏目的，还会损害他们的身心健康，甚至会影响旅游活动的顺利进行，因此导游要注意调节观赏节奏。

观赏节奏	说明
有张有弛 劳逸结合	导游要根据旅游团成员的实际情况安排有弹性的活动日程，努力使旅游审美活动既丰富多彩又松紧相宜，让游客在轻松自然的活动中获得最大限度的美的享受。
有急有缓 快慢相宜	在审美活动中，导游要视具体情况把握好游览速度和导游讲解的节奏，哪儿该快、哪儿该慢，哪儿多讲、哪儿少讲甚至不讲，必须做到心中有数。对年轻人讲得快一点、走得快一点、活动多一点；对老年人则相反。如果游客的年龄相差悬殊、体质差异大，要注意既让年轻人的充沛精力有发挥的余地，又不使年老体弱者过于劳累。总之，观赏节奏要因人、因时、因地随时调整。
有讲有停 导、游结合	导游讲解是必不可少的，通过讲解和指点，游客可适时地、正确地观赏到美景，但在特定的地点、特定的时间让游客去凝神遐想，去领略、体悟景观之美，往往会收到更好的审美效果。

总之，在旅游过程中，导游应力争使观赏节奏适合游客的生理负荷、心理动态和审美情趣，安排好行程，组织好审美活动，让游客感到既顺乎自然又轻松自如。只有这样，游客才能获得旅游的乐趣和美的享受。

第五节　导游组织协调旅游活动的方法和技巧

旅游团是一个特殊的群体，游客参团旅游的动机各异，兴趣爱好各不相同，所以，导游应该具备良好的组织协调能力，合理安排旅游团的各项旅游活动。

一、旅游活动的组织安排技巧

（一）灵活搭配活动内容

灵活机动地安排游览活动是导游组织协调能力的重要体现。导游界有句行话：“有张有弛，先张后弛。”这就说明导游在带团过程中应该掌握游览活动的节奏，遵循“旅速游缓”“先远后近”“先高后低”的原则。只有这样，才能带好旅游团。

导游搭配活动内容时，应注意：

☆游览景点安排要避免雷同，因为游客在旅游活动中的需求内容是不断变化的。

☆游览要与购物、娱乐相结合，只有游览与购物、娱乐结合得好，才可以满足游客的多样化需求。

（二）科学安排游客饮食

导游在安排饮食时，要提醒游客特别注意饮食卫生，防止偏食，少吃生冷食物，防止消化不良。

（三）尽快安排游客入住

旅游团抵达下榻的饭店后，导游要尽快安排游客入住。

（1）要安排好游客，在大厅找椅子让游客坐下休息，顺手拿些饭店介绍、景点介绍让游客看看。游客有了可看之物，引起兴趣，就不会因干等而着急。

（2）拿到房卡后，立即走到大家休息的地方，将房卡逐一发给大家，同时请地陪帮忙将房号登记在游客名单上，然后将安排好的名单交给前台，复印成三份，前台、地陪、自己各留一份。技巧的关键是想得周到，准备工作做得好，到时才不会忙乱。

（3）游客陆续进入房间，领队与地陪认真做好以下服务工作：

☆教会游客使用房卡。

☆帮助游客安排好行李，使行李迅速入房。

☆帮助游客看看房间是否已打扫干净，有些饭店服务欠佳，尤其旅游旺季时，常常出现差错。

（四）注意旅行服务技巧

导游带团乘坐任何交通工具时，按国际惯例，都要第一个下，最后一个上，这样便于照顾好游客。乘坐交通工具安全第一，还要注意掌握一些必要的技巧。

1.带团乘机的技巧

乘坐飞机时，导游一般应当最后上机，这样可以确保全团都顺利登上飞机；导游应尽量选择坐在游客中间靠走道的位置，以便在飞行时照料自己的游客；下飞机后应当抢先到达出站口，因为只有导游才认识前来迎接的地陪。

在整个乘机过程中，导游应特别注意以下几点：

（1）购票后，要检查机票信息，防止出现乘机人姓名同音字错误。并了解乘机注意事项，一定要按时抵达机场等候。

（2）到机场办理登机手续，导游应请游客带好机票、身份证、登机牌等，过安全检查，等候上机。

（3）上机后，如有晕机经历者，可提醒游客吃晕机药。在飞机上如有游客出现晕机反应，导游可提醒游客闭目养神，避免走动。若严重，可与空乘人员联系。

（4）上机后，听从空乘人员安排，请游客仔细听空乘人员介绍安全知识。一般来讲，空乘人员都能热情服务，所以，在飞机上有什么问题，有什么要求，可以随时向空乘人员提出。

（5）到达时，听从空乘人员安排，按顺序下机，提醒大家不要忘记取自己的行李，如果行李出现损坏现象，要及时到航空公司的办事处登记索赔。

2.带团乘火车的技巧

火车是旅游重要的交通工具。乘火车旅游，可以欣赏途中景色，特别是田园风光，这是飞机难以做到的，所以很受游客欢迎。

乘坐火车时，导游要尽量把自己安排在位于游客中间的铺位或座位，要经常走动，关照每一位游客。在分配位置时，注意游客之间的关系，尽量把一家人、夫妻、情侣分配在相邻的铺位或座位。选择乘火车，导游要注意以下技巧：

（1）购得火车票后，要检查票面，千万不要乘错车次。

（2）到车站后，听广播和服务员召唤，千万不要误了车次，如遇排队，导游领头靠前，请团长负责其后，以便前后照料。

（3）上车后，找好铺位或座位，找不到时可请乘务员协助。

（4）上车后，要安排好车上生活，要经常活动一下身体，防止不适。

（5）注意车上广播，关照大家提前做好下车准备。一般下一站的导游，会在出站口迎接旅游团，要让游客安心服从安排。

（五）引导游客理性购物

1.帮助游客制订“购物计划”

导游可帮助游客制订一个“购物计划”，并让游客对旅游商品有所了解。一般而言，旅游购物品主要包括：

（1）旅游工艺品：如饰物、手编、民间工艺品等。

（2）旅游纪念品：如带有当地景观的小型纪念品，如泰山手杖、长城纪念章等。

（3）土特产品：如贵州茅台、云南白药、东北人参、苏杭丝绸等。

（4）旅游食品及旅游日用品。

2.引导游客学会理性购物

导游应善于教会游客理性购物，避免上当受骗。

（1）导游要告诉游客，购物的首要原则是“少买吃的，多买用的”。纪念性的物品，时间过得愈长，其价值愈高，每每拿出，展示给友人，总能带来些欢娱。

（2）导游要提醒游客，购物时应坚持“三要”：要买自己喜欢的物品，买东西一定要商家开“发票”，贵重物品一定要“保单”。

二、导游的协作技巧

导游工作是联系各项旅游服务的纽带和桥梁，导游在带团时离不开其他相关旅游服务部门和工作人员的协作。

（一）全陪（地陪）与领队的协作

在旅游团中，领队既是海外旅行社的代表，又是游客的代言人，还是导游服务集体中的一员，在海外社、组团社和接待社之间以及游客和导游之间起着桥梁作用。导游能否圆满完成任务，在很大程度上要靠领队的合作和支持，因此，处理好与领队的关系就成为导游不能忽视的重要内容。

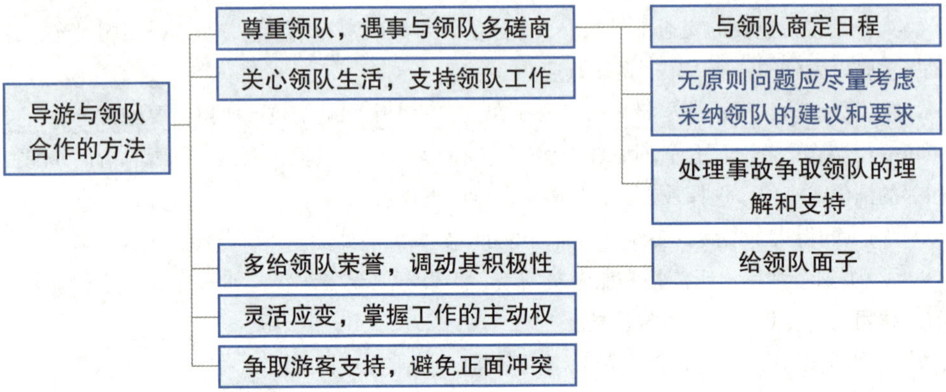

1.尊重领队，遇事与领队多磋商

领队是中方旅行社长期合作的海外客户代表，也是旅游团中的“重点客人”，对领队一定要尊重。尊重领队就是遇事要与他们多磋商。旅游团抵达后，地陪要尽快与领队商定日程，如无原则问题应尽量考虑采纳领队的建议和要求。在遇到问题、处理事故时，全陪、地陪更要与领队磋商，争取领队的理解和支持。

2.关心领队生活，支持领队工作

导游应该在生活上对领队表示关心、在工作上给予领队支持。当领队的工作不顺利或游客不理解时，导游应主动助其一臂之力，能办到的事情尽量给予帮助，办不到的多向游客解释，为领队解围。要注意的是，支持领队的工作并不是取代领队，导游应把握好尺度。另外，作为旅游团中的“重点人物”，导游给领队照顾或提供方便应掌握分寸，不要引起游客的误会和心理上的不平衡。

3.多给领队荣誉，调动其积极性

导游还要随时注意给领队面子，遇到一些显示权威的场合，应多让领队出头露面，使其博得游客们的好评，如游览日程商定后，地陪应请领队向全团游客宣布。只要导游真诚地对待领队，多给领队荣誉，领队一般也会领悟到导游的良苦用心，从而采取合作的态度。

4.灵活应变，掌握工作的主动权

旅游团成员对领队工作评价的好坏会直接影响到领队的进退得失，于是有的领队可能为讨好游客而“抢话筒”，对导游指手画脚，当着全团的面提“新主意”，给导游出难题，使地陪的工作比较被动。面对出风头的领队，地陪应采取措施变被动为主动，地陪既不能马上反抢话筒，也不能听之任之，而应灵活应变，选择适当的时机给予纠正，让游客感到“还是地陪讲得好”。这样，我方导游既表明了自己的态度又不失风范。

5.争取游客支持，避免正面冲突

一般情况下，导游人员要尽量避免与领队发生正面冲突。在入境旅游团中也不乏工作不熟练、个性突出且难以合作的领队。对此，导游要沉着冷静，坚持原则，分清是非，对违反合同内容、不合理的要求不能迁就；对于某些带侮辱性的或“过火”的言辞不能置之不理，要根据“有理、有利、有节”的原则讲清道理，使其主动道歉，但要注意避免与领队发生正面冲突。

有时领队提出的做法行不通，导游无论怎样解释说明，领队仍固执己见。这时导游就要向全团游客讲明情况，争取大多数游客的理解和支持。但要注意，即使领队的意见被证明不对也不能把领队“逼到绝路”，要设法给领队台阶下，以维护领队的自尊和威信，争取以后的合作。

（二）全陪与地陪的协作

无论是做全陪或地陪，都存在着与另一个地陪或全陪配合的问题。协作成功的关键是各自应把握好自身的角色或位置，要有准确的个人定位。要充分认识到虽然各自受不同旅行社的委派，但都是旅游服务的提供者，都在执行同一个协议，彼此间是相互平等的关系。

全陪与地陪的协作
- **要尊重对方，努力与合作者建立良好的人际关系**
- **要善于向对方学习，有事多请教**
- **要坚持原则，平等协商**

如果全陪或地陪“打个人小算盘”，提出改变活动日程、减少参观游览时间、增加购物等不正确的做法，地陪或全陪应向其讲清道理，尽量说服并按计划执行，如对方仍坚持己见、一意孤行，应采取必要的措施并及时向接待社反映。

三、导游与司机的协作

导游与司机的合作共事需做好以下三个方面的工作。

工作事项	说明
及时向司机通报相关信息	旅游团活动日程有变化时，导游应提前告诉司机；若接待的是入境团，导游在用外语向游客宣布集合时间、地点时，要记住用中文告诉司机。
协助司机做好安全行车工作	有时，导游适当给予协助能够减轻司机的工作压力，便于更好地开展工作。如：遇到险情，由司机保护车辆和游客，导游去求援；在行车途中不要与司机闲聊，影响驾驶安全等。
征求司机对日程安排的意见	导游应就计划安排的活动日程征求司机的意见，尤其是每日上午与下午活动项目的安排在行车上是否合理。

四、导游与相关单位的协作

旅游产品作为一种组合性的整体产品，需要旅行社、饭店、景点和交通、购物、娱乐部门等旅游接待单位的高度协作。作为旅行社的代表，导游处理好与旅游接待单位的协作主要包括以下两个方面的内容。

工作事项	说明
及时协调，衔接好各环节的工作	导游在服务工作中要善于发现或预见各项旅游服务中可能出现的差错和失误，通过各种手段及时予以协调，使各个接待单位的供给正常有序。如旅游团活动日程变更涉及用餐、用房、用车时，地陪要及时通知相关的旅游接待单位并进行协调，以保证旅游团的食、住、行能有序地衔接。
主动配合，争取协作单位的帮助	导游要善于利用与各地旅游接待单位的协作关系，主动与协助单位有关人员配合，争取得到他们的帮助。如，迎接散客时，为避免漏接，地陪可请司机站在另一个出口处举牌帮助迎接；又如，旅游团离站时，个别游客到达机场后发现自己的贵重物品遗忘在饭店客房内，导游可请求饭店协助查找，找到后将物品立即送到机场或快递给游客。

第六节　导游接待不同类型游客的方法和技巧

一、儿童的接待技巧

导游应根据儿童的生理和心理特点，做好专门的接待工作。

工作事项	说明
注意儿童的安全	儿童游客，尤其是2～6岁的儿童，天性活泼好动，因此要特别注意他们的安全。地陪可酌情讲些有趣的童话和小故事吸引他们，既活跃了气氛，又使他们不到处乱跑，保证了安全。
掌握“四不宜”原则	对有儿童的旅游团，导游应掌握“四不宜”的原则： ☆不宜为讨好儿童而给其购买食物、玩具等。 ☆不宜在旅游活动中突出儿童，而冷落其他游客。 ☆即使家长同意也不宜单独带儿童外出活动。 ☆儿童生病，应及时建议家长请医生诊治，而不宜建议其给孩子服药，更不能提供药品给儿童服用。
对儿童多给予关照	导游对儿童的饮食起居要特别关心，多给一些关照。如天气变化时，要及时提醒家长给孩子增减衣服，如果天气干燥，还要提醒家长多给孩子喝水等；用餐前，考虑到儿童个子小，地陪应先给餐厅打电话，请餐厅准备好儿童座椅和刀、叉、勺等一些儿童餐具，以减少其用餐时的不便。
注意儿童的收费标准	根据儿童不同的年龄或身高，有不同的收费标准和规定，如机（车、船）票、住房、用餐等，导游应特别注意。

二、高龄游客的接待技巧

导游应从以下六个方面做好高龄游客的接待工作。

工作事项	说明
妥善安排日程	导游应根据高龄游客的生理特点和身体情况，妥善安排好日程： ☆日程安排不要太紧，活动量不宜过大、项目不宜过多，在不减少项目的情况下，尽量选择便捷线路和有代表性的景观，少而精，以细看、慢讲为宜。 ☆应适当增加休息时间。参观游览时可在上、下午各安排一次中间休息，在晚餐和看节目之前，应安排回饭店休息一会儿，晚间活动后回饭店不要太晚。 ☆带高龄游客团不能用激将法和诱导法，以免消耗体力大，发生危险。
做好提醒工作	高龄游客由于年龄大，记忆力减退，导游首先应每天重复讲解第二天的活动日程并提醒注意事项。如预报天气情况、提醒增减衣服、带好雨具等。进入游人多的景点时，要反复提醒他们提高警惕，带好自己的随身物品。 外国旅游者对人民币不熟悉，加上高龄游客年纪大、视力差，使用起来较困难。为了使用方便或不被不法分子蒙骗，地陪应提醒其准备适量的小面值人民币。 另外，由于饮食习惯和生理上的原因，带高龄游客团队，地陪还应适当增加去厕所的次数。
注意放慢速度	高龄游客大多数腿脚不太灵活，有时甚至力不从心。地陪在带团游览时，一定要注意放慢行走速度，照顾走得慢或落在后面的高龄游客，选台阶少、较平坦的地方走，以防摔倒碰伤。在向高龄游客讲解时，导游也应适当放慢速度、加大音量，吐字要清楚，必要时还要多重复几遍。
耐心解答问题	老年游客好提问题，喜欢刨根问底，再加上年纪大，记忆力不好，一个问题经常重复问几遍，遇到这种情况，导游人员不应表示反感，要耐心、不厌其烦地给予解答。
预防游客走失	每到一个景点，地陪都要不怕麻烦、反复多次地告诉高龄游客旅游线路及旅游车停车的地点，尤其是上、下车地点不同的景点，要特别提醒高龄游客记住停车地点。另外，还要提前嘱咐高龄游客，一旦发现找不到团队，千万不要着急，不要到处乱走，要在原地等待导游的到来。
尊重西方传统	许多西方老年游客不愿过多地受到导游的特殊照顾，认为那是对他们的侮辱，显得他们是无用之人。所以，对此类游客应尊重西方传统，注意照顾方式。

三、残障游客的接待技巧

团队中的聋哑、截瘫、视力障碍（盲人）等残障游客，他们是克服了许多常人难以想象的困难来旅游的。残障游客的自尊心和独立性特别强，虽然他们需要关照，但也不愿给别人增添麻烦。因此，在接待残障游客时，导游要特别注意方式方法，既要热情周到，尽可能地为他们提供方便，又要不给他们带来压力或伤害他们的自尊心，真正做到让其乘兴而来、满意而归。

接待技巧	说明
适时、恰当的关心照顾	接到残障游客后，导游首先应适时地询问他们需要什么帮助，但不宜问候过多，如果过多当众关心照顾，反而会使他们反感。如果残障游客不主动介绍，导游不

（续表）

接待技巧	说明
	要打听其残障的原因，以免引起不快。导游在工作中要时刻关注残障游客，注意他们的行踪，并给予恰当的照顾。尤其是在安排活动时，要多考虑残障游客的生理条件和特殊需要，如选择线路时尽量不走或少走台阶、提前告诉他们洗手间的位置、通知餐厅安排在一层餐厅就餐等。
具体、周到的导游服务	对不同类型的残障游客，导游服务应具有针对性： ☆接待聋哑游客要安排他们在车上前排就座，因为他们需要通过导游讲解时的口型来了解讲解的内容。为了让他们获得更多的信息，导游还应有意面向他们放慢讲解的速度。 ☆对截瘫游客，导游应根据接待计划分析游客是否需要轮椅，如需要，应提前做好准备。接团时，要与计调或有关部门联系，最好派有行李箱的车，以便放轮椅或其他物品。 ☆对有视力障碍的游客，导游应安排他们在前排就座，能用手触摸的地方、物品可以尽量让他们触摸。在导游讲解时可主动站在他们身边，讲解内容要力求细致生动，口语表达更加准确、清晰，讲解速度也应适当放慢。

易错考题小试牛刀

1.（单选题）依据心理学中的“近因效应”，在树立导游形象上要注重（　）。

A.重视“外貌形象”　　B.维护高尚形象

C.不要树立反面形象　　D.留下美好的最终印象

2.（单选题）来自上层社会的游客大多严谨持重，期待听到（　）的导游讲解。

A.高品位　　B.故事性　　C.大众化　　D.趣味性

3.（多选题）导游人员要想确立在旅游团中的主导地位，应做到（　）。

A.以诚待人，热情服务

B.换位思考，宽以待客

C.向游客提供心理服务

D.树立良好的导游形象

E.树立威信，善于“驾驭”

4.（多选题）忧郁型游客的个性特征包括（　）。

A.情绪不稳定

B.不愿麻烦他人

C.忧郁孤独

D.身体弱，易失眠

E.少言语但重感情

5.（多选题）游客在旅游中期阶段的心理主要有（　）。

A.求新心理　　B.懒散心态　　C.求全心理

D.群体心理　　E.求安全心理

6.（多选题）导游人员把握心理服务的要领包括（　）。

A.尊重游客　　B.微笑服务　　C.使用柔性语言

D.了解游客心理　　E.提供个性化服务

7.（多选题）导游人员接待高龄游客，安排日程时应注意（　）。

A.日程安排不要太紧

B.活动量不宜过大

C.适当增加休息时间
D.不可采用激将法
E.适当运用诱导法

8.（多选题）导游人员要照顾好旅游团中的儿童，但要注意（　）。
A.不给患病儿童服用自备药品
B.不宜突出了儿童，冷落了其他游客
C.孩子的冷暖由父母照顾，不要多加干预
D.不单独带孩子外出活动
E.不要给孩子买玩具、食品

【答案】1.D　2.A　3.ABE　4.CDE　5.BCD　6.ABCE　7.ABCD　8.ABDE

第十章
导游的讲解技能

【考试大纲】

- **了解：**导游讲解的原则。
- **熟悉：**导游讲解的要求。
- **掌握：**常用的导游讲解方法和技巧。

【历年分值】

年份	判断（题）	单选（题）	多选（题）	分值（分）	分值占比（%）
2018	1	1	0	1	2
2019	1	2	0	1.5	3.06
2020	0	2	0	1	2.08
2023	0	1	1	1.5	3.19

导游服务是一门艺术，它集表演艺术、语言艺术和综合艺术于一身，集中体现在导游讲解中。因此，导游讲解的好坏往往被看作衡量导游水平高低的最重要的技能。

第一节　导游讲解的原则和要求

一、导游讲解的原则

导游无论采用何种讲解方式，都必须符合导游讲解的基本规律，遵循导游讲解的四个基本原则。

原则	说明
客观性原则	客观性是指导游讲解要立足于客观实际，以客观现实为依据，在客观现实的基础上进行意境的再创造。 客观现实是指独立于人的意识之外，又能为人的意识所反映的客观存在，它包括自然界的万事万物和人类社会的各种事物，这些客观存在的事物既有有形的，如自然景观和名胜古迹；也有无形的，如社会制度和旅游目的地居民对游客的态度等。
针对性原则	针对性是指导游讲解要从游客的实际情况出发，因人而异、有的放矢地进行。游客来自五湖四海，审美情趣各不相同，因此，导游要根据不同游客的具体情况，在讲解内容、语言运用、讲解方法上有所区别。通俗地说，就是要看人说话、投其所好，导游讲的正是游客希望知道且感兴趣的内容。
计划性原则	计划性就是要求导游在特定的工作对象和时空条件下发挥主观能动性，科学地安排游客的活动日程，有计划地进行导游讲解。 旅游团在目的地的活动日程和时间安排是计划性原则的中心。导游按计划带团进行每一天的旅游活动时，要特别注意科学地分配时间。如饭店至各参观游览点的距离及行车所需时间、出发时间、各条参观游览线所需时间、途中购物时间、午间就餐时间等。 如果在时间安排上缺乏计划性，就会出现“前松后紧”或“前紧后松”的被动局面，甚至有的活动被挤掉，影响计划的实施而导致游客的不满甚至投诉。 计划性的另一个具体体现是每个参观游览点的导游方案。导游应根据游客的具体情况合理安排在景点内的活动时间，选择最佳游览线路，导游讲解内容也要做适当取舍。什么时间讲什么内容、什么地点讲什么内容以及重点介绍什么内容都应该有所计划，这样才能达到最佳的导游效果。
灵活性原则	灵活性是指导游讲解要根据讲解时的具体情况随机应变，即因人而异、因时制宜、因地制宜。旅游活动往往受到天气、季节、交通以及游客情绪等因素的影响，我们所讲的最佳时间、最佳线路、最佳景点都是相对而言的，客观上的最佳条件缺乏，主观上完美导游艺术的运用就不可能有很好的导游效果。因此，导游在讲解时要根据游客的具体情况以及天气、季节的变化和时间的不同，灵活地运用导游知识，采用切合实际的导游内容和导游方法。

相关例子：

案例1：向游客介绍河南偃师二里头遗址宫城区，虽然游客看到的只是宫城城墙以及大型夯土基址、车辙、绿松石器及其制造作坊等遗存，但导游以此为基础来创造意境，通过讲解再现距今3850—3550年前“华夏第一都”的盛景，既让游客惊叹不已，又使游客感到真实可信。**（客观性原则）**

案例2：带领建筑业的旅游团参观北京故宫和天坛的祈年殿，导游应多讲我国古建筑的特色、风格和设计方面的独到之处，甚至还要同他们交流有关建筑业方面的专业知识。如果是带领一般的游客参观这些地方，就应将重点转到讲述封建帝王的宫廷逸事和民间有关的传说。**（针对性原则）**

案例3：武汉黄鹤楼的讲解一般以一楼、三楼、五楼为重点，导游通过一楼大厅《白云黄鹤图》的壁画可向游客介绍黄鹤楼“因仙得名”的传说故事；通过三楼的陶瓷版画《文人荟萃》向游客介绍历代文人墨客来黄鹤楼吟诗作赋的情景。通过五楼的大型壁画《江天浩瀚》的组画向游客介绍长江的古老文化和自然风光，也可引导游客登高望远，欣赏武汉三镇的秀丽景色。当然，如果游客对历史和古建筑有兴趣，导游也可以以二楼为重点，为游客讲解《黄鹤楼记》，介绍不同朝代黄鹤楼的模型和建筑特色。**（计划性原则）**

案例4：游览金鞭溪的导游词**（灵活性原则）**

（晴天）今天真是个好天气，秋高气爽，阳光明媚。在这样的好天气之下，相信大家的心情也不错！带着这样一份好心情，让我们走进金鞭溪，领略一下“名山大川处处有，唯有金鞭奇上奇”的美丽风景吧！

（小雨）今天老天爷不太赏脸，有点儿小雨。可能他也在嫉妒我们来到张家界这个美丽的人间仙境吧。这倒正好，这霏霏细雨就像轻纱一样，给金鞭溪这位美女更增添了一份妩媚。各位这次来得真是物超所值呀！

（大雨）好大的雨呀！各位可能有点儿担心这瓢泼大雨会不会影响我们欣赏金鞭溪美丽的风景呢？您尽管放一百个心，大家如果细心一点就会注意到，前面刚刚游览完金鞭溪的游客身上淋湿的地方并不多。这就要归功于我们张家界98%以上的森林覆盖率了！正是这茂密的森林给我们撑起了一把巨伞，让我们就像作家李健吾所写的《雨中登泰山》一样，“有雨趣而无淋漓之苦”，去好好欣赏一下雨中的金鞭溪吧！

（雪天）各位今天一早起来就发现，张家界下了今年第一场雪。大雪虽然给我们的旅行带来了一定的影响，但也未尝不是件好事。您知道张家界什么时候最美吗？对了！就是雪中的张家界最美。这可不是我瞎说，许多摄影师们专门到冬天下大雪时才来拍风景照片呢！不信的话，我们就亲自去体验一下雪后的金鞭溪是什么样子吧！

二、导游讲解的要求

要求	说明
言之友好	导游在讲解时用词、声调、语气和态势语言都应该表现出友好的感情。“有朋自远方来，不亦乐乎”“能认识大家是我的荣幸”“很高兴与大家有缘在这里相识”

（续表）

要求	说明
	等，都是表达友好的语言。作为友谊的载体，友好的语言可以使游客感到温暖。
言之有物	导游讲解要有具体的指向，不能空洞无物。讲解资料应突出景观特点，简洁而充分。可以充分准备，细致讲解，不讲空话、套话，不要东拉西扯，缺乏主题，缺乏思想。导游应把讲解内容最大限度地“物化”，使所要传递的知识深深地烙在游客的脑海中，实现旅游的最大价值。
言之有据	导游说话要有依据，不能凭空捏造或胡乱编造。对游客讲话、谈问题，对参观游览点的讲解，对外宣传等，都要从实际出发，要有根据。
言之有理	导游讲解的内容、景点和事物等都要以事实为依据，讲明道理，以理服人，不要言过其实和弄虚作假，更不要信口开河。那些不以事实为依据的讲解，一旦游客得知事实真相，就会感到自己受了嘲弄和欺骗，导游的形象在游客的心目中就会一落千丈。
言之有趣	导游讲解要生动、风趣，具有幽默感，要使游客紧紧地以导游为核心，在听讲解的过程中，感受到一种美好的享受。需要注意的是，导游在讲解中的风趣和幽默，要自然、贴切，绝不可牵强附会，不正确的比拟往往会伤害游客的自尊心，并对其他游客产生不良的影响，令其反感。
言之有神	导游讲解应尽量突出景观的文化内涵，使游客领略其内在的神韵。其讲解内容要经过综合性的提炼并形成一种艺术，让游客得到一种艺术享受。同时，导游要善于掌握游客的神情变化，分析哪些内容游客感兴趣，哪些内容游客不愿听，游客的眼神是否转移，游客是否有人打呵欠……对这些情况都需随时掌握，并及时调整所讲内容。
言之有力	导游在讲解时要正确掌握语音、语气和语调，既要有鲜明生动的语言，又要注意语言的音乐性和节奏感。此外，导游在讲解结尾时，语音要响亮，让游客有心理准备。
言之有情	导游要善于通过自己的语言、表情、神态等传情达意。讲解时，应既充满激情和热情，又充满温情和友情，富含感情和人情味的讲解更容易被游客接受。
言之有喻	导游在讲解时要善用比喻的语言、用游客熟悉的事物，来介绍、比喻参观的事物，使游客对自己生疏的事物能很快地理解并产生亲切感。恰当地运用比喻手法，可以降低游客理解的难度，增加旅游审美中的形象和兴趣。
言之有礼	导游的讲解用语和动作、行为要文雅、谦恭，让游客获得美的享受。

第二节　常用的导游讲解方法和技巧

一、导游讲解的方法

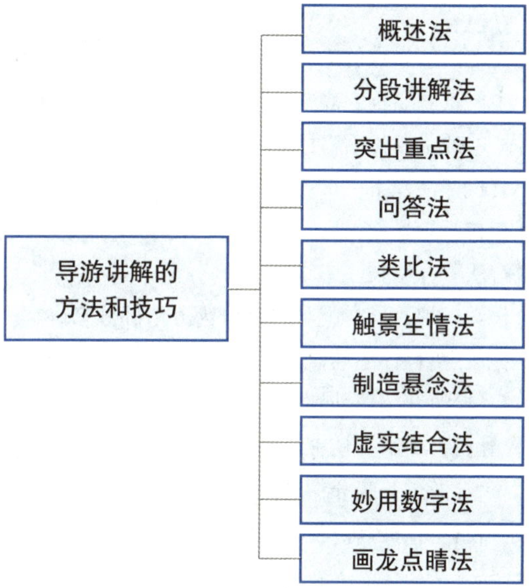

（一）概述法

概述法是导游就景区（城市）的基本情况向游客进行概括性的介绍，使其对即将参观游览的景区或城市有一个大致的了解和轮廓性认识的一种导游方法。

概述法通常适用于导游接到旅游团后坐车驶往下榻饭店的首次沿途导游中，也适用于较大的景点游览之前，在入口处示意图前进行的讲解。它能起到引导游客进入特定的旅游意境，初步领略游览地奥秘的作用。

例如，用"概述法"介绍颐和园。

颐和园位于北京市西北郊，是我国保存最完整的皇家园林。它始建于1750年，当时的中国清朝正值盛世，执掌朝政的是清朝乾隆皇帝，他凭借自己对中国园林的理解和至高无上的权力，耗费大量国库银两，以"兴修水利和为母祝寿"之名，连续施工15年，建成了这座规模巨大的皇家御园"清漪园"。1860年它与圆明园一起，被侵入北京的英法联军焚毁；1888年，慈禧皇太后又将其重建，并改名为"颐和园"。

颐和园主要由万寿山和昆明湖组成，占地面积290公顷，其中水面面积约占四分之三。园内有大小建筑3000余间，约7万平方米。园林布局分为三个部分，即朝政办公区、帝后生活区和风景游览区。

我们今天的游览线路是：从东宫门进，首先进入朝政办公区，然后绕过仁寿殿，游览帝后生活区。从乐寿堂西侧进长廊，到达排云门后上山，到佛香阁、智慧海，再从原路返回。不愿上山的，可在排云殿前等候。全团集合好后，再沿长廊西行。乘船游览昆明湖，从南湖岛上岸，过十七孔桥，到新建宫门。

（二）分段讲解法

分段讲解法是对那些规模较大、内容较丰富的景点，导游将其分为前后衔接的若干部分来逐段进行讲解的导游方法。

一般来说，导游可先在前往景点的途中或在景点入口处的示意图前介绍景点概况（包括历史沿革、占地面积、主要景观名称、观赏价值等），使游客对即将游览的景点有个初步印象，达到"见树先见林"的效果，然后带团到景点按顺序游览，并进行导游讲解。在讲解这一部分的景物时注意不要过多涉及下一部分的景物，目的是让游客对下一部分的景物充满期待，并使导游讲解环环相扣、景景相连。

例如，用"分段讲解法"介绍长江三峡。

乘船自西往东游览长江三峡，导游就可将其分为五个部分来讲解。

（1）在游船观景台上介绍长江三峡概况；

（2）船进瞿塘峡时，导游介绍瞿塘峡；

（3）船过巫峡时，导游再讲解巫峡；

（4）船到西陵峡时，导游进一步介绍西陵峡；

（5）最后再向游客讲解举世闻名的三峡工程。

（三）突出重点法

突出重点法是在导游讲解中避免事无巨细、面面俱到，而是突出某一方面的导游方法。一个地方的景点，要讲解的内容很多，导游必须根据不同的时空条件和对象区别对待，有的放矢地做到轻重搭配、有轻有重、重点突出、详略得当、疏密有致。

导游讲解时一般要突出以下四个方面。

方面	说明	举例
突出景点的独特之处	游客来到目的地旅游，要参观游览的景点很多，其中不乏一些与国内其他地方类似的景点。导游在讲解时必须讲清这些景点的特征及与众不同之处，尤其在同一次旅游活动中参观多处类似景观时，更要突出介绍其特征。	西岳华山虽不是五岳之首，但在五岳中却独具特色。首先，华山是五岳中海拔最高的山峰，其主峰南峰落雁峰海拔2154.9米。其次，华山以险而闻名于天下，其陡峭险峻位居五岳之首。常言道"自古华山一条路"，一路行过，必经千尺幢、百尺峡、老君犁沟、上天梯、苍龙岭、擦耳岩等绝险要道，不少地方真可谓是"一夫当关，万夫莫开"。最后，华山也是五岳中唯一为道教所独占的名山。导游在讲解时可突出华山在五岳中的这些独特之处。
突出具有代表性的景观	游览规模大的景点，导游必须事先确定好重点景观。这些景观既要有自己的特征，又能概括全貌。实地	去云冈石窟游览，主要是参观第五、六窟及五华洞和昙曜五窟。如果把第六窟的艺术特色讲解透彻了，就可以使游客对云冈石窟的整体

（续表）

方面	说明	举例
	参观游览时，导游应主要向游客讲解这些具有代表性的景观。	艺术特色有基本的了解。
突出游客感兴趣的内容	游客的兴趣爱好各不相同，但从事同一职业的人、文化层次相同的人往往有共同的爱好。导游在研究旅游团的资料时要注意游客的职业和文化层次，以便在游览时重点讲解旅游团内大多数成员感兴趣的内容。	在游览故宫时，如游客对中国古代建筑感兴趣，导游应重点介绍故宫的建筑物及其特征、建筑布局和建筑艺术，并将中国古代宫殿建筑与民间建筑乃至西方国家的宫殿建筑进行比较；如果游客对中国历史尤其是明、清的历史感兴趣，导游应重点讲解故宫的历史沿革和在故宫发生的重大事件，使游客从故宫的介绍中加深对明、清历史的了解。
突出“……之最”	面对某一景点，导游可根据实际情况，介绍这是世界或中国最大（最长、最古老、最高，甚至是最小）的……因为这也是在介绍景点的特征，很能引起游客的兴致。	三峡工程是世界上施工期最长、建筑规模最大的水利工程；三峡水电站是世界上最大的水电站；三峡工程泄洪闸是世界上泄洪能力最强的泄洪闸；三峡工程对外专用公路是国内工程项目最齐全的公路。 这样的导游讲解突出了三峡工程的价值，使国内游客产生自豪感、外国游客产生敬佩感，从而留下深刻的印象。不过，在使用“……之最”进行导游讲解时，必须实事求是，言之有据，绝不能杜撰，也不要张冠李戴。

（四）问答法

问答法是在导游讲解时，导游向游客提问或启发游客提问的导游方法。使用问答可以活跃游览气氛，激发游客的想象思维，促使游客和导游之间产生思想交流，从而使游客获得参与感或自我成就感的愉悦。

问答法包括以下四种形式。

形式	说明
自问自答	导游自己提出问题，自己回答问题。提出问题时，适当停顿，让游客猜想，但并不期待游客回答，只是为了吸引他们的注意力，促使他们思考，激起兴趣，然后做简洁明了的回答或生动形象的介绍，还可以借题发挥，给游客留下深刻的印象。
我问客答	导游提出问题，游客回答。导游要善于提问，希望游客回答的问题要问得恰当，估计游客不会一无所知，也要预想到会有不同答案。导游要诱导游客回答，但也不要强迫游客回答，以免他们觉得尴尬。游客的回答不论对或错，导游都不应打断，更不能笑话，而要给予鼓励。最后由导游讲解，并引出更多、更广的话题。 此外，导游提问也应把握好时机。与游客在一起的时候提问不能太随便也不能没有目的，只有懂得把握时机，才能收到较好的效果。一般来说，游客在静想和思考问题的时候，导游不宜打扰游客；游客在欣赏美景和节目的时候，导游不提与此无关的事情和问题。
客问我答	游客提出问题，导游回答。导游要善于调动游客的积极性和想象思维，欢迎他们提问题。游客提出问题，说明他们对某一景物产生了兴趣，进入了审美角色。对他们提出的问题，即使幼稚可笑，导游也绝不能置若罔闻，不能笑话他们，更不能表

（续表）

形式	说明
	现出不耐烦，而是要善于有选择地将回答和讲解有机结合起来。不过，对游客的提问，导游也不必有问必答，一般只回答一些与景点有关的问题，注意不要让游客的提问冲击你的讲解，打乱你的安排。 在长期的导游实践中，导游要学会认真倾听游客的提问，善于思考，掌握游客提问的一般规律，并总结出一套相应的“客问我答”的导游技巧，以求随时满足游客的好奇心。
客问客答	游客提出问题，游客回答。导游对游客提出的问题并不直接回答，而是有意识地请其他游客来回答，也称“借花献佛法”。为“专业团”讲解专业性较强的内容时可运用客问客答法，但前提是必须对游客的专业情况和声望有较深入的了解，并事先打好招呼，切忌安排不当，引起其他游客的不满。如果发现游客回答问题时所讲的内容有偏差或不足之处，导游也应见机行事，适当指出，但注意不要使其自尊心受到伤害。需注意的是，这种导游方法不宜多用，以免游客对导游的能力产生怀疑，对导游不信任。

（五）类比法

类比法是在导游讲解中风物对比，以熟喻生，以达到类比旁通的一种导游方法。导游用游客熟悉的事物与眼前景物进行比较，既便于游客理解，又使他们感到亲切，从而达到事半功倍的导游效果。类比法可分为以下两种。

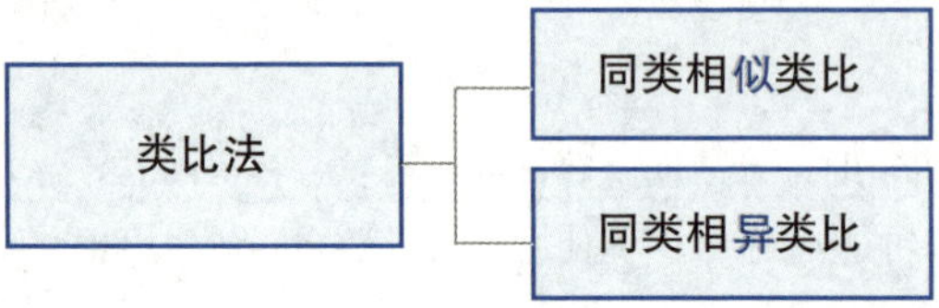

类比法	定义	举例
同类相似类比	将相似的两个事物进行比较，便于游客理解并产生亲切感。	将北京的王府井比作日本东京的银座、美国纽约的第五大街；将上海的城隍庙比作日本东京的浅草；参观苏州时，将其称作“东方威尼斯”；讲到梁山伯和祝英台的故事时，可以将其称为“中国的罗密欧和朱丽叶”等。
同类相异类比	将两种同类但有明显差异的风物进行比较，比出规模、质量、风格、水平、价值等方面的不同，以加深游客的印象。	在讲解楚文化时，可以与同时期的古希腊文化进行类比。在世界范围内，从公元前6世纪到公元前3世纪的300年间，东西方文化竞相争辉。我们完全可以把楚文化与同时期的古希腊文化并列为世界文明的代表。 楚国的青铜冶炼、铸铁、丝绸、漆器早于古希腊，许多科学技术处于领先地位。在音乐艺术方面，楚人也在古希腊人之上。在哲学方面，两者各有所长，中国传统哲学的重要根基在老子和庄子，而老子和庄子都是楚国人。1993年，湖北荆门郭店村楚墓出土的竹简本《老子》甲、乙、丙三种，受到国际汉学界的高度关注。在国家政体建设、货币制度方面，楚国则比古希腊更为完善。古希腊人在理论科学、造船航海、体育竞技、写实艺术、建筑技术等方面要比楚人擅长。可以这么说，楚文化和古希腊文化从不同方向登上了世界古文明的光辉殿堂。

要正确、熟练地使用类比法，要求导游掌握丰富的知识，熟悉客源国，对相比较的事物有比较深刻的了解。面对来自不同国家和地区的游客，要将他们知道的风物与眼前的景物相比较，切忌做不相宜的比较。

（六）触景生情法

触景生情法是在导游讲解中见物生情、借题发挥的一种导游方法。在导游讲解时，导游不能就事论事地介绍景物，而是要借题发挥，利用所见景物制造意境，引人入胜，使游客产生联想，从而领略其中之妙趣。

触景生情法要求导游的讲解内容与所见景物和谐统一，使其情景交融，让游客感到景中有情、情中有景。

触景生情贵在发挥，要自然、正确、切题地发挥。导游要通过生动形象的讲解、有趣而感人的语言，赋予死的景物以生命，注入情感，引导游客进入审美对象的特定意境，从而使他们获得更多的知识和美的感受。

（七）制造悬念法

制造悬念法是导游在讲解时提出令人感兴趣的话题，但故意引而不发，激起游客急于知道答案的欲望，使其产生悬念的导游方法，俗称“吊胃口”“卖关子”。这种“先藏后露、欲扬先抑、引而不发”的手法，一旦“发（讲）”出来，会给游客留下非常深刻的印象。

制造悬念是导游讲解的重要手段，在活跃气氛、制造意境、激发游客游兴等方面往往能起到重要作用，因此导游都比较喜欢用这一手法。

以苏州网师园的月到风来亭为例。该亭依水傍池，面东而立，亭后悬着一面大镜，将对面的树石檐墙尽映其中。对这个亭子的介绍有两种方法，效果完全不同。

第一位导游介绍说：“如果在晚上，当月亮从东墙上徐徐升起，另一个月亮也在水波中荡漾，这镜子安置得十分巧妙，从里面还可以看到一个月亮。”游客们看了看镜子，并未引起多大兴趣。

第二位导游将游客带到亭中，这样介绍说：“当月亮升起的时候，在这里可以看到三个月亮。”他微笑着，望着游客，并没有立即往下讲。游客们觉得奇怪，都以为是听错了或是导游讲错了，最多只有两个月亮：天上一个，水池里一个，怎么可能会有第三个呢？大家的脸上都露出了迷惑不解的表情。这时，导游才点出：天上、池中，还有镜子里共有三个月亮。大家才恍然大悟，在响起一阵掌声、叫好声之后，也更领悟到镜子安置之巧妙，印象特别深刻。

同是一地，第一位导游的介绍虽很热情，也富有诗意，但因是平铺直叙，听者不以为意；第二位导游则成功地运用了“制造悬念法”讲解方式，虽用词简朴，却能做到出其不意，异峰突起，引起了游客的注意、思考、怀疑和猜测，兴趣顿起。第二位导游的成功之处，还在于掌握了游客的心理，不是一下子把话讲完，而是留有余地，让大家去体会、回味，然后由自己做出补充，因此效果尤佳。

（八）虚实结合法

虚实结合法是在导游讲解中将典故、故事、传说与景物介绍有机结合起来，即编织故事情节的导游方法。所谓“实”是指景观的实体、实物、史实、艺术价值等，“虚”是指与景观有关的民间传说、神话故事、趣闻逸事等。

“虚”与“实”必须有机结合，导游运用此法进行讲解时应以“实”为主，以“虚”为辅，“虚”为“实”服务，以“虚”烘托情节，以“虚”加深“实”的存在，努力将无情的景物变成有情的讲解内容。

在实地导游讲解中，导游一定要注意不能“为了讲故事而讲故事”，任何“虚”的内容都必须落到“实”处。

导游在讲解时还应该注意选择“虚”的内容要“精”、要“活”。

所谓“精”，就是所选传说故事是精华，与讲解的景观密切相关；所谓“活”，就是使用时要灵活，见景而用，即兴而发。

（九）妙用数字法

妙用数字法是在导游讲解中巧妙地运用数字来说明景观内容，以促使游客更好地理解的一种导游方法。导游讲解中离不开数字，因为数字是帮助导游精确地说明景物的历史、年代、形状、大小、角度、功能、特性等方面内容的重要手段之一。但是使用数字必须恰当、得法，如果运用得当，就会使平淡的数字发出光彩；否则会令人产生索然寡味的感觉。运用数字忌讳平铺直叙，大量的枯燥数字会使游客厌烦。所以使用数字要讲究“妙用”。

方法	定义	举例
数字换算	导游常用数字换算来帮助游客了解景观内容。 导游运用数字分析可以更准确地说明景观内容。	当导游向游客介绍北京故宫的建筑年代时，如果仅介绍它建成于明永乐十八年，对国内游客来说，对于明朝，大家心里还明白，至于永乐十八年可能就不那么清楚了。若是外国游客，可能连明朝是什么朝代都不知道，更不用说永乐十八年了。这时，导游若把它换算成游客所熟悉的数字，游客便会心领神会。如对法国游客讲解时，将其换算成公历年（1420）后，再加上一句“比巴黎凡尔赛宫建成早269年”，效果便大不相同。
暗喻中国传统文化	我国的一些古建筑布局结构常常与数字密切相关，其中富含着中国传统文化精髓。导游讲解时不能就事论事，只说这里有几间房，几根柱，而应透过数字讲出中国传统文化。	北京天坛祈年殿殿内的柱子，据说是按照天象建立起来的。其中内围的4根“龙井柱”，象征一年四季春、夏、秋、冬；中围的12根“金柱”，象征一年十二个月；外围的12根“檐柱”，象征一天十二个时辰。中层和外层相加的24根，象征一年二十四个节气。三层总共28根，象征天上二十八星宿。再加上柱顶端的8根铜柱，总共36根，则象征三十六天罡。

（十）画龙点睛法

画龙点睛法是导游用凝练的词句概括所游览景点的独特之处，给游客留下突出印象的导游方法。游客听了导游讲解，观赏了景观，既看到了“林”，又欣赏了“树”，一般都会有一番议论。导游可趁机给予适当的总结，以简练的语言，甚至几个字，点出景物精华之所在，帮助游客进一步领略其奥妙，获得更多更高的精神享受。

用“画龙点睛法”讲解的例子有：

案例1：旅游团游览云南后，导游可用“美丽、富饶、古老、神奇”来赞美云南风光；参观南京后，可用“古、大、重、绿”四个字来描绘南京风光特色；总结青岛风光特色可用“蓝天、绿树、红瓦、金沙、碧海”五种景观来概括。

案例2：游览颐和园后，游客可能会对中国的园林大加赞赏。这时导游可指出，中国古代园林的造园艺术可用“抑、透、添、夹、对、借、障、框、漏”九个字概括，并帮助游客回忆在颐和园中所见到的相应景观。

导游讲解常用的方法技巧还有很多，如点面结合法、引人入胜法、启示联想法、谜语竞猜法、知识渗透法等，它们都是导游在工作实践中提炼、总结出来的。在具体工作中，各种导游方法和技巧都不是孤立的，而是相互依存、相互联系的。导游在学习众家之长的同时，还应结合自己的特点融会贯通，在实践中形成自己的导游风格和导游方法，并视具体的时空条件和对象，灵活、熟练地运用，这样才能获得良好的导游效果。

二、导游讲解的要领

导游讲解是导游的重要职责，导游讲解水平的高低也是判断导游综合水平的重要内容之一。

（一）做好讲解前的准备工作

1.注重日常知识积累

要提高导游讲解水平，知识积累是重要基础。在日常工作和生活中，导游可以通过以下渠道积累知识。

方式	说明
通过媒体关注“身边事”，收集城市及景区的点滴变化	导游如能“有心”收集相关信息，在日后讲解中，这些信息将成为有用的素材，丰富导游讲解内容。
通过阅读专业书籍，丰富自己在某一知识领域的积累	如导游要想讲好中原文化，阅读如《中原文化记忆丛书》之类的书籍是非常有必要的，只有通过深入学习，才能让自己的讲解不仅能“讲其然”，还能“讲其所以然”。
通过网络搜索，寻找某一关注问题的相关背景知识	如导游要想通过讲解武汉长江段的水文历史来介绍武汉的抗洪史，可以在网络上搜集各种长江的水文数据及抗洪史实，再运用类比法、妙用数字法等讲解方法灵活运用搜集到的素材，以达到良好的讲解效果。

2.做好接到任务后的准备

平时积累固然重要，但是“临阵磨枪”也是做好导游讲解工作的要领之一。

方式	说明
分析游客信息，厘清讲解重点	如果旅游团成员的年龄偏大，可以多准备一些民间传说、历史上的人文逸事、革命历史故事及人物等内容；如果旅游团成员多为年轻人，对他们关心的购物及娱乐方面的情况就要用心多收集一些，在讲解内容上要突出城市的新亮点、新变化。

（续表）

方式	说明
	以讲解清东陵为例，如果接待的是以休闲为目的的老年游客，可结合影视剧题材为“因下嫁小叔子多尔衮而无颜葬入皇家陵寝”的孝庄皇后正名，为“砍去丽妃手脚装入瓦罐”的慈禧平反；如果接待的是机关公务人员，则应以讲解正史为主，讲康熙皇帝的廉洁治吏，评雍正王朝的功过是非。 当然，以某一个方面为重点并非其他的方面就一点都不涉及，技巧在于讲解内容的组合，主次分明，主题突出。
温习“旧内容”，构思“新创意”	导游在讲解前要注意“温故知新”。“温故”指的是对自己不是特别熟悉或者曾出过错的知识点，需要再次温习，以免出错，特别是自己不太熟悉的重要的历史年代、建筑物的长度或高度等数据。 “知新”指的是在讲解前有意识地去寻找自己未曾讲解过的知识点和内容，力争使自己的讲解每次都有新信息、新创意。
养精蓄锐，做好身体准备	导游讲解是一项“体力活”，边走边讲，眼观六路，耳听八方。导游人员在讲解前要养精蓄锐，保护好嗓子。

（二）把握讲解过程中的要领

导游讲解有可能受到天气变化、行程变更、游客兴趣等各种因素的影响，因此，即使做了大量的前期准备工作，如果没有当场的灵活应对，也可能达不到理想的讲解效果。因此，在导游讲解过程中要学会吸引游客的“耳朵”，就是“讲游客最想听的”。

1.在旅游车上讲解时应掌握的要领

（1）与司机商量确定行车线路时，在合理而可能的原则下尽量不要错过城市的重要景观。

（2）在经过重要的景点或标志性建筑时，要及时向游客指示景物的方向，讲解的内容要及时与车外的景物相呼应。

（3）学会使用“触景生情法”，在讲解城市的交通、气候、地理特点等概况时，可与游客看到的景象结合并借题发挥。

如在上海旅游时，通过提醒游客观察出租车的车型，讲到上海的汽车产业；看到玉兰树时，介绍上海的市花、市树。

（4）在讲解的过程中要注意观察游客的反应，如果大部分人的关注点是车外或频繁地互相交流，此时导游要注意调整讲解内容，通过指示游客观看车外的某个景物或现象将其注意力吸引回来，并及时运用“问答法”与游客进行互动交流。

（5）在快要到达将要游览的景区时，要使用“突出重点法”将景区的最重要的价值及最独特之处向游客进行讲解，以激发游客对该景区的游览兴趣。同时要注意强调景区游览时的注意事项及集合时间和地点。

2.在景区讲解时应掌握的要领

（1）在景区的游览指示图前向游客说明游览线路、重要景点、洗手间及吸烟区的位置。

（2）要做好景区的讲解，需要确定讲解主题，以主题为线索将每一个小景点串联起来，引导游客去发现景区最独特之处。

如：讲解广州陈家祠时，可以以建筑艺术技巧为主题和线索。整个陈家祠的建筑主体和部件，每座房子从柱基到瓦脊全都缀满了石雕、砖雕、木雕、泥塑、陶塑、铁铸和彩绘。以建筑中的雕、塑、绘展开讲解，可以让游客更好地领略古建筑的艺术美，了解岭南风情与装饰美。

导游如果在讲解中能注意去寻找和发现更多的主题及相应的线索，就可以针对不同的游客从不同的主题讲解一个景区，引导游客去发现美、欣赏美，满足他们的求知、求美的需求。这样的导游讲解一定会给游客留下深刻的印象。

（3）在讲解每个小景点时可以用“突出重点法”来讲解该景点的独特之处，用“触景生情法”延伸讲解与此有关的景区背景及历史，用“妙用数字法”来讲解其历史、建筑特点等，有些还需要用“类比法”将该景点与游客家乡或熟知的景点联系起来以加深印象。

（4）导游在讲解自己熟悉或擅长的内容时，不要过于张扬卖弄，避免过多使用“你们知不知道……”“让我来告诉你……”等语言，同时注意控制节奏，给游客缓冲、消化知识内容的时间。

（三）注意讲解后的导游服务

注意事项	说明
巧妙回答游客的提问	讲解结束后，游客有可能提出各种各样的问题，如果问题与游览有关，而且导游也知道如何回答，可以在回答问题的同时进行深入讲解，往往会有好的效果，能增强游客对自己的信任；如果问题与游览无关，就要学会巧妙地回避。 对自己不清楚的问题切忌胡乱回答，以免被当面指出，失去游客对自己的信任；对某一问题，如果自己知道确切答案，但游客有另一种说法时，要注意不要当众争执，不要直接指出对方的错误，要学会回避矛盾、找出共同点，给对方找“台阶”下，及时转换话题。
引导游客“换位欣赏”	讲解结束后，导游要善于引导游客用眼睛去发现美、从不同角度去欣赏美、从不同层面去感受美。如，在某个角度拍照效果最好、从某个地方远眺风景最美等。
告知游客相关注意事项	讲解结束后，导游要向游客说明自由活动的注意事项，针对他们值得去的地方及线路给出建议，再次强调集合的时间、地点，并告诉游客如果需要帮助可以在什么地方找到导游等。

每个导游在实地导游讲解中都会自觉或不自觉地运用各种方法技巧，只要善于总结和提炼，往往就能成为导游讲解中重要的要领。

易错考题小试牛刀

1.（判断题）言之有理是指导游说话要有依据，不能没有根据而胡乱地瞎说一通。（　）

2.（单选题）某导游带领一个建筑业的旅游团参观北京颐和园时，详细介绍了该景区的建筑特色，该导游的讲解主要体现的是（　）原则。

A.客观性　B.准确性　C.灵活性　D.针对性

3.（单选题）“有朋自远方来不亦乐乎”“能认识大家是我的荣幸”“很高兴与大家有缘在这里相识”等语言，体现了导游讲解中的（　）。

A.言之有情　B.言之友好　C.言之有理　D.言之有喻

4.（单选题）导游讲解方法和技巧千差万别，在运用时又千变万化。导游人员在导游活动中必须遵循（　）的原则。

A.因人而异、因地制宜、因时制宜　B.因人而异、因时制宜、投其所好

C.因人而异、因地制宜、投其所好　D.因地制宜、因时制宜、投其所好

5.（单选题）导游员小梁在带一个美国团游览天安门广场讲解人民大会堂时说：“这是中国的白宫。”在带一个英国团的时候又说：“这是中国的国会大厦。”请问小梁在带团时用了什么样的讲解方法（　）。

A.概述法　B.画龙点睛法　C.突出重点法　D.类比法

6.（单选题）介绍杭州西湖时，先从其概况、传说、成因讲起，继而讲解湖中景物。这种讲解方法称为（　）。

A.分段讲解法　B.突出重点法　C.画龙点睛法　D.虚实结合法

【答案】1. 错　2.D　3.B　4.A　5.D　6.A

第四篇　应变处理

第十一章
游客个别要求的处理

【考试大纲】

- **了解：**游客个别要求的处理原则；游客意见和建议的处理。
- **掌握：**游客在餐饮、住宿、交通、游览、购物、娱乐等方面个别要求的处理；游客要求自由活动、中途退团、延长旅游期限的处理。

【历年分值】

年份	判断（题）	单选（题）	多选（题）	分值（分）	分值占比（%）
2018	3	3	3	6	12
2019	1	3	3	5	10.2
2020	1	1	1	2	4.17
2023	2	1	2	3.5	7.45

第一节　游客个别要求的处理原则

游客个别要求是指参加团体旅游的游客提出的各种计划外的特殊要求。

面对个别游客的苛刻要求和过分挑剔，导游一定要认真倾听，冷静、仔细地分析，绝不能置之不理，更不能断然拒绝，更不应在没有听完对方讲话的情况下就胡乱解释，或表示反感、恶语相加、意气用事。

对不合理或不可能实现的要求和意见，导游要耐心解释，实事求是；处理问题要合情合理，尽量使游客心悦诚服。总之，导游千万不能一口回绝，不能随便地说“不行”。

当然，旅游团队中也难免有个别无理取闹者，如果遇到，导游应沉着冷静、不卑不亢，既不伤主人之雅又不损客人之尊，理明则让。经过导游的努力仍有解决不了的困难时，导游应向旅行社领导汇报，请其帮助。

总之，对游客提出的要求，不管其难易程度、合理与否，导游都应给予足够的重视并正确及时、合情合理地予以处理，力争使大家愉快地旅行游览。

一般来看，游客个别要求可以分为四种情况：

☆合理的，经过导游的努力可以满足的要求。

☆合理的，但现实难以满足的要求。

☆不合理的，经过努力可以满足的要求。

☆不合理的，无法满足的要求。

导游在处理游客个别要求时，一般遵循以下五个基本原则。

原则	具体内容
符合法律法规	在处理游客个别要求时，要符合法律对游客、导游、旅行社这三者的权利和义务的规定。同时，还要考虑游客个别要求是否符合我国法律的其他规定，如果相悖，应断然拒绝。
“合理而可能”	“合理而可能”原则是导游处理问题、满足游客要求的依据和准绳。游客提出的个别要求，只要是合理的，又有可能办到的，即使有一定困难，导游也应该设法予以满足。 但是，一些游客出于求全的心理或个人利益，会提出一些虽然合理但无法办到，或看似合理但实际不可能办到的要求。针对这些要求，导游一要认真倾听，二要微笑对待，三要耐心解释，晓之以理，动之以情，切不可断然拒绝。 对于某些并非出于真正需要而无理取闹的个别游客，导游也应待之以礼，做到有礼、有理、有节。若这种游客的无理取闹行为影响到整个旅游团的正常活动，导游可请领队或全陪协助出面解决，或直接请全体游客主持公道。
尊重游客	游客提出的要求，大多数是合情合理的，但总会有客人提出一些苛刻的要求，使导游为难。旅游团中也不可避免会出现无理取闹之人。对待这种情况，导游一定要记住自己的职责，遵循“尊重游客”的原则，对客人礼让三分。对客人的挑剔，甚至吵架、谩骂，导游要保持冷静，始终有礼、有理、有节，不卑不亢。

（续表）

原则	具体内容
公平对待	公平对待原则是指导游对所有客人一视同仁、平等相待。导游要尊重他们的人格，热情周到地为他们提供服务，维护他们的合法权益，切忌厚此薄彼。
维护尊严	导游在对待游客个别要求时，要坚决维护国家的尊严和自身的人格尊严。对游客有损国家利益和民族尊严的要求应断然拒绝，并予以严正驳斥；对游客提出的侮辱自身人格尊严或违反导游职业道德的不合理要求，也应予以拒绝。

第二节　游客个别要求的处理方法

一、游客在用餐方面个别要求的处理

游客要求	处理措施
特殊饮食	对游客提出的特殊要求，要区别对待： ☆若游客所提要求在旅游协议书中有明文规定的，接待社必须早做安排，地陪在接团前应检查落实情况，不折不扣地兑现。 ☆若旅游团抵达后或到定点餐厅后临时提出要求，则需视情况而定。 一般情况下，地陪应立即与餐厅联系，在可能的情况下尽量满足游客要求；如情况复杂，确实有困难满足不了游客特殊要求的，地陪则应说明情况，协助游客自行解决，如：建议游客到零点餐厅临时点菜或带他去附近餐馆（最好是旅游定点餐馆）用餐，餐费自理。
要求换餐	要看是否有充足的时间换餐： ☆如果旅游团在用餐前3小时提出换餐的要求，地陪应尽量与餐厅联系，但需事先向游客讲清楚，如能换妥，差价由游客自付。并且，询问餐厅能否提供相应服务。若计划中的供餐单位不具备供应西餐或风味餐的能力，可考虑更换餐厅。 ☆如果是在接近用餐时间或到餐厅后提出换餐要求，应视情况而定：若该餐厅有该项服务，地陪应协助解决；如果情况复杂，餐厅又没有此项服务，一般不应接受此类要求，但应向游客做好解释工作。若游客仍坚持换餐，地陪可建议其到零点餐厅自己点菜或单独用餐，费用自理并告知原餐费不退。
单独用餐	☆由于旅游团的内部矛盾或其他原因，个别游客要求单独用餐。此时，导游要耐心解释，并告诉领队请其调解；如游客坚持，导游可协助与餐厅联系，但餐费自理，并告知原定餐费不退。 ☆由于游客外出自由活动、访友、疲劳等原因不随团用餐，导游应同意其要求，但要说明餐费不退。
客房内用餐	若游客生病，导游可请饭店将饭菜送进房间以示关怀。若是健康的游客希望在客房用餐，应视情况办理；如果餐厅能提供此项服务，可满足游客的要求，但必须告知服务费标准。
自费品尝风味餐	旅游团要求外出自费品尝风味餐，导游应予以协助，可由旅行社出面，也可由游客自行与有关餐厅联系订餐；风味餐订妥后旅游团又不想去，导游应劝他们在约定时间前往餐厅，并说明若不去用餐则必须赔偿餐厅的损失。

（续表）

游客要求	处理措施
推迟就餐时间	由于游客的生活习惯不同，或由于游客在某旅游地游兴未尽等原因要求推迟用餐时间，导游可与餐厅联系，视餐厅的具体情况处理。一般情况下，导游要向旅游团说明餐厅有固定的用餐时间，过时用餐需另付服务费。若餐厅不提供过时服务，最好按时就餐。

二、游客在住宿方面个别要求的处理

游客要求	处理措施
调换饭店	如果接待社未按协议安排饭店（提供的客房低于标准）或协议中的饭店确实存在卫生、安全等问题而致使游客提出调换饭店，地陪应及时与接待社联系，接待社应负责予以调换。如确有困难，按照接待社提出的具体办法妥善解决，并向游客阐述有说服力的理由，提出补偿条件。
调换房间	根据客人提出的不同理由，有不同的处理方法： ☆**房间不干净：**若房间内有蟑螂、臭虫、蚂蚁或老鼠等，游客提出调换房间应立即满足，必要时应调换饭店。 ☆**客房设施，尤其是房间卫生达不到清洁标准：**房间内卫生达不到清洁标准，导游应立即与饭店有关人员联系，安排打扫、消毒，如游客仍不满意，坚持调房，应与饭店有关部门联系予以满足。 ☆**房间的朝向、层数不佳：**游客对房间的朝向、楼层不满意，要求调换另一朝向或另一楼层的同一标准客房时，若不涉及房间价格并且饭店有空房，可与饭店客房部联系，适当予以满足，或请领队在团队内部进行调整。无法满足时，应耐心解释，并向游客致歉。 ☆**游客要住高于合同约定标准的房间：**如果有空房可予以满足，但游客要交付原定饭店退房损失费和房费差价。
住单间	团队旅游一般安排住标准间或三人间。游客可能会因生活习惯不同或因同室游客之间闹矛盾，而要求住单间。导游应先请领队调解或内部调整，若调解不成，饭店如有空房，可满足其要求。但导游必须事先说明，房费由游客自理（一般谁提出住单间谁付房费）。
延长住店时间	由于某种原因（生病、访友、改变旅游日程等）而中途退团的游客要求延长在本地的住店时间，可先与饭店联系，若饭店有空房，可满足其要求，但延长期内的房费由游客自付。如所住饭店没有空房，导游可协助联系其他饭店，房费由游客自付。
购买房中物品	若游客看中客房内的某种摆设或物品，要求购买，导游应积极协助，与饭店有关部门联系，满足其要求。

三、游客在交通方面个别要求的处理

游客要求	处理措施
更换交通工具类型	如火车改为飞机或普通列车改为动车、高铁等。这种要求除非在自然灾害、误车（机、船）等特殊情况下，一般都不能答应更换。旅途中票务预订、退换非常烦琐，短时间内很难满足。 更换出行时间与上述处理方式相同。

（续表）

游客要求	处理措施
提高交通工具等级	如提高舱位、座位等级等。导游遇到这种要求应首先与接待社计调部联系，若有所要求等级的舱位、座位，可帮忙更换，但差价及相关费用由游客自理。

四、游客在游览方面个别要求的处理

游客要求	处理措施
更换或取消游览项目	☆凡是计划内的游览项目，导游一般应该不折不扣地按计划进行。 ☆若是全团统一提出更换游览项目，则需请示接待社计调部门，请其与组团社联系，同意后方可更换。 ☆若是个别游客提出更换游览项目，地陪应向游客耐心解释，不能随意更换。
增加游览项目	在时间允许的情况下，导游应请示接待社并积极协助。与接待社有关部门联系，请其报价，将接待社的对外报价报给游客，若游客接受，地陪则陪同前往，并将游客交付的费用上交接待社，将发票交给游客。

五、游客在购物方面个别要求的处理

游客要求	处理措施
单独外出购物	☆游客要求在自由活动时间单独外出购物，导游要给予力所能及的帮助，当好购物参谋，如建议去哪家商场、联系出租车、写中文便条等。 ☆在离开本地当天的购物要求要劝阻，以防误机（车、船）。
退换商品	当游客购物后发现是残次品、计价有误或对物品不满意，要求导游帮其退换，导游应积极协助，必要时陪同前往。
再次前往某商店购物	游客欲购买某一商品，出于“货比三家”的考虑或对于商品价格、款式、颜色等犹豫不决，当时没有购买，后来经过考虑又决定购买，要求地陪帮助。对于这种情况，地陪应热情帮助：如有时间可陪同前往，车费由游客自理；若因故不能陪同前往可为游客写张中外文便条，写清商店地址及欲购商品的名称，请其乘出租车前往。
购买古玩或仿古艺术品	☆游客希望购买古玩或仿古艺术品，导游应带其到古玩商店购买，买妥物品后要提醒他保存发票，不要将物品上的火漆印（如有的话）去掉，以便海关查验。 ☆游客如在地摊上选购古玩，导游应劝阻，并告知中国的有关规定；若发现个别游客有走私文物的可疑行为，导游必须及时报告有关部门。
购买中药材	有些游客想买些中药材，并携带出境。导游应告知中国海关的有关规定。

六、游客在娱乐方面个别要求的处理

游客要求	处理措施
调换计划内的文娱节目	凡在计划内注明有文娱节目的旅游团，一般情况下，地陪应按计划准时带游客到指定娱乐场所观看文艺演出。若游客提出调换节目，地陪应针对不同情况，本着“合理而可行”的原则，做出下列处理：

（续表）

游客要求	处理措施
	☆**全团游客提出更换**　如果全团游客提出更换，地陪应与接待社计调部门联系，尽可能调换，但不要在未联系妥当之前许诺；如接待社无法调换，地陪要向游客耐心解释，并说明票已订好，不能退换，请其谅解。 ☆**部分游客提出更换**　如果部分游客要求观看别的演出，处理方法同上。若决定分别观看文艺演出，在交通方面导游可做如下处理：如两个演出点在同一线路，导游要与司机商量，尽量为少数游客提供方便，送他们到目的地；若不同路，则应为他们安排车辆，但车费由游客自理。
自费观看文娱节目	在时间允许的情况下，导游应积极协助。下列两种方法地陪可酌情选择： ☆**与接待社有关部门联系，请其报价**　将接待社的对外报价（其中包括节目票费、车费、服务费）报给游客，并逐一解释清楚。若游客接受，请接待社预订，地陪同时要陪同前往，将游客交付的费用上交接待社并将收据交给游客。 ☆**协助解决，提醒客人注意安全**　地陪可帮助游客联系购买节目票，请游客自行乘坐出租车前往，一切费用由游客自理。但应提醒游客注意安全，记好饭店地址。必要时，地陪可将自己的联系电话告诉游客。 如果游客执意要去大型娱乐场所或情况复杂的场所，导游必须提醒游客注意安全，必要时可陪同前往。
要求前往不健康的娱乐场所	游客如果要求去不健康的娱乐场所和过不正常的夜生活，导游应断然拒绝并介绍中国的传统观念和道德风貌，严肃指出不健康的娱乐活动和不正常的夜生活在中国是明令禁止的，是违法行为，会受到法律的惩处。

七、游客要求自由活动的处理

（一）一般情况下允许游客自由活动

游客要求	处理措施
要求全天或某一景点不随团活动	游客已来某地游览过某一景点，不想重复游览，因而希望不随团活动，而要求不游览某一景点或一天、数天离团自由活动。如果其要求不影响整个旅游团的活动，可以满足并提供必要帮助。导游可按照下列程序处理： ☆提前说明如果不随团活动，无论时间长短，所有费用不退，需增加的各项费用自理。 ☆告诉游客用餐的时间和地点，以便其归队时用餐。 ☆提醒其注意安全，保护好自己的财物。 ☆提醒游客带上饭店卡片（卡片上有中英文饭店名称、地址、电话）备用。 ☆用中英文写张便条，注明客人要去的地点的名称、地址及简短对话，以备不时之需。 ☆必要时将自己的手机号码告诉游客。
到游览点后要求自由活动	到某一游览点后，若有个别游客不想按规定的线路游览而希望自由游览或摄影，若环境许可（游人不太多，秩序不乱），可满足其要求。导游要提醒其集合的时间和地点及旅游车的车号，必要时留一字条，上写集合时间、地点和车号以及饭店名称和电话号码，以备不时之需。

（续表）

游客要求	处理措施
自由活动时间或晚间要求单独行动	导游应建议不要走得太远，不要携带贵重物品（可寄存在前台），不要去秩序混乱的场所，不要太晚回饭店等。
少数人要求一起活动	少数人自由活动时，导游应与大多数游客在一起，不可置大多数人于不顾，陪少数人单独活动，而且要确保旅游计划的全面贯彻实施。

（二）特殊情况下应劝阻游客自由活动

应劝阻游客自由活动的情况：

- 旅游团计划去另一地游览，或旅游团即将离开本地时，导游应劝阻游客不要自由活动，特别是需要较长时间的活动，如到热闹的地方购物，以避免误机（车、船）
- 治安不理想、复杂、混乱的地方，导游要劝阻游客外出活动，更不要单独活动，但必须实事求是地说明情况
- 不宜让游客单独骑自行车去人生地不熟、车水马龙的街头游玩
- 游览河（湖）时，游客提出希望划小船或在非游泳区游泳的要求，导游不能答应，不能置旅游团于不顾而陪少数人去划船、游泳
- 游客要求去不对外开放的地区、机构参观游览，导游不得答应此类要求

八、游客要求中途离团的处理

游客要求	处理措施
因特殊原因提前离开旅游团	游客因患病，或因家中出事，或因工作上急需，或因其他特殊情况，要求提前离开旅游团、中止旅游活动，经接待社与组团社协商后可予以满足，至于剩余的旅游费用，按旅游协议书中的约定部分退还，或不予退还。
无特殊原因执意离团	游客无特殊原因，只是因某个要求得不到满足而提出提前离团。导游要配合领队做说服工作，劝其继续随团旅游；若接待社确有责任，应设法弥补；若游客提出的是无理要求，要做耐心解释；若劝说无效，游客仍执意要求退团，可满足其要求，但应告知其剩余旅游费用不予退还。 外国游客不管因何种原因要求提前离开中国，导游都要在领导指示下协助游客进行重订航班、机座，办理分离签证及其他离团手续，所需费用由游客自理。

九、游客要求延长旅游期限的处理

游客要求	处理措施
由于某种原因中途退团，但本人继续在当地逗留需延长旅游期	对无论何种原因中途退团并要求延长在当地旅游期限的游客，导游应帮助其办理一切相关手续。对那些因伤病住院，不得不退团并需延长在当地居留时间者，除了办理相关手续外，还应前往医院探视，并协助解决患者或其陪伴家属在生活上的困难。
不随团离开或出境	①旅游团的游览活动结束后，由于某种原因，游客不随团离开或出境，要求延长逗留期限，地陪应酌情处理： ☆若不需办理延长签证的一般可满足其要求；无特殊原因游客要求延长签证，原则上应予婉拒。 ☆若确有特殊原因需要留下但需办理签证延期的，地陪应请示旅行社领导，向其提供必要的帮助。 办理延长签证手续的具体做法是：先到旅行社开证明，然后陪同游客持旅行社的证明、护照及集体签证到出入境管理部门，办理分离签证手续和延长签证手续，费用自理。 ②如果离团后继续留下的游客需要帮助，一般可帮其做以下工作：协助其重新订妥航班、机票或火车票、饭店等，并向其讲明所需费用自理；如其要求继续提供导游或其他服务，则应与接待社另签合同。 ③ 离团后产生的一切费用均由游客自理。

第三节　游客意见和建议的处理

处理方式	说明
耐心倾听，认真记录	☆在接受游客意见时，应尽量采取个别接触的方式，以避免对其他游客形成影响。对于集体意见，最好请游客派出代表，以免人多嘴杂，分散导游的思考。 ☆在接受游客意见时，导游要保持冷静，耐心倾听，不管游客的脾气多大、态度多差，也不管其所提意见是大是小、出入多大，都要让游客把话说完，要善于听其弦外之音，并请教游客自己的理解是否正确，以体现对游客的尊重。同时做好必要的记录，捕捉游客意见的要点，既让游客感到接待人员听取意见的态度是真诚的，是愿意帮助他们解决问题的，又为导游确定游客意见的性质和严重程度提供依据。必要时可请游客签名留据，为妥善解决问题提供帮助。 ☆若游客提出意见时，态度蛮横、气氛紧张、无任何缓和余地，导游无法同其交流下去，则可有礼貌地提出建议，另找时间再谈。 ☆当游客主动前来提出合理化建议时，要详细、认真地做好记录，并及时向上级汇报，由上级决定是否接纳以及制订整改计划，并公布整改措施，同时给游客发送感谢信。

（续表）

处理方式	说明
表示同情和理解，不盲目做出承诺	☆对于游客的意见和建议，导游要设身处地地从游客的角度着想。导游要表现出充分的同情和理解，要采取适当的言语来缓和游客的情绪和现场气氛。 ☆如果游客提出的意见是针对导游服务的，又基本符合实际，导游应向游客表示歉意，在服务中将重点放在其提出的意见上，用行动争取游客的谅解。如果游客提出的意见属于相关接待单位，导游也要有代人受过的胸怀，表示“对这种情况的发生，我也感到遗憾”“对你此时的心情我很理解，我将努力转达你的意见”。如果游客要求导游对其提出的意见表示看法，为了缓和紧张的气氛，导游可表示“请给我点时间让我好好想想”。 ☆对于游客在意见中提及的要求，特别是有关赔偿的要求，导游不要轻易做出任何承诺，可表示“这个问题让我和有关方面联系一下”，以避免工作中的被动和可能带来的麻烦。
调查了解，迅速答复	对游客提出的意见和建议，既不能全盘肯定，也不能全盘否定，导游要对其所提问题进行全面的调查了解，并同有关方面进行核实，在此基础上根据事实进行处理，不要匆忙地做出判断。如涉及赔偿问题，要同有关单位进行协商。在处理游客的意见和建议时，导游必须做到： ☆**处理及时，不要拖延。**遵循“谁的问题谁负责”，争取“就地消化，现场解决”。如客房卫生差、饭菜质量低等类问题，在同相关接待单位磋商后立即解决。 ☆**答复迅速。**迅速答复，体现了导游对游客意见和建议的重视程度。若一时无法答复，应向游客明确答复的时间，以让游客放心。在答复之前，导游要考虑游客能否接受，答复同游客要求的差距有多大，并根据差距的大小来考虑答复的方法。如果游客的诉求与相关单位答复之间差距较大，导游可建议双方协商解决，做好调解工作。当协商达成一致后，导游要做好落实检查工作，提醒双方办好必要的手续（尤其是赔偿问题），最好复印一份留存，以防游客事后反悔。即使旅游期间有些意见未得到解决，导游也应将有关证据和原始记录转交旅行社，为进一步协商解决问题提供有益的依据。 ☆**对游客投诉中反映的意见和建议表示感谢。** ☆**对一些重要意见和建议要及时报告旅行社。** ☆**注意保护提出意见和建议的游客的隐私。**对于一些建议和意见，导游或组团社不要将其姓名和联系方式反馈给接待社，但可将合理的意见和建议告知接待社，以便接待社进一步提高接待服务能力。

易错考题小试牛刀

1.（判断题）游客要求去不对外开放的地区（或机构）参观游览，导游人员可以协助办理相关手续后，带领团队前往。（　）

2.（单选题）游客在对导游的工作提出抱怨或意见时，导游人员首先要做的是（　）。

A.迅速答复　B.调查了解　C.耐心解释　D.耐心倾听

3.（单选题）旅游团在用餐前（　）小时提出换餐要求，地陪要尽量与餐厅联系，按有关规定办理。

A.1　B.2　C.2.5　D.3

4.（多选题）某境外旅游团一位游客在首饰商店看中了一款手链，因嫌价格高了一点没有购买，回饭店后，在其同房游客的劝说下又决定购买，要求地方导游给予协助，对此该导游应该（　）。

A.以工作忙进行推托

B.请其同房游客陪同前往

C.请司机跟他跑一趟

D.给他叫一辆出租车并告知费用自理

E.给他一张写有商品名称和请售货员协助的便条

5.（多选题）个别游客因团内矛盾要求单独用餐，导游人员应该（　）。

A.首先婉言拒绝，并说明理由

B.耐心解释，并请领队调解

C.如游客坚持，可协助与餐厅联系

D.如游客坚持，告知餐费自理

E.如游客坚持，告知综合服务费不退

6.（多选题）游客要求自费观看文娱节目，导游正确的做法是（　）。

A.若时间允许，应积极协助

B.若要求去大型娱乐场所，应婉言拒绝

C.若要求去情况复杂场所，应婉言拒绝

D.若要求去不健康的娱乐场所，应断然拒绝

E.若有去与计划的文娱节目不同的演出地点导游应为他们安排车辆，但车费自理

7.（多选题）游客提出中途退团的要求，导游人员正确的做法是（　）。

A.配合领队做说服工作，劝其继续随团旅游

B.若接待方旅行社确有责任，应设法弥补

C.若游客提出的是无理要求，应断然拒绝

D.若游客仍执意要求退团，旅行社同意后，可满足其要求

E.若游客执意离团，应退还其未享受的综合服务费

【答案】1. 错　2.D　3.D　4.DE　5.BCDE　6.ADE　7.ABD

第十二章 问题与事故的预防与处理以及重大自然灾害的避险

【考试大纲】

- **了解：**旅游事故的类型和特点。
- **熟悉：**漏接和误机（车、船）事故产生的原因；地震、洪水、泥石流、台风、海啸等重大自然灾害的避险。
- **掌握：**漏接、误机（车、船）事故的预防与处理；旅游计划和行程变更的处理；游客证件、行李、钱物遗失和游客走失的预防与处理；游客晕车（机、船）、中暑的预防与处理；游客在旅游过程中患病的处理；游客不当言行的处理；旅游交通事故、治安事故、火灾事故、溺水、食物中毒等事件的预防与处理。

【历年分值】

年份	判断（题）	单选（题）	多选（题）	分值（分）	分值占比（%）
2018	3	1	3	5	10
2019	3	8	1	6.5	13.27
2020	1	4	1	3.5	7.29
2023	0	3	3	4.5	9.57

第一节　常见问题和事故的预防与处理

旅游事故指因旅游服务部门运行机制出现故障造成的事故，一般可分为责任事故和自然事故两种。

- 事故类型
  - 责任事故：由于接待方的疏忽、计划不周等原因造成的事故
  - 自然事故（非责任事故）：由于天气变化、自然灾害或非接待部门的原因造成的事故

一、漏接和误机（车、船）事故的预防与处理

（一）漏接

漏接是指旅游团（者）抵达后，无导游迎接的现象。出现漏接现象，无论是什么原因引起，都会造成游客的不满情绪，这都是正常的。重要的是导游要做好处理工作，时刻为游客着想，尽快消除游客的不满情绪。

1.漏接的原因

原因	具体说明
主观原因	☆由于导游工作不够细致，没有认真阅读接待计划，把旅游团（者）抵达的日期、时间、地点搞错。 ☆导游迟到，没有按预定的时间提前抵达接站地点。 ☆由于某种原因，班次变更，旅游团提前到达，接待社有关部门在接到上一站通知后，在接待计划中注明，但导游没有认真阅读，仍按原计划接站。 ☆导游没有核对新的航班时刻表，特别是新、旧时刻表交替时，“想当然”仍按旧时刻表的时间接站，因而造成漏接事故。 ☆导游举牌接站的地方选择不当。
客观原因	☆由于种种原因，上一站接待社将旅游团原定的班次或车次变更而提前抵达，但漏发变更通知，造成漏接。 ☆接待社已接到变更通知，但有关人员没有及时通知该团地陪，造成漏接。 ☆司机迟到，未能按时到达接站地点，造成漏接。 ☆由于交通堵塞或其他预料不到的情况发生，未能及时抵达机场（车站），造成漏接。 ☆由于国际航班提前抵达或游客在境外中转站乘坐其他航班而造成漏接。

2.漏接的预防及处理

类别	措施
预防	☆**认真阅读计划**。导游接到任务后，应了解旅游团抵达的日期、时间、接站地点（具体是哪个机场、车站、码头），并亲自核对清楚。

（续表）

类别	措施
	☆**核实交通工具到达的准确时间。**旅游团抵达的当天，导游应与旅行社有关部门联系，弄清班次或车次是否有变更，并及时与机场（车站、码头）联系，核实抵达的确切时间。 ☆**提前抵达接站地点。**导游应与司机商定好出发时间，保证按规定提前30分钟到达接站地点。
处理	☆**实事求是地向游客说明情况，诚恳地赔礼道歉，求得游客谅解。**如果不是自身的原因要立即与接待社联系，告知现状，立即查明原因，并耐心向游客做解释工作，消除误解。 ☆**尽量采取弥补措施，使游客的损失降到最低限度。**如果有费用问题（如：游客乘出租车到饭店的车费），应主动将费用赔给游客。 ☆**提供更加热情周到的服务，高质量地完成计划内的全部活动内容，以求尽快消除因漏接而给游客造成的不愉快情绪。** ☆**必要时请接待社领导出面赔礼道歉，或酌情给游客一定的物质补偿。**

（二）误机（车、船）

误机（车、船）事故是指因故造成旅游团（者）未能按原定航班（车次、船次）离开本站而导致暂时滞留。

1.误机（车、船）事故的原因

（1）由于导游工作上的差错和不负责任造成的。如安排日程不当或过紧，没能按时抵达机场（车站、码头）；没有认真核实票据，将时间或地点搞错。

（2）因为游客走失，或游客没有按安排时间准时集合及其他意外事件（如交通事故、天气变化、自然灾害等）所造成的。

2.误机（车、船）事故的预防

误机（车、船）带来的后果严重，杜绝此类事故发生的关键在于预防，地陪应做到：

误机的预防

- 认真核实机（车、船）票的班次（车次、船次）、日期、时间及在哪个机场（车站、码头）乘机（车、船）等
- 如果票据未落实，接团期间应随时与接待社有关人员保持联系。没有行李车的旅游团在拿到票据核实无误后，地陪应立即将其交到全陪或游客手中
- 离开当天不要安排旅游团到地域复杂、偏远的景点参观游览，不要安排自由活动
- 留有充足的时间去机场（车站、码头），要考虑到交通堵塞或突发事件等因素
- 保证按规定的时间到达机场（车站、码头）。乘国内航班的，应提前2小时到达机场；乘国际航班出境的，应提前3小时到达机场；乘火车或轮船的，应提前1小时到达车站或码头

3.误机（车、船）事故的处理

类别	措施
将成事故的应急措施	旅游团正在去往机场（车站、码头），预计将造成误机（车、船）事故时，导游应采取如下应急措施： ☆与机场取得联系，请求等候，讲明旅游团的名称、人数、现在何处、大约何时能够抵达机场。 ☆如取得同意，导游要立即组织游客尽快赶赴机场，同时向旅行社汇报情况，请求帮助协调。 ☆同时还需要向各个有关部门、有关人员（如海关、交通车队、行李员、旅游车司机等）讲清游客误机情况和补救办法，并说明请求协助的事项。
已成事故的处理办法	☆地陪应立即向旅行社领导及有关部门报告并请求协助。 ☆地陪和旅行社尽快与机场（车站、码头）联系，争取让游客乘最近班次的交通工具离开本站，或采取包机（车厢、船）或改乘其他交通工具前往下一站。 ☆稳定旅游团（者）的情绪，安排好在当地滞留期间的食宿、游览等事宜。 ☆及时通知下一站，对日程做相应的调整。 ☆向旅游团（者）赔礼道歉。 ☆撰写事故报告，查清事故的原因和责任，责任者应承担经济损失并受相应的处分。

二、旅游计划和行程变更的处理

计划和日程的变更是根据旅游活动中实际需要而决定的，一般有以下三种情况。

（一）客观原因需要变更计划和行程

旅游过程中，因客观原因、不可预料的因素（如天气、自然灾害、交通问题等）需要变更旅游团的旅游计划、线路和活动日程时，一般会出现以下三种情况，针对不同情况要有灵活的应变措施。

1.缩短或取消在某地的游览时间

类别	措施
旅游团（者）抵达时间延误，造成旅游时间缩短	☆仔细分析因延误带来的困难和问题，并及时向接待社外联部门或计调部门报告，以便将情况尽快反馈给组团社，找出补救措施。 ☆在外联部门或计调部门的协助下，安排落实该团交通、住宿、游览等事宜。提醒有关人员与饭店、车队、餐厅联系，及时办理退房、退车、退餐等一切相关事宜。 ☆地陪应立即调整活动日程，压缩在每一景点的活动时间，但尽量保证不减少计划内的游览项目。
旅游团（者）提前离开，造成游览时间缩短	☆立即与全陪、领队商量，采取尽可能的补救措施。 ☆立即调整活动时间，抓紧时间将计划内游览项目完成；若有困难，无法完成计划内所有游览项目，地陪应选择最有代表性、最具特色的重点旅游景点，让游客对游览景点有个基本的了解。 ☆要做好游客的工作。不要急于将旅游团提前离开的消息告诉旅游团（者），以免引起躁动。待与领队、全陪制订新的游览方案后，找准时机先向旅游团中有影响力的游客实事求是地说明困难，诚恳地道歉，以求得谅解，并将变更后的安排向他们解释清楚，争取他们的认可和支持，最后分头做其他游客的工作。

（续表）

类别	措施
	☆地陪应通知接待社计调部门或有关人员办理相关事宜，如退房、退餐、退车等，然后给予游客适当的补偿，必要时经接待社领导同意可采取加菜、改风味餐、赠送小纪念品等物质补偿的办法。如果旅游团的活动受到较大的影响，游客损失较大而引起强烈的不满时，可请接待社领导出面表示歉意，并提出补偿办法。 ☆若旅游团（者）提前离开，全陪应立即报告组团社，并通知下一站接待社。

2.延长旅游时间

游客提前抵达或推迟离开都会造成延长游览时间而变更游览日程。出现这种情况，地陪应该采取以下措施。

（1）落实有关事宜，与接待社有关部门或有关人员联系，重新落实旅游团（者）的用房、用餐、用车的情况，并及时落实离开的机票、车票。

（2）迅速调整活动日程，适当地延长在主要景点的游览时间。经组团社同意后，酌情增加游览景点，或晚上安排健康的文体活动，努力使活动内容充实。

（3）提醒有关接待人员将该团的日程变化通知下一站。

（4）在设计变更旅游计划时，地陪要征求领队和全陪的建议和要求，共同商量，取得他们的支持和帮助。在变更的旅游计划确定之后，应与领队、全陪商量好如何向团内游客解释说明，取得他们的谅解与支持。

3.逗留时间不变，但被迫改变部分旅游计划

出现这种情况，一般都是由外界客观原因造成的，如：大雪封山，维修改造，进入危险地段等。这时导游应采取如下措施：

（1）实事求是地将情况向游客讲清楚，求得谅解。

（2）提出由另一景点代替的方案，与游客协商。

（3）以精彩的导游讲解、热情的服务激起游客的游兴。

（4）按照有关规定做些相应补偿，如用餐时适当地加菜，或将便餐改为风味餐，赠送小礼品等。必要时，由旅行社领导出面，诚恳地向游客表示歉意，尽量让游客高高兴兴地离开。

（二）旅游团（者）要求变更计划日程

在旅游过程中，由于种种原因，游客向导游提出变更旅游线路或旅游日程时，原则上应按旅游合同执行；遇上较特殊的情况或由领队提出，导游无权擅自做主，要上报组团社或接待社有关人员，必须经有关部门同意，并按照其指示和具体要求做好变更工作。

（三）因旅行社的原因需要调整计划行程

在旅游计划安排过程中，可能出现因旅行社的工作疏忽（如景区当天不开放、游客预订节目没安排等）造成旅游活动安排不周，需要临时进行调整。出现这种情况时应首先对计划进行合理安排，尽量不影响日程，然后将安排后的计划与领队及游客沟通，获取他们的谅解，再按照新计划安排游览。

三、证件、行李、钱物遗失的预防与处理

遗失事故有些是由于游客个人马虎大意造成的，也有些是由于相关部门的工作失误造成的。

一旦发生游客财产安全事故，导游要做到态度积极、头脑冷静、行动迅速、设法补救。如果有线索，应迅速与有关部门联系查找，把损失降到最低限度；如果查找不到，应迅速向组团社或接待社报告，向有关部门报案，并协助游客根据有关规定办理必要的手续。

（一）证件、行李、钱物遗失的预防

针对证件、行李、钱物的遗失情况，导游应采取以下预防措施。

（1）**多做提醒工作。**参观游览时，导游要提醒游客带好随身物品和提包；在热闹、拥挤的场所和购物时，导游要提醒游客保管好自己的钱包、提包和贵重物品；离开饭店时，导游要提醒游客带好随身行李物品，检查是否带齐了旅行证件；下车时提醒游客不要将贵重物品留在车上。

（2）**不代为保管游客证件。**导游在工作中需要游客的证件时，要经由领队收取，用毕立即如数归还，不要代为保管；还要常提醒游客保管好自己的证件。

（3）**切实做好每次行李的清点、交接工作。**

（4）**每次游客下车后，导游都要提醒司机清车、关窗并锁好车门。**

（二）证件遗失的处理

若游客证件丢失，首先请失主冷静地回忆，详细了解丢失情况，找出线索，尽量协助寻找。如确已丢失，马上报告公安部门、接待社领导和组团社，并留下游客的详细地址、电话。再根据领导或接待社有关人员的安排，协助失主办理补办手续，所需费用由失主自理。

遗失情况	处理流程
丢失外国护照和签证	☆由旅行社出具证明。 ☆请失主准备照片。 ☆失主本人持证明去当地公安局（外国人出入境管理处）报失，由公安局出具证明。 ☆持公安局的证明去所在国驻华使领馆申请补办新护照，并到国内县级以上的出入境管理部门重新申请签证。
丢失团体签证	☆由接待社开具遗失公函。 ☆准备原团体签证复印件（副本）。 ☆重新打印与原团体签证格式、内容相同的该团人员名单。 ☆收齐该团全体游客的护照。 ☆持以上证明材料到公安局出入境管理处报失，并填写有关申请表（可由一名游客填写，其他成员附名单）。
丢失中国护照和签证	①**华侨**丢失护照和签证： ☆接待社开具遗失证明。 ☆失主准备照片。 ☆失主持证明、照片到公安局出入境管理处报失并申请办理新护照。 ☆持新护照到其居住国驻华使领馆办理入境签证手续。

（续表）

遗失情况	处理流程
	②**中国公民**出境旅游时丢失护照、签证： ☆请当地陪同协助在接待社开具遗失证明。 ☆持遗失证明到当地警察机构报案，并取得警察机构开具的报案证明。 ☆持当地警察机构的报案证明和有关材料到我国驻该国使、领馆领取中华人民共和国旅行证。 ☆回国后，可凭中华人民共和国旅行证和境外警方的报失证明，申请补发新护照。
丢失港澳居民来往内地通行证（港澳同胞回乡证）	☆向公安局、派出所报失，并取得报失证明；或由接待社开具遗失证明。 ☆持报失证明或遗失证明到公安局出入境管理处申请领取赴港澳证件。 ☆经出入境管理部门核实后，给失主签发一次性中华人民共和国出入境通行证。 ☆失主持该出入境通行证回港澳地区后，填写港澳居民来往内地通行证件遗失登记表和申请表，凭本人的港澳居民身份证，向通行证受理机关申请补发新的通行证。
丢失台湾同胞旅行证明	失主向遗失地的市、县公安机关报失，经调查属实的可以允许重新申请领取相应的旅行证件或者发给一次性有效的出境通行证。
丢失中华人民共和国居民身份证	由当地接待社核实后开具证明，失主持证明到公安局报失，经核实后再开具身份证明，并按照交通部门的规定办理乘坐交通工具的临时证明。回到居住所在地后，凭公安局报失证明和有关材料到当地派出所办理新身份证。

（三）行李遗失的处理

1.来华途中丢失行李

海外游客行李在来华途中丢失，不属于导游的责任，但也应帮助游客追回行李。

（1）带失主到机场失物登记处办理行李丢失和认领手续。失主必须出示机票及行李牌，详细说明始发站、转运站，说清楚行李件数及丢失行李的大小、形状、颜色、标记、特征等，并一一填入失物登记表；让失主将下榻饭店的名称、房间号和电话号码（如果已经知道的话）告诉登记处并记下登记处的电话和联系人，记下有关航空公司办事处的地址、电话，以便联系。

（2）游客在当地游览期间，导游要不时打电话询问寻找行李的情况，一时找不回行李，要协助失主购置必要的生活用品。

（3）离开本地前行李还没有找到，导游应帮助失主将接待旅行社的名称、全程旅游线路以及各地可能下榻的饭店名称转告有关航空公司，以便行李找到后及时运往相应地点交还失主。

（4）如行李确系丢失，失主可向有关航空公司索赔或按国际惯例取得赔偿。

2.在中国境内丢失行李

游客在我国境内旅游期间丢失行李，一般是在三个环节上出了差错，即：交通运输部门、饭店行李部门和旅行社的行李员。导游必须认识到，不论是在哪个环节出现的问题，都是我方的责任，应积极设法负责查找。

（1）仔细分析，找出差错的线索或环节。

如果游客在机场领取行李时找不到托运行李，则很有可能是上一站行李交接或机场行李托运过程中出现差错。这时，全陪应马上带领失主凭机票和行李牌到机场行李查询处登记办理行李丢失或认领手续，并由失主填写“行李丢失登记表”。地陪立即向接待社领导或有关人员汇报，安排有关人员与机场、上一站接待社、有关航空公司等单位联系，积极寻找。

如果抵达饭店后，游客告知没有拿到行李，问题则可能出现在四个方面：其一，本团游客误拿；其二，饭店行李员送错了房间；其三，旅行社行李员与饭店行李员交接时有误；其四，在往返运送行李途中丢失。

出现这种情况，地陪应立即依次采取以下措施：地陪与全陪、领队一起先在本团内寻找。如果不是以上原因，应立即与饭店行李部取得联系，请其设法查找。如果仍找不到行李，地陪应马上向接待社领导或有关部门汇报，请其派人向旅行社行李员了解有关情况，设法查找。

（2）做好善后工作。主动关心失主，对因行李丢失给失主带来的诸多不便表示歉意，并积极帮助其解决因行李丢失而带来的生活方面的困难。

（3）随时与有关方面联系，询问查找进展情况。

（4）若行李找回，及时将找回的行李归还失主。若确定行李已丢失，由责任方负责人出面向失主说明情况，并表示歉意。

（5）帮助失主根据有关规定或惯例向有关部门索赔。

（6）事后撰写书面报告（事故的全过程：行李丢失的原因、经过、查找过程、赔偿情况及失主和其他团员的反应）。

（四）钱物遗失的处理

1.外国游客丢失钱物的处理

（1）稳定失主情绪，详细了解物品丢失的经过、物品的数量、形状、特征、价值。仔细分析丢失的原因、时间、地点，并迅速判断丢失的性质：是不慎丢失还是被盗。

（2）立即向公安局或保安部门以及保险公司报案（特别是贵重物品的丢失）。

（3）及时向接待社领导汇报，听取领导指示。

（4）接待社出具遗失证明。

若是不慎丢失，导游应积极帮助寻找，并根据不同情况进行以下处理。

丢失物品	处理方式
贵重物品丢失	失主持证明、本人护照或有效身份证件到公安局出入境管理处填写失物经过说明，列出遗失物品清单。
入境时向海关申报的物品丢失	向公安局出示中国海关行李申报单。
中国海关行李申报单遗失	要在公安局出入境管理处申请办理“中国海关行李申报单报失证明”。
已在国外办理财产保险的物品丢失	领取保险时需要证明，可以向公安局出入境管理处申请办理财物报失证明。
旅行支票、信用卡等票证丢失	在向公安机关报失的同时也要及时向有关银行挂失。

失主持以上由公安局开具的所有证明，可供出海关时查验或向保险公司索赔。

发生证件、财物特别是贵重物品被盗是治安事故，导游应立即向公安机关及有关部门报警，并积极配合有关部门早日破案，挽回不良影响；若不能破案，导游要提供更加周到热情的服务，尽力安慰失主，缓解其低落的情绪并按上述步骤办理。

2.国内游客丢失钱物的处理

（1）立即向公安局、保安部门或保险公司报案。

（2）及时向接待社领导汇报。

（3）若旅游团行程结束时仍未破案，可根据失主丢失钱物的时间、地点、责任方等具体情况做善后处理。

四、游客走失的预防与处理

（一）游客走失的原因

游客走失的原因一般有以下三种。

（1）导游没有向游客讲清车号、停车位置或景点的游览线路。

（2）游客对某种现象和事物产生兴趣，或在某处摄影滞留时间较长而脱离团队自己走失。

（3）在自由活动、外出购物时，游客因没有记清饭店地址和线路而走失。

（二）游客走失的预防

游客走失的预防措施一般有以下五种。

（1）做好提醒工作。提醒游客记住接待社的名称，旅游车的车号和标志，下榻饭店的名称、电话号码，带上饭店的店徽等。导游应尽可能与游客互留手机号码。

团体游览时，地陪要提醒游客不要走散。自由活动时，应提醒游客不要走得太远，不要回饭店太晚，不要去热闹、拥挤、秩序混乱的地方。

（2）做好各项活动的安排和预报。在出发前或旅游车离开饭店后，地陪要向游客预告一天的行程，上、下午游览点和吃午、晚餐餐厅的名称和地址。到游览点后，在景点示意图前，地陪要向游客介绍游览线路，告知旅游车的停车地点，强调集合时间和地点，再次提醒游客记住旅游车的停放地点、车型和车号。

（3）时刻和游客在一起，经常清点人数。

（4）地陪、全陪和领队应密切配合。全陪和领队要主动负责做好旅游团的断后工作。

（5）导游要以高超的导游技巧和丰富的讲解内容吸引游客。

（三）游客走失的处理

类别	措施
在旅游景点走失	☆**了解情况，迅速寻找。**导游应立即向其他游客、景点工作人员了解情况并迅速寻找。地陪、全陪和领队要密切配合，一般情况下是全陪、领队分头去找，地陪带领其他游客继续游览。 ☆**寻求帮助。**在经过认真寻找仍然找不到走失者后，应立即向游览地的派出所和管理部门求助，特别是面积大、范围广、地段复杂、进出口多的游览点，因寻找工作难度较大，争取当地有关部门的帮助就尤其必要。

（续表）

类别	措施
	☆**与下榻饭店保持联系**。在寻找过程中，导游可与饭店前台、楼层服务台联系，请他们注意该游客是否已经回到饭店。 ☆**向旅行社报告**。如采取了以上措施仍找不到走失的游客，地陪应向旅行社及时报告并请求帮助，必要时经领导同意，向公安部门报案。 ☆**做好善后工作**。找到走失的游客后，导游要做好善后工作，分析走失的原因。如属导游的责任，导游应向游客赔礼道歉；如果责任在走失者，导游也绝不可指责或训斥对方，而应对其进行安慰，讲清利害关系，提醒以后注意。 ☆**撰写事故报告**。若发生严重的走失事故，得写出书面报告，详细记述游客走失经过、寻找经过、走失原因、善后处理情况及游客的反应等。
在自由活动时走失	☆**立即报告接待社和公安部门**。导游在得知游客自己在外出时走失，应立即报告旅行社领导，请求指示和帮助；通过有关部门向公安局辖区派出所报案，并向公安部门提供走失者可辨认的特征，请求帮助寻找。 ☆**做好善后工作**。找回走失者后，导游应表示高兴；问清情况，对其进行安慰，必要时提出善意的批评，提醒其引以为戒，避免走失事故再次发生。 ☆**若游客走失后出现其他情况，应视具体情况作为治安事故或其他事故处理。**

五、晕车（机、船）预防与处理

类别	措施
症状与体征	其症状因人而异，轻者表现为头晕、胸闷、微汗、全身稍有不适；重者头痛心慌、眩晕恶心、呕吐不止，甚至发烧昏迷。晕车（机、船）这种一系列的生理反应统称为“动晕症”，虽然“动晕症”无法根治，但是可以做好预防和处理工作。
预防	☆避免在旅途中过度疲劳，因为疲劳是引起“动晕症”的原因之一。 ☆提醒有“动晕症”的游客在搭乘交通工具之前避免喝酒，避免过度饱食，尤其不能吃高蛋白和高脂食品，可吃些简单清淡的食物。 ☆照顾“动晕症”的游客在前排较平稳的位置就座，座位方向应与行驶方向一致。 ☆提醒有“动晕症”的游客，不要在搭乘交通工具时阅读书报杂志，也不要直视某个近物或看窗外快速移动的景物，最好闭目养神。 ☆建议“动晕症”严重的游客，可以在搭乘交通工具前30分钟服用抗晕药物。
处理	☆如有“动晕症”游客开始出现反应时，导游应立即关心游客身体状况，及时调整到合适的位置。 ☆将风油精涂抹于游客的太阳穴或风池穴上。 ☆提醒游客将腰带束紧，减少腹腔内脏的震荡，缓解不适。 ☆准备好食品袋和纸巾，尽快清除呕吐物。 ☆如“动晕症”游客症状严重，需及时联系乘务人员。

六、中暑的预防与处理

类别	措施
症状与体征	中暑是在烈日下或高温环境里，人体内热量不能及时散发，引起机体体温调节发生障碍的一种急性疾病。按中暑程度可分为轻症中暑和重症中暑。 ☆轻症中暑的症状有头昏、眼花、耳鸣、面色潮红、胸闷、皮肤灼热、体温升至38℃以上，甚至出现面色苍白、恶心、呕吐、汗多、脉搏细弱、呼吸浅快等早期循环衰竭征象。

（续表）

类别	措施
	☆重症中暑除出现以上症状外，往往还会出现昏倒、痉挛或皮肤干热，体温超过40℃。
预防	☆**做好防护工作。**导游应提醒游客做好防护工作，如打遮阳伞、戴遮阳帽、戴太阳镜、涂抹防晒霜，外出时的衣服尽量选用棉、麻、丝类的织物，最好穿白色、浅色或素色衣服，少穿深色的化纤品类服装。 ☆**避免在烈日下活动。**带团时要注意劳逸结合，尽量避免游客长时间在骄阳下活动，特别是在正午阳光最强烈时。另外，在气温高且无风的地方也不能逗留过久。 ☆**多喝淡盐开水。**夏季旅游出汗多，体内盐分减少，多喝些淡盐开水，可以补充体内失掉的盐分。喝淡盐水时，要少量多次地喝，才能有作用。 ☆**准备防暑用品。**夏季出游前，应准备好预防和治疗中暑的药物用品，如十滴水、人丹、藿香正气水、清凉油、风油精等。
处理	☆迅速将患者抬到通风、阴凉、干爽的地方，使其仰卧并解开衣扣，松开或脱去衣服，如衣服被汗水湿透，最好能更换干衣服。同时可用扇子轻扇，帮助散热。 ☆面部发红的患者可将头部稍垫高，面部发白者头部略放低，使其周身血液流通。 ☆最好在患者头部捂上一块冷毛巾，可用浓度50%的酒精、冰水、冷水进行全身擦浴，使末梢血管扩张，促进血液循环，然后用扇子或电扇吹风，促进散热。 ☆若患者已失去知觉，可让其嗅一些有刺激气味的东西或掐其人中，刺激其苏醒，醒后可喂一些清凉饮料或淡盐水。 ☆轻症患者经上述处理后，待体温降到38℃、体征平稳，即可送其回酒店休息；重症中暑患者应该迅速与医院联系。

七、游客患病的预防与处理

（一）游客患病的预防

措施	具体说明
游览项目选择有针对性	导游在做准备工作时，应根据旅游团的信息材料，了解旅游团成员的年龄及旅游团其他情况，做到心中有数，并选择适合该年龄段游客的游览线路。
安排活动日程要留有余地	不要将一天的游览活动安排得太多太满，更不能将体力消耗大、游览项目多的景点集中安排，要有张有弛，使游客感到轻松愉快；晚间活动的时间不宜安排过长。
提醒游客注意饮食卫生	提醒游客注意饮食卫生，不要暴食暴饮，以免水土不服引起腹泻。在北方旅游时，提醒游客多喝水、多吃水果，以防上火和感冒。吃海鲜后，一小时内不要食用冷饮、西瓜等冷食，也不要马上去游泳，反之游泳后也不要立即食用冷饮、海鲜、西瓜等。晕车（船、机）者，在乘坐前不要吃得太饱，也不要吃得太油腻。
及时报告天气变化	导游应提醒游客随着天气的变化及时增减衣服、带雨具等；气候干燥的季节，提醒游客多喝水、多吃水果；在炎热的夏季尤其要注意预防中暑。

（二）游客患一般疾病的处理

措施	具体说明
劝其及早就医，注意休息，不要强行游览	游览过程中，导游要观察游客的神态、气色，发现游客的病态时，应多加关心，照顾其坐在较舒服的座位上，或留在饭店休息，但一定要通知饭店给予关照，切不可劝其强行游览。游客患一般疾病时，应劝其及早就医。

（续表）

措施	具体说明
关心患病的游客	对因病没有参加游览活动、留在饭店休息的游客，导游要主动前去问候，询问身体状况，以示关心。必要时通知餐厅为其提供送餐服务。
需要时导游可陪同患者前往医院就医	应向患者讲清楚，所需费用要自理，提醒其保存诊断证明和收据。
严禁擅自给患者用药	导游不能擅自给患者提供药品。

（三）游客突患重病的处理

类别	措施
在前往景点途中突然患病	☆在征得患者、患者亲友或领队同意后，立即将患重病的游客送往就近医院治疗，或拦截其他车辆将其送往医院。必要时，暂时中止旅行，用旅游车将患者直接送往医院。 ☆及时将情况通知接待社有关人员。 ☆一般由全陪、领队、患者亲友同往医院。如无全陪和领队，地陪应立即通知接待社请求帮助。
在参观游览时突然患病	☆不要搬动患病游客，让其坐下或躺下。 ☆立即拨打电话叫救护车（医疗急救电话：120）。 ☆向景点工作人员或管理部门请求帮助。 ☆及时向接待社领导及有关人员报告。
在饭店突然患病	游客在饭店突患重病，先由饭店医务人员抢救，然后送往医院，并将其情况及时向接待社领导汇报。
在向异地转移途中突患重病	在乘飞机、火车、轮船前往下一站的途中，游客突患重病： ☆全陪应请求乘务员帮助，在乘客中寻找医务人员。 ☆通知下一站旅行社做好抢救的各项准备工作。

处理要点：

（1）游客病危需送往急救中心或医院抢救时，需由患者家属、领队或患者亲友陪同前往。

（2）如果患者是国际急救组织的投保者，导游应提醒其亲属或领队及时与该组织的代理机构联系。

（3）在抢救过程中，需要领队或患者亲友在场，并详细记录患者患病前后的症状及治疗情况，并请接待社领导到现场或与接待社保持联系，随时汇报患者情况。

（4）如果需要做手术，必须征得患者亲属的同意，如果亲属不在，需由领队同意并签字。

（5）若患者病危，但亲属又不在身边时，导游应提醒领队及时通知患者亲属。如果患者亲属系外国人士，导游要提醒领队通知所在国使领馆。患者亲属到后，导游要协助其解决生活方面的问题；若找不到亲属，一切按使领馆的书面意见处理。

（6）有关诊治、抢救或动手术的书面材料，应由主治医生出具证明并签字，要妥善保存。

（7）地陪应请求接待社领导派人帮助照顾患者、办理医院的相关事宜，同时安排好旅游团继续按计划活动，不得将全团活动中断。

（8）患者转危为安但仍需继续住院治疗，不能随团继续旅游或出境时，接待社领导和导游（主要是地陪）要不时去医院探望，帮助患者办理分离签证、延期签证以及出院、回国手续及交通票证等事宜。

（9）患者住院和医疗费用自理。如患者没钱看病，请领队或组团社与境外旅行社、其家人或保险公司联系解决其费用问题。

（10）患者在离团住院期间未享受的综合服务费由中外旅行社之间结算后，按协议规定处理。患者亲属在当地期间的一切费用自理。

八、游客不当言行的处理

不当行为一般是指违反社会公德或者触犯法律，但尚不足以引起法律责任的行为。外国游客在中国境内必须遵守中国的社会公德和法律，若违反社会公德情节严重，甚至违法，将受到中国法律的制裁。

（一）预防措施及处理原则

类别	措施与原则
预防措施	导游应积极向游客介绍我国的有关法律、宗教、习俗、景点管理的有关规定，多做提醒工作，以免个别游客无意中做出不当、犯法行为。发现可疑现象，导游要有针对性地给予必要的提醒和警告，迫使预谋越轨者知难而退；对顽固不化者，一旦发现其越轨行为应立即汇报，协助有关部门调查，分清性质。处理这类问题要严肃认真，实事求是，合情、合理、合法。
处理原则	对游客不当言行的处理，事前要认真调查核实，处理时要特别注意“四个分清”： ☆分清不当行为和违法行为的界限。 ☆分清有意和无意的界限。 ☆分清无故和有因的界限。 ☆分清言论和行为的界限。 只有正确地区别上述界限，才能正确处理此类问题，才能团结朋友、增进友谊，维护国家的主权和尊严。

（二）四种典型情况的处理办法

类别	处理办法
对攻击和诬蔑言论的处理	对于海外游客来说，由于其国家的社会制度与我国的不同，政治观点也会有差异，因此，他们中的一些人可能对中国的方针政策及国情有误解或不理解，在一些问题的看法上产生分歧也是正常现象，可以理解。此时，导游要积极友好地介绍我国的国情，认真地回答游客的问题，阐明我国对某些问题的立场、观点。总之，多做工作，求同存异。 对于个别游客站在敌对的立场进行恶意攻击、蓄意诬蔑挑衅，作为一名中国的导游要严正驳斥，驳斥时要理直气壮、观点鲜明。导游应首先向其阐明自己的观点，指出问题的性质，劝其自制。如其一意孤行，影响面大，或有违法行为，导游应立即向有关部门报告。
对违法行为的处理	对于海外游客的违法行为，首先要分清是由于对我国的法律缺乏了解，还是明知故犯。对前者，应讲清道理，指出错误之处，并根据其违法行为的性质、危害程度，确定是否报有关部门处理。对那些明知故犯者，导游要提出警告，明确指出其行为是中国法律和法规所不允许的，并报告有关部门严肃处理。 中外游客中若有窃取国家机密和经济情报、宣传邪教、组织邪教活动、走私、贩毒、偷窃文物、倒卖金银、套购外汇、贩卖黄色书刊及录音或录像、嫖娼、卖淫等犯罪活动，一旦发现应立即汇报，并配合司法部门查明罪责，严肃处理。

（续表）

类别	处理办法
对散发宗教宣传品行为的处理	游客若在中国散发宗教宣传品，导游一定要予以劝阻，并向其宣传中国的宗教政策，指出不经我国宗教团体邀请和允许，不得在我国布道、主持宗教活动和在非完备活动场合散发宗教宣传品。处理这类事件要注意政策界限和方式方法，但对不听劝告并有明显破坏活动者，应迅速报告，由司法机关或公安有关部门处理。
对违规行为的处理	☆**一般性违规的预防及处理。**在旅游接待中，导游应向游客宣传、介绍、说明旅游活动中涉及的具体规定，防止游客不知而误犯。例如：参观游览中某些地方禁止摄影、禁止进入等，都要事先讲清，并随时提醒。若在导游已讲清并提醒的情况下明知故犯，当事人要按规定受到应有的处罚（由管理部门或司法机关处理）。 ☆**对异性越轨行为的处理。**对于游客中举止不端、行为猥亵的任何表现，都应郑重指出其行为的严重性，令其立即改正。导游遇到此类情况，出于自卫要采取果断措施；情节严重者应及时报告有关部门依法处理。 ☆**对酗酒闹事者的处理。**游客酗酒，导游应先规劝并严肃指明可能造成的严重后果，尽力阻止其饮酒。不听劝告、扰乱社会秩序、侵犯他人、造成物质损失的肇事者必须承担一切后果，甚至法律责任。

第二节　旅游安全事故的预防与处理

旅游安全事故主要有交通事故、治安事故、火灾事故、溺水事故、食物中毒等。

一、交通事故

（一）交通事故的预防

交通事故的预防

- 司机开车时，导游不要与司机聊天，以免分散其注意力
- 日程安排上要留有余地，避免造成司机为抢时间、赶日程而违章超速行驶。不催促司机开快车
- 遇天气不好（有雾、下雪、下雨）、交通拥挤、路况不好的情况，导游要主动提醒司机注意安全，谨慎驾驶
- 如果天气恶劣，地陪对日程安排可适当灵活地加以调整；如遇有道路不安全的情况，可以改变行程。必须把安全放在第一位
- 阻止非本车司机开车。提醒司机在工作期间不要饮酒。如遇司机酒后开车，绝不能迁就，地陪要立即阻止，并向领导汇报，请求改派其他车辆或换司机
- 要提醒司机经常检查车辆，若发现事故隐患，要督促司机及时修理或更换车辆

（二）交通事故的处理及善后

类别	措施
处理	☆**立即组织抢救。**导游应立即组织现场人员迅速抢救受伤的游客，特别是抢救重伤员，进行止血、包扎、上夹板等初步处理。立即打电话叫救护车（120）或拦车将重伤员送往距出事地点最近的医院抢救。 ☆**立即报案，保护好现场。**事故发生后，不要在忙乱中破坏现场，要设法保护现场，并尽快通知交通、公安部门（交通事故报警台电话：122）。如果有两名以上导游在场，可由一个指挥抢救，一个留下保护现场。如果只有一名导游，可请司机或其他熟悉情况的人协助处理，并尽快让游客离开事故车辆，争取尽快派人来现场调查处理。 ☆**迅速向接待社报告。**地陪应迅速向接待社领导和有关人员报告，讲清交通事故的发生和游客伤亡情况，请求派人前来帮助和指挥事故的处理，并要求派车把未伤和轻伤的游客接走送至饭店或继续旅游活动。
善后	☆**做好安抚工作。**事故发生后，交通事故的善后工作将由交运公司和旅行社的领导出面处理。 导游在抢救、安置伤员的同时，要做好其他游客的安抚工作，力争按计划继续进行参观游览活动。待事故原因查清后，请旅行社领导出面向全体游客说明事故原因和处理结果。 ☆**办理善后事宜。**请医院开具诊断和医疗证明书，并请公安局开具交通事故证明书，以便向保险公司索赔。 ☆**撰写书面报告。**交通事故处理结束后，需有关部门出具事故证明、调查结果，导游要立即写出书面报告。 报告内容包括：事故的原因和经过；抢救经过和治疗情况；人员伤亡情况和诊断结果；事故责任及对责任者的处理结果；受伤者及其他游客对处理的反应等。 书面报告力求详细、准确、清楚、实事求是，最好和领队联合报告。

二、治安事故

在旅游活动过程中，遇到坏人行凶、诈骗、偷窃、抢劫，导致游客人身及财物受到不同程度的损害的事故，统称治安事故。

导游在带团时，要注意观察周围的环境，发现异常情况，立即采取措施，尽快把旅游团转移到安全地带。若遇到坏人抢劫或行凶，导游要敢于、善于应战，挺身而出保护游客生命财产安全，绝不能置身事外，更不能临阵脱逃。

（一）治安事故的预防

导游在接待工作中要时刻提高警惕，采取一切有效的措施防止治安事故的发生。

（二）治安事故的处理及善后

导游在陪同旅游团（者）参观游览的过程中，遇到此类治安事件的发生，必须挺身而出，全力保护游客的人身安全，绝不能置身事外，更不能临阵脱逃，发现不正常情况，立即采取行动。

治安事故的预防

- 入住饭店时，建议游客将贵重财物存入饭店保险柜，不要随身携带大量现金或将大量现金放在客房内
- 提醒游客不要将自己的房号随便告诉陌生人；不要让陌生人或自称饭店的维修人员随便进入自己的房间，尤其是夜间绝不可贸然开门；出入房间要锁好房门
- 提醒游客不与私人兑换外币
- 提醒游客下车时要随身携带旅行证件和贵重物品，关好车窗、锁好车门，尽量不要走远
- 在旅游景点活动中，导游要始终和游客在一起，随时注意观察周围的环境，发现可疑的人或在人多拥挤的地方，要提醒游客看管好自己的财物，如：不要在公共场合拿出钱包，最好不买小贩的东西（防止物品被小贩偷去），并随时清点人数
- 汽车行驶途中，不得停车让非本车人员上车、搭车；若遇不明身份者拦车，导游应提醒司机不要停车

类别	措施
处理	☆**全力保护游客**。游客遭歹徒抢劫，导游应做到临危不惧，毫不犹豫地挺身而出，奋力与坏人拼搏，勇敢地保护游客。同时，立即将游客转移到安全地点，力争在群众和公安人员的帮助下缉拿罪犯，追回钱物，但也要防备犯罪分子携带凶器狗急跳墙。所以，切不可鲁莽行事，要以游客的安全为重。 ☆**迅速抢救伤员**。如果有游客受伤，应立即组织抢救，或送伤者去医院。 ☆**立即报警求助**。治安事故发生后，导游应立即向公安局报警（110），如果罪犯已逃脱，导游要积极协助公安局破案。要把案件发生的时间、地点、经过、作案人的特征，以及受害人的姓名、性别、国籍、伤势及损失物品的名称、数量、型号、特征等向公安部门报告清楚。
善后	☆**及时报告**。导游在向公安部门报警的同时要向接待社领导及有关人员报告。如情况严重，请求领导前来指挥处理。 ☆**安抚游客**。治安事件发生后，导游要采取必要措施稳定游客情绪，尽力使旅游活动继续进行下去。并在领导的指挥下，准备好必要的证明、资料，处理好受害者的补偿、索赔等各项善后事宜。 ☆**写出报告**。事后，导游要按照有关要求写出详细、准确的书面报告，包括案件的整个经过以及案件的性质、采取的应急措施和受害者及其他游客的反映等。

三、火灾事故

饭店、景点、娱乐购物等场所发生火灾，会威胁到游客的生命和财产安全。导游平常就应熟悉饭店或游客常去场所的防火措施，了解安全出口、安全门、安全楼梯的位置，学习好火灾避难和救护的基本常识，才可能遇事不慌、妥善处理。

（一）火灾事故的预防

措施	具体说明
做好提醒工作	提醒游客不要携带易燃、易爆物品，不乱扔烟头和火种，不躺在床上吸烟。向游客讲清：在托运行李时应按运输部门有关规定去做，不得将不准作为托运行李运输的物品夹带在行李中。只有这样，才能尽可能地减少火灾。
熟悉饭店的安全出口和转移线路	导游带领游客住进饭店后，在介绍饭店内的服务设施时，必须介绍饭店楼层的太平门、安全出口、安全楼梯的位置，并提醒游客进入房间后，看懂房门上贴的安全转移线路示意图，掌握一旦失火时应走的线路。
牢记火警电话	导游一定要牢记火警电话（119）；掌握领队和全体游客的房间号码。一旦火情发生，能及时通知游客。

（二）火灾事故的处理及善后

类别	措施
处理	万一发生了火灾，导游应：首先报警；其次，迅速通知领队及全团游客；再次，配合工作人员，听从统一指挥，迅速通过安全出口疏散游客；最后，判断火情，引导游客自救。如果情况危急，不能马上离开火灾现场或被困，导游应采取正确的做法： ☆千万不能让游客搭乘电梯或慌乱跳楼，尤其是在三层以上的游客，切记不要跳楼。 ☆应迅速戴上防烟面具，或用湿巾捂住口鼻，以防中毒、窒息。 ☆必须穿过浓烟时，可用水将全身浇湿或披上用水浸湿的衣被，捂住口鼻，贴近地面蹲行或爬行。 ☆若身上着火了，可就地打滚，将火苗压灭，或用厚重衣物压灭火苗。 ☆大火封门无法逃脱时，可用浸湿的衣物、被褥将门封堵塞严，或泼水降温，等待救援。 ☆当见到消防队来灭火时，可以摇动色彩鲜艳的衣物为信号，寻求救援。
善后	游客得救后，导游应立即组织抢救受伤者；若有重伤者应迅速送往医院，有人死亡，按有关规定处理；采取各种措施安抚游客的情绪，解决因火灾造成的生活方面的困难，设法使旅游活动继续进行；协助领导处理好善后事宜；写出翔实的书面报告。

四、溺水事故

溺水又称淹溺，是指人淹没于水中，由于水吸入肺内（湿淹溺90%）或喉痉挛（干淹溺10%）导致窒息。

类别	措施
预防	☆劝阻游客独自在河边、海边玩耍。 ☆劝阻游客，请他们不要前往非游泳区游泳。

（续表）

类别	措施
	☆劝阻不会游泳者，使其不要游到深水区，即使带着救生圈也不安全。 ☆提醒游客在游泳前要做适当的准备活动，以防抽筋。
溺水时的自救方法	☆不要慌张，发现周围有人时立即呼救。 ☆放松全身，让身体漂浮在水面上，将头部浮出水面，用脚踢水，防止体力丧失，等待救援。 ☆身体下沉时，可将手掌向下压。 ☆如果在水中突然抽筋，又无法靠岸时，立即求救。如果周围无人，可深吸一口气潜入水中，伸直抽筋的那条腿，用手将脚趾向上扳，以缓解抽筋。
发现有人溺水时的救护方法	☆可将救生圈、竹竿、木板等物抛给溺水者，再将其拖至岸边。 ☆若没有救护器材，可入水直接救护。接近溺水者时要转动他的髋部，使其背向自己然后拖运。拖运时通常采用侧泳或仰泳拖运法。 ☆特别强调：未成年人发现有人溺水，不能贸然下水营救，应立即大声呼救，或利用救生器材施救，救人也要在自己能力范围之内。
岸上急救溺水者方法	☆迅速清除溺水者口、鼻中的污泥、杂草及分泌物，保持呼吸道通畅，并拉出舌头，以避免堵塞呼吸道。 ☆将溺水者举起，使其俯卧在救护者肩上，腹部紧贴救护者肩部，头脚下垂，以使溺水者呼吸道内积水自然流出。 ☆进行口对口人工呼吸及心脏按压。 ☆尽快联系急救中心或送去医院。

五、食物中毒

游客因食用变质或不干净的食物常会发生食物中毒。其特点是：潜伏期短，发病快，且常集体发病，若抢救不及时会有生命危险。

（一）食物中毒的预防

食物中毒的预防

- 应安排游客去卫生有保障的旅游餐厅就餐
- 提醒游客不要在小摊上购买食物
- 如用餐时发现食物、饮料不卫生或有异味变质，应立即要求更换，并要求餐厅负责人出面道歉，必要时向旅行社领导汇报

（二）食物中毒的处理

一旦发现游客出现上吐下泻、腹痛等食物中毒症状，导游应立即让游客停止食用可疑食物，同时拨打120。在急救车到来之前，可采取以下自救措施。

措施	具体说明
催吐	对中毒不久而无明显呕吐者，可以饮用5000～8000毫升的温清水，饮用后立即实行扣喉的催吐方法。 催吐时要尽量避免逆行性呛咳，且要尽量避免误吸；要尽量多催吐几次，使胃肠道内的呕吐物排出时呈无色无味澄清状，以减少毒素的吸收。经大量温水催吐后，呕吐物已变为较澄清液体时，可适量饮用牛奶以保护胃黏膜。如在呕吐物中发现血性液体，则提示可能出现了消化道或咽部出血，应暂时停止催吐。
导泻	发生中毒后，如果游客进食时间已经超过2小时，但精神状态较好，此时可以选择服用泻药的导泻方法，促使受污染的食物尽快排出体外。泻药的种类和用量要根据患者的年龄不同而有所区别。
保留食物样本	确定中毒物质对于治疗来说至关重要，在发生食物中毒后，要保留导致中毒的食物样本，以提供给医院进行检测。如果身边没有食物样本，也可保留患者的呕吐物和排泄物，以方便医生确诊和救治。
报告并追究责任	处理事故的同时也应及时将情况报告旅行社，并追究餐厅的责任。

第三节　重大自然灾害的避险方法

一、地震

地震灾害最有可能造成惨重的人员伤亡和巨大的财产损失，引发的次生灾害也比其他灾害严重，甚至危害旅游业的发展。

地震虽然具有不可抗拒性，但是依然可以通过一些措施来减少损害。

类别	措施
现场自救	☆室内避险：应就地躲避，躲在桌、床等结实的家具下；尽量躲在窄小的空间内，如卫生间、厨房或内墙角；可能时，在两次震动之间迅速撤至室外。 ☆室外避险：切忌乱跑乱挤，不要扎堆，应避开人多的地方；远离高大建筑物、窄小胡同、高压线；注意保护头部，防止砸伤。 在游览时遇到地震，导游应迅速引导游客撤离建筑物、假山，集中在空旷开阔地域。
遭灾者的自救	地震时被埋压在废墟下、但神志还清醒的幸存者，至关重要的是不能在精神上发生崩溃，对生存获救要有信心，争取创造条件脱离险境或保存体力等待救援。例如，若能挣脱开手脚，应立即捂住口鼻，以隔挡呛人的灰尘，避免窒息；设法保存体力，不要乱喊，听到外面有人时再呼救；若能找到水和食物，要计划使用，尽可能长地维持生命。

二、洪水

洪水是形成洪灾的直接原因，洪灾是世界上最严重的自然灾害，一般多发生于夏季。我国的洪水灾害相当频繁，导游人员在带领游客到山地、河湖游览时，若遇暴雨或前一天下了暴雨，要特别注意洪灾的发生。

面对洪水灾害，导游应做好以下预防及应对措施。

（一）洪水灾害的预防

（1）导游应在出发前收听气象台的天气预报，尤其是汛期的天气预报。当听到气象台发出的红色预警（3小时内降水量将达100毫米以上，或者已达100毫米以上且降雨可能持续）或橙色预警（3小时内降水量将达50毫米以上，或者已达50毫米以上且降雨可能持续）时，应对计划的山区、河湖或低洼地区的游览采取相应的措施，如可同游客协商并征求其同意，适当调整旅游项目。

（2）为应对在野外游览时突然遭遇到洪水的侵袭，导游平时应学习一些应对洪水的自救和救援知识。

（二）洪水灾害的应对

类别	措施
洪水来临时的自救措施	☆不要去危险地带，如电线杆和高压线塔周围，危房及危房周围，危墙及高墙旁，河床、水库、沟渠与涵洞边，化工厂及储藏危险物品的仓库等。 ☆带领游客迅速离开低洼地带，选择有利地形，将游客转移至地势较高的地方以躲避洪水。
被洪水围困时的自救措施	☆若躲避转移没有及时完成，导游应带领游客选择较安全的位置等待救援，并用自身备有的通信器具，不断地向外界发出求救信号，以求及早得到解救。 ☆设法稳定游客的情绪，若离开原地要采取集体行动，不要让游客单独离开，以免因情况不明而陷入绝境。 ☆利用手机迅速报警，将游客受洪水围困的地点、人数和所处的险情逐一报告清楚，请他们迅速组织人员前来救援。

三、泥石流

泥石流多发生于山区，在我国的大多数山区都时有发生，在西南山区尤为严重，每年雨季都有泥石流、滑坡等自然灾害发生。发生泥石流的主要原因是暴雨集中、山高、坡陡和植被稀疏等。

遇到泥石流，导游要镇定地引导游客逃生。

泥石流逃生

- **泥石流发生时，**不能在沟底停留，应迅速向山坡坚固的高地或连片的石坡撤离，抛掉一切重物，跑得越快越好，爬得越高越好
- 切勿与泥石流同向奔跑，而要向与泥石流流向垂直的方向逃生
- **到了安全地带，游客应集中在一起等待救援**

四、台风

旅游团若遇强大风暴，尤其遇到龙卷风时，要采取自我保护措施。

（1）若在室内，最好躲在地下室、半地下室或坚固房屋的小房间内，避开重物；不能

躲在野外小木屋、破旧房屋和帐篷里。

（2）若被困在普通建筑物内，应立即紧闭临风方向的门窗，打开另一侧的门窗。

（3）若被飓风困在野外，不要在狂风中奔跑，而应平躺在沟渠或低洼处，但要避免水淹。

（4）旅游团在旅游车中时，司机应立即停车，导游要组织游客尽快撤离，躲到远离汽车的低洼地或紧贴地面平躺，并注意保护头部。

五、海啸

海啸是一种灾难性的海浪，通常由震源在海底下50公里以内、里氏震级6.5以上的海底地震引起。

（一）海啸逃生措施

（1）如果导游感觉到较强的震动，不要靠近海边、江河的入海口。如果听到有关附近地震的报告，要做好防范海啸的准备，注意电视和广播新闻。要记住，海啸有时会在地震发生几小时后到达离震源上千公里远的地方。

（2）如果发现潮汐突然反常涨落，海平面明显下降或者有巨浪袭来的现象，导游应组织游客以最快速度撤离岸边。

（3）海啸前海水异常退去时往往会把鱼虾等许多海生动物留在浅滩，场面蔚为壮观。此时千万不要前去捡拾鱼虾或看热闹，应当带领游客迅速离开海岸，向内陆高处转移。

（4）发生海啸时，航行在海上的船只不可以回港或靠岸，应该马上驶向深海区，深海区相对于海岸更为安全。

（二）自救与互救措施

（1）如果海啸来临时不幸落水，要尽量抓住木板等漂浮物，并注意避免与其他硬物碰撞。

（2）在水中不要举手，也不要乱挣扎，尽量减少动作，能浮在水面随波漂流即可。这样既可以避免下沉，又能够减少体能的无谓消耗。

（3）如果海水温度偏低，不要脱衣服。

（4）尽量不要游泳，以防体内热量过快散失。

（5）不要喝海水。海水不仅不能解渴，反而会让人出现幻觉，导致精神失常甚至死亡。

（6）尽可能向其他落水者靠拢，这样既便于相互帮助和鼓励，又可因目标扩大更容易被救援人员发现。

（7）人在海水中长时间浸泡，热量散失会造成体温下降。溺水者被救上岸后，最好能进入温水里恢复体温，没有条件时也应尽量裹上被、毯、大衣等保温衣物。注意不要采取局部加温或按摩的办法，更不能给落水者饮酒，饮酒只能使热量更快散失。

（8）如果落水者受伤，应采取止血、包扎、固定等急救措施，重伤员应及时送医院救治。

（9）要记住及时清除落水者鼻腔、口腔和腹内的吸入物。具体方法是：将落水者的肚子放在你的大腿上，从后背按压，让海水等吸入物流出。如心跳、呼吸停止，则应立即交替进行口对口人工呼吸和心脏按压。

易错考题小试牛刀

1.（判断题）在饭店遇到火灾时，游客需穿过有浓烟的楼层走廊，导游人员可让游客用浸湿的衣物披裹身体，快速跑过走廊。（　）

2.（判断题）如果导游和旅游者宿住在帐篷里，遇到台风时要迅速转移到坚固的房屋中避风，同时紧闭临风方向的门窗，打开另一侧的门窗。（　）

3.（判断题）发生海啸时，航行在海上的船只应该马上驶向海港或靠岸。（　）

4.（单选题）为了预防漏接事故，导游人员应保证按规定提前（　）到达接站地点。

A.40分钟　　B.30分钟

C.20分钟　　D.10分钟

5.（单选题）发生交通事故后，导游人员应首先（　）。

A.向旅行社汇报　　B.做好全团旅游者的安抚工作

C.保护现场并报案　　D.组织抢救伤员

6.（单选题）一旦发生误机事故，导游人员首先应立即（　）。

A.与机场联系　　B.报告旅行社

C.稳定游客情绪　　D.通知下一站

7.（多选题）食物中毒的特点有（　）。

A.潜伏期长　　B.发病慢　　C.潜伏期短　　D.发病快　　E.必定集体发病

8.（多选题）导游员对旅游者走失的预防措施包括（　）。

A.地陪要主动负责做好旅游团的断后工作

B.做好提醒和预报工作

C.时刻和旅游者在一起，经常清点人数

D.以高超的导游技巧和精彩的讲解来吸引旅游者

E.地陪、全陪和领队密切配合

9.（多选题）一旅游团因特殊原因在某市多逗留了半天时间，这种情况下，全陪和地陪应（　　）。

A.调整活动日程　　B.报告组团社　　C.通知下一站接待社

D.互相商量妥善解决，尽量不惊动旅行社　　E.安排游客自由活动

10.（多选题）对于游客的证件，导游人员应（　　）。

A.需要时由领队收取

B.用毕立即如数归还

C.不要代为保管证件

D.提醒游客保管好证件

E.为避免游客丢失，代为保管

【答案】1. 错　2. 对　3. 错　4.B　5.D　6.B　7.CD　8.BCDE　9.ABC　10.ABCD

第五篇　相关知识

第十三章
入出境知识

【考试大纲】

- **熟悉**：中国海关有关入出境物品的规定。
- **掌握**：游客入出境应持有的证件和需要办理的手续。

【历年分值】

年份	判断（题）	单选（题）	多选（题）	分值（分）	分值占比（%）
2018	1	2	1	2.5	5
2019	2	1	1	2.5	5.1
2020	1	4	1	3.5	7.29
2023	2	5	1	4.5	9.57

第一节　入出境应持有的证件

入出境有效证件指各国政府为其公民颁发的出国证件，其种类很多，不同类型的人员使用的有效证件名称也不同（如下表），绝大多数外国游客和中国公民使用的是护照以及前往国在护照中签注和盖印的签证。

人员类型	证件名称
国际航班机组人员	执照
国际海员	海员证
邻国边民	边民证
华侨	旅行证
港澳同胞	港澳居民来往内地通行证
台湾同胞	台湾居民来往大陆通行证

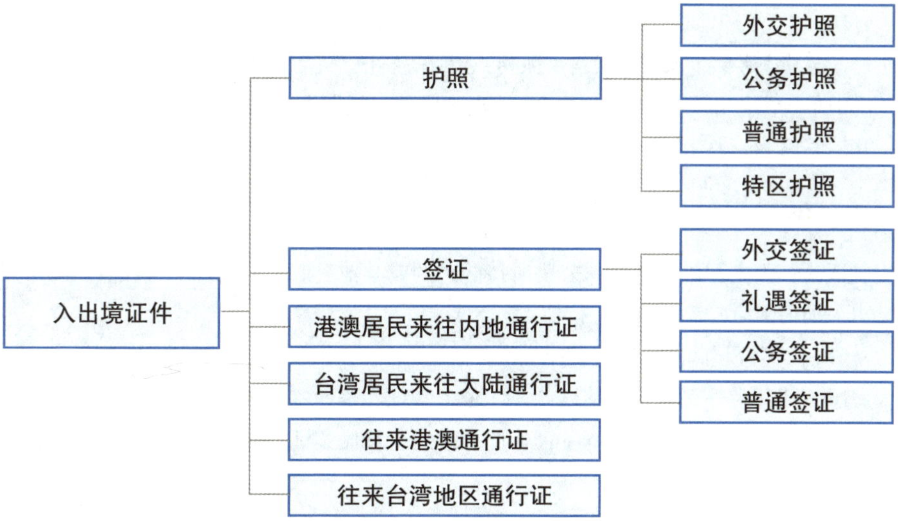

一、护照

中华人民共和国护照是中华人民共和国公民出入国境和在国外证明国籍和身份的证件。中华人民共和国护照分为外交护照、公务护照、普通护照和特区护照。公务护照又分为公务护照和公务普通护照。特区护照分为香港特别行政区护照和澳门特别行政区护照。外交护照、公务护照和公务普通护照统称为“因公护照”，普通护照俗称“因私护照”。

护照类型	颁发部门	说明
外交护照	外交部	发给中国党、政、军高级官员，全国人民代表大会、中国人民政治协商会议和各民主党派的主要领导人，外交官员、领事官员及其随行配偶、未成年子女和外交信使等。
公务护照	外交部；中华人民共和国驻外使馆、领馆或者外交部委托的其他驻外机构；外交部委托的省、自治区、直辖市和设区的市人民政府外事部门	发给政府一般官员，包括驻外使领馆工作人员以及因公派往国外执行文化、经济等任务的人员，其签发机构为外事部门。
公务普通护照		发给中国各级政府部门县处级副职以下公务员和国有企事业单位因公出国人员等。
普通护照	公安部或者公安部委托的地方公安机关，以及驻外使领馆和驻香港、澳门公署	发给前往国外定居、探亲、学习、就业、旅行、从事商务活动等非公务原因出国的中国公民。
香港特别行政区护照	香港特别行政区入境事务处	发给享有香港特别行政区居留权及持有有效香港永久居民身份证的中国公民。 海外符合条件者可向我使、领馆提出申请。
澳门特别行政区护照	澳门特别行政区身份证明局	发给澳门特别行政区的永久性居民中的中国公民和持有澳门特别行政区永久居民身份证者。

自2012年5月15日起，公安机关统一签发电子普通护照，在传统本式普通护照中嵌入电子芯片，芯片中存储个人基本资料、面相、指纹等特征，电子护照有效期与普通护照相同。

《中华人民共和国护照法》规定，普通护照的有效期为：护照持有人未满16周岁的为5年，16周岁以上的为10年。

二、签证

签证是一国主管机关在外国公民所持的护照或其他有效出入证件上签注、盖印，表示准其出入本国国境或者过境的手续。

（一）签证的种类与办理

我国签证分为外交签证、礼遇签证、公务签证、普通签证四种，还可分为入境签证、入出境签证、出入境签证和过境签证。此外，还有移民签证、非移民签证、另纸签证、口岸签证和ADS签证。

签证类型	说明
另纸签证	签注在护照以外的一张纸上，与签在护照内的签注作用相同，但须和护照同时使用。
口岸签证	指在前往国的入境口岸办理的签证。
ADS签证	指仅限于在被批准的旅游目的地国家一地旅游的签证，它在旅游目的地国家境内既不可转签，也不可延期，持此种签证的人必须团进团出。

旅游签证属于普通签证，在中国为L字签证（发给因工作、学习、探亲、旅游、开展商务活动、人才引进等非外交、公务事由入境的外国人）。签证上规定持证者在中国停留的起止日期。10人及以上的旅游团可发放团体签证。团体签证一式三份，签发机关留一份，来华旅游团持两份，一份用于入境，另一份供出境使用。签证的有效期限不等，获签证者必须在有效期内进入中国境内，超过期限签证不再有效。持L字签证的外国人必须从中国指定的口岸入境，向边防检查机关缴验有效护照和中国的签证、填写入境卡，经过边防检查机关查验核准加盖入境验讫章；入境后，不得在中国从事就业、宗教宣传、非法采访活动。希望进入中国境内的外国人必须持有效护照（必要时提供有关证明）向中国的外交代表机关、领事机关或者外交部授权的其他驻外机关申请办理签证。

在特定情况下，确实来不及到上述机关办理签证手续者，可向公安部授权的口岸签证机关申请办理签证。中国公安部授权最早设立的口岸签证机关分别位于：北京、上海、天津、大连、福州、厦门、西安、桂林、杭州、昆明、广州（白云机场）、深圳（罗湖、蛇口）、珠海（拱北）、重庆、海口、三亚、济南、青岛、烟台、威海、成都和南京。

（二）免办签证的六种情况文字丢失。

1.国家间签订了互免签证协议

截至2023年10月27日，中华人民共和国与153个国家缔结互免签证协定。各国有关入境法规政策可能动态调整，所提供信息仅供参考，实时政策详见中国领事服务网。

截至2023年12月7日，单方面允许中国公民免签入境国家和地区26个，单方面允许中国公民办理落地签证国家和地区44个。（注：政策实时更新）

政策类型	国家（地区）
单方面允许中国公民免签入境国家和地区名单（26个）	☆亚洲（8个）：阿曼、韩国（济州岛30天免签、青少年修学旅行团体免签）、乌兹别克斯坦（经国际机场可持10日内回国或赴第三国机票免签入境，经陆路口岸可持10日内乌国家航空公司离境机票免签入境）、伊朗、越南（2020年7月起，外国人前往越南富国岛出入境及居留不超过30日可免办签证）、格鲁吉亚（2023年9月11日起，仅对以旅游为目的的中国公民施行免签30天便利）、泰国（2023年9月25日—2024年2月28日30天免签）、马来西亚（2023年12月1日—2024年12月31日）。 ☆非洲（8个）：加蓬、摩洛哥、莫桑比克、突尼斯（适用于自中国境内或境外入境突尼斯的中国个人或团体游客）、赞比亚、法属留尼汪（需持有资质的旅行社签发的免签券）、安哥拉（短期来安旅游含短期商务访问的中国公民可免签多次入境）、贝宁。 ☆美洲（5个）：安提瓜和巴布达、海地、圣基茨和尼维斯、圣卢西亚、牙买加（以旅游目的来牙且停留不超过30日，可免签）。 ☆大洋洲（5个）：密克罗尼西亚联邦、纽埃、萨摩亚（需有返程或前往第三国机票，前往第三国的签证等）、法属波利尼西亚（需持有资质的旅行社签发的免签券）、基里巴斯。

（续表）

政策类型	国家（地区）
单方面允许中国公民办理落地签证国家和地区名单（44个）	☆亚洲（19个）：阿曼、阿塞拜疆、巴林、东帝汶、柬埔寨、老挝、黎巴嫩（护照上无以色列签证或出入境记录）、马来西亚（仅限从新加坡、泰国、印尼或文莱入境马来西亚的中国籍旅客）、孟加拉国（限公务旅行、商务投资、旅游目的）、尼泊尔、沙特阿拉伯、泰国、土库曼斯坦（邀请人需事先在土移民局办理落地签手续）、文莱、叙利亚、伊拉克、印度尼西亚、约旦、越南。 ☆非洲（18个）：埃及、安哥拉、博茨瓦纳、布隆迪、赤道几内亚、佛得角、吉布提、津巴布韦、科摩罗、卢旺达、马达加斯加、毛里塔尼亚、尼日利亚、塞拉利昂、圣多美和普林西比、索马里、坦桑尼亚、突尼斯。 ☆欧洲（1个）：塞浦路斯（仅限紧急人道主义状况下申办，如突然去世者的近亲属等）。 ☆美洲（3个）：萨尔瓦多（需持有指定国家有效签证）、牙买加（普通护照持有人以工作、经商目的来牙，或来牙旅游超过30日，提前经牙移民局审核通过，可办理落地签）、玻利维亚。 ☆大洋洲（3个）：库克、帕劳、瓦努阿图。

注：免签入境并不等于可无限期在协定国停留或居住，根据协定要求，持有关护照免签入境后，一般只允许停留不超过30日。落地签并非直接持护照到达目的地即可获得签证。无论哪个国家，都要求游客持有往返机票或前往第三国的机票和正确的旅行证件才能办理落地签。

2.过境免签

免签类型	国家（地区）
24小时口岸过境免签	过去我国对持有联程客票搭乘国际航行的航空器、船舶、列车，从中国过境前往第三国或者地区的游客，准许在部分城市的机场停留不超过24小时，但不得离开该口岸。
72/144小时口岸过境免签	截至2023年11月17日，中国长沙、哈尔滨、桂林等3个城市实施72小时过境免签政策，北京、天津、石家庄、秦皇岛、上海、南京、杭州、宁波、广州、深圳、揭阳、沈阳、大连、青岛、重庆、成都、西安、厦门、武汉、昆明等20个城市实施144小时过境免签政策。54国公民凭有效国际旅行证件和限定时间内确定日期及座位的联程客票过境上述城市前往第三国（地区），可免办签证在规定区域内停留不超过72小时或144小时，停留期间，可从事旅游和临时商务访问等短期活动。

3.持与中国建交国家的普通护照已在香港、澳门的外国人，经在香港、澳门合法注册的旅行社组团可进入广东珠江三角洲地区（指广州、深圳、珠海、佛山、东莞、中山、江门、肇庆、惠州市所辖行政区）旅游，且停留不超过6天。

4.经国务院批准，海南省自2018年5月1日起，对59国人员的入境旅游实施免签政策，其停留时间不超过30天。

5.新加坡、文莱、日本三国持普通护照的公民，前来中国内地旅游、经商、探亲访友或过境不超过15天者，从中国对外国人开放口岸入境时可免办签证。

6.东盟10国的旅游团可免办签证在桂林市行政区停留不超过6天。

三、港澳居民来往内地通行证（回乡证）

港澳居民来往内地通行证是港澳同胞来往于中国香港、中国澳门与内地之间的证件，由广东省公安厅签发，于1999年1月15日启用，它的前身是港澳同胞回乡证。新版港澳居民来往内地通行证于2013年1月2日起启用，签发机关为“公安部出入境管理局”，仍由公安部委托广东省公安厅审批，委托香港中旅集团、澳门中国旅行社分别受理香港、澳门居民的申请。

有效期：年满18周岁的为10年有效，未满18周岁的为5年有效。

四、台湾居民来往大陆通行证（台胞证）

台湾居民来往大陆通行证简称“台胞证”，是中国政府发给台湾人民来往大陆地区观光、商务、探视的身份证明书。目前，台湾居民前往大陆时，仍需持“中华民国”护照出关，至大陆边检时，再以台胞证入境。台湾居民来往大陆通行证分为5年有效和3个月一次有效两种。台湾居民在台湾地区、港澳地区和大陆均可申领台胞证。2015年9月21日起，在大陆的台湾居民可向县级以上公安机关出入境管理部门申请补发、换发5年有效电子台胞证，包括持一次有效台胞证入境的台湾居民。台湾居民凭有效台胞证来往大陆无需办理签注。仍然有效的本式台胞证可以继续使用，持证人也可申请换发电子台胞证。

五、往来港澳通行证

港澳通行证全称为“中华人民共和国往来港澳通行证”，是内地居民往来港澳地区的唯一合法的旅游证件，由居民所在地公安局出入境管理部门颁发。往来港澳通行证的有效期分为5年和10年两种。有效期为5年的往来港澳通行证发给申请时未满16周岁的申请人，有效期为10年的往来港澳通行证发给申请时16周岁（含）以上的申请人。

自2009年4月1日始，深圳居民可办理一年内多次往返港澳的通行证件；自2018年9月1日始，内地居民可在全国范围内任一公安机关出入境管理机构申请办理“往来港澳通行证”。

六、往来台湾地区通行证

往来台湾地区通行证全称为“大陆居民往来台湾地区通行证”，是大陆居民往来台湾地区唯一合法的旅行证件，由中华人民共和国政府授权中国公安机关颁发。此外，赴台旅游者还必须在户口所在地公安局出入境管理处办理“入台观光证”。赴台旅游时一定要手持双证，否则会遭到遣返。

第二节　入出境应办理的手续

一、入出境检查手续

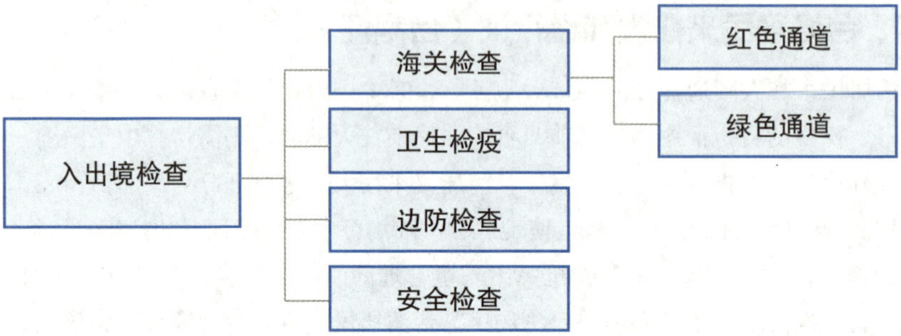

检查类型	说明
海关检查	海关检查一般询问是否有需要申报的物品，或填写旅客携带物品进出境申报单，必要时海关有权开箱检查所携带物品。旅客行李申报单须在出境前填写，一式两份，详细列明携带出境的旅途自用的手表、照相机等物品的数量、牌名、规格、新旧程度。海关在入境游客申报单上加上“△”记号的必须复带出境。各国对入出境物品的管理有各自不同的具体规定。一般烟、酒等物品按限额放行。文物、武器、毒品、动植物等为违禁品，非经特许不得入出国境。对于海关加封的行李物品，不要擅自拆开或者损毁海关施加的封志。
	海关通道分为“红色通道”和“绿色通道”两种。不明海关规定或不知如何选择通道的旅客，应选择红色通道通关。 ☆**红色通道**。红色通道也称“应税通道”。旅游团到达出境地点，首先办理海关手续，如有物品申报，要认真填写《中华人民共和国海关进/出境旅客行李物品申报单》，走红色通道，办理海关手续，经海关查验后放行。申报单应妥善保管，不得涂改，不得遗失。 ☆**绿色通道**。绿色通道亦称“免税通道”或“无申报通道”。携带无须向海关申报物品的游客和持有外交签证或礼遇签证的人员，可选择“绿色通道”通关，但需向海关出示本人证件和按规定填写申报单据。
卫生检疫	为了防止传染病由国外传入或由国内传出，保护人身健康，根据国际惯例及习惯法，各国都制定了《国境卫生检疫法》，要求入境者如实填写健康申明卡，来自疫区的人员还必须出示有效的有关疾病预防接种证明（俗称“黄皮书”），无证者卫生检疫机关可对其施以6日的强制留验。如遇传染病患者隐瞒不报，则按逃避检疫论处，可禁止入境或责令其提前离境。

（续表）

检查类型	说明
边防检查	我国入出境边防检查由公安部负责。边防检查是指对进出国境人员的护照、证件、签证、入出境登记卡、入出境人员携带的行李物品和财物、交通运输工具及其运载的货物等的检查和监护，以及对出入国境上下交通运输工具人员的管理和违反规章行为的处理等。边防检查是为了保卫国家的主权和安全，而对出入国境的人员等进行的检查。 边防检查的内容包括：护照、证件、签证、入出境登记卡、行李物品、交通运输工具等的检查。
安全检查	☆安全检查是入出境人员必须履行的检查手续，是保障旅客人身安全的重要预防措施。安全检查事关旅客人身安全，所以旅客都必须无一例外地经过检查后，才能允许登机，也就是说，安全检查不存在任何特殊的免检对象。所有外交人员、政府官员和普通旅客，不分男女、国籍和等级，都必须经过安全检查。 ☆安全检查的内容主要是检查旅客及其行李物品中是否携带枪支、弹药以及易爆、腐蚀、有毒放射性等危险物品，以确保航空器及乘客的安全。安全检查必须在旅客登机前进行，拒绝检查者不准登机，损失自负。中国海关和边防站，为保证游客生命和财产安全，禁止携带武器、凶器、爆炸物品。采用通过安全门使用磁性探测检查、红外线透视、搜身、开箱检查等，对游客进行安全检查。 ☆安全检查的环节主要有：托运行李物品检查、旅客证件检查、手提行李物品检查和旅客身体检查。根据2017年1月1日实施的《民用航空安全检查规则》，携带贵重物品、植入心脏起搏器或身患残疾等情况的旅客可要求在非公开场所进行安检。该规则还规定，旅客若有“对民航安检工作现场及民航安检工作进行拍照、摄像，经民航安检机构警示拒不改正的”“故意散播虚假非法干扰信息的”“在行李物品中隐匿携带民航禁止运输、限制运输物品的”等行为，将会被移交公安机关处理。旅客若逃避安全检查，殴打辱骂民航安检员或者其他妨碍民航安检工作正常开展，扰乱民航安检工作现场秩序的行为，也将移交公安机关处理。

二、不准入出境的规定

（一）外国人不准入境情形

（1）未持有效出境、入境证件或者拒绝、逃避接受边防检查的。

（2）被处驱逐出境或者被决定遣送出境，未满不准入境规定年限的。

（3）患有严重精神障碍、传染性肺结核病或者有可能对公共卫生造成重大危害的其他传染病的。

（4）可能危害中国国家安全和利益、破坏社会公共秩序或者从事其他违法犯罪活动的。

（5）在申请签证过程中弄虚作假或者不能保障在中国境内期间所需费用的。

（6）入境后可能从事与签证种类不符的活动的。

（7）法律、行政法规规定不准入境的其他情形。

对不准入境的，入出境边防检查机关可以不说明理由。对未被准许入境的外国人，入出境边防检查机关应当责令其返回；对拒不返回的，强制其返回。外国人等待返回期间，不得离开限定的区域。

（二）中国公民、外国人不准出境情形

类别	说明
中国公民不准出境情形	☆未持有效出境入境证件或者拒绝、逃避接受边防检查的。 ☆被判处刑罚尚未执行完毕或者属于刑事案件被告人、犯罪嫌疑人的。 ☆有未了结的民事案件，人民法院决定不准出境的。 ☆因妨害国（边）境管理受到刑事处罚或者因非法出境、非法居留、非法就业被其他国家或者地区遣返，未满不准出境规定年限的。 ☆可能危害国家安全和利益，国务院有关主管部门决定不准出境的。 ☆法律、行政法规规定不准出境的其他情形。
外国人不准出境情形	☆被判处刑罚尚未执行完毕或者属于刑事案件被告人、犯罪嫌疑人的，但是按照中国与外国签订的有关协议，移管被判刑人的除外。 ☆有未了结的民事案件，人民法院决定不准出境的。 ☆拖欠劳动者的劳动报酬，经国务院有关部门或者省、自治区、直辖市人民政府决定不准出境的。 ☆法律、行政法规规定不准出境的其他情形。

第三节　中国海关有关入出境物品的规定

一、烟酒

游客类别	免税烟草制品限量	酒精饮料限量
来往我国港、澳地区的游客（包括港、澳游客和内地因私前往港、澳地区探亲和旅游等游客）	香烟200支或雪茄50支或烟丝250克	免税12度以上酒1瓶（不超过0.75升）
当天往返或短期内多次来往港、澳地区的游客	香烟40支或雪茄5支或烟丝40克	不准免税带进酒
其他入境游客	香烟400支或雪茄100支或烟丝500克	免税12度以上酒2瓶（不超过1.5升）

不满16周岁者，禁止携带烟酒。

二、旅行自用物品

非居民游客及持有前往国家或地区再入境签证的居民游客携带旅行自用物品照相机、便携式收录音机、小型摄像机、手提式摄像机、手提式文字处理机每种一件。超出范围的或单价超过5000元人民币的物品，需向海关如实申报，并办理有关手续。经海关放行的旅行自用物品，游客应在回程时复带出境。游客在海外购买的音像制品（如录音带、录像带、唱片、电影片、VCD光盘等）和印刷品（如书报、刊物、图画等）也必须向海关申报和交验。若藏匿不报，海关将按规定处理。

三、金银

根据《中华人民共和国金银管理条例》（2011修订），入境旅客携带金银入境，数量不受限制，但必须向入境地海关申报，由海关登记。携带或者复带金银出境，海关凭中国人民银行出具的证明或者原入境时申报单登记的数量查验放行，不能提供证明的或者超过原入境时申报登记数量的，不许出境。

携带在中华人民共和国境内购买的金银饰品（包括镶嵌饰品、工艺品、器皿等）出境，海关凭国内经营金银制品的单位开具的特种发货票（由中国人民银行统一印制，各地分行分发）查验放行。无凭据的，不许出境。

居住在中华人民共和国境内的中国人、外国侨民和无国籍人出境定居，每人携带金银的限额为：黄金饰品1市两（31.25克），白银饰品10市两（312.50克），银质器皿20市两（625克）。经海关查验符合规定限额的，予以放行。

四、人民币

游客携带人民币现钞进出境，限额20000元。超出限额的禁止出境。

五、外汇

非居民旅客携带外币、旅行支票、信用证等入境，数量不受限制。非居民旅客携带5000美元或等值其他外币入境，必须向海关如实申报；复带出境时，海关凭本次入境申报的数额核放。游客携带外币现钞数额不超过等值5000美元（含5000美元）出境的，海关准予放行；游客携带折合5000美元以上至10000美元（含10000美元）外汇现钞出境的，应向银行申领“携带外汇出境许可证”，海关凭加盖银行印章的“携带外汇出境许可证”放行；游客携带等值10000美元以上外汇现钞出境的，应当向存款或购汇银行所在地国家外汇管理局各分支局申领 “携带外汇出境许可证”，海关凭加盖银行印章的“携带外汇出境许可证”放行。

六、文物

文物是人类在社会活动中遗留下来的具有历史、艺术、科学价值的遗物和遗迹。中国政府禁止出境珍贵文物及其他禁止出境的文物见下表。

文物类型	说明
珍贵文物	指国家馆藏一级、二级、三级文物。
其他禁止出境的文物	指有损国家荣誉、有碍民族团结的文物；有可能引起不良社会影响的文物，不论年限，一律禁止出境。 在1949年以前（含1949年）生产、制作的具有一定历史、艺术、科学价值的文物，原则上禁止出境；其中，1911年以前（含1911年）生产、制作的文物一律禁止出境。另外，1966 年以前（含1966年）生产、制作的有代表性的少数民族文物禁止出境。其他文物如经文物进出境机构审核确实具有重大历史、艺术、科学价值，也应禁止出境。

游客携带文物入境，如需复带出境，请向海关详细报明。游客携带出境的文物（含已故现代著名书画家的作品），需经中国文化和旅游行政管理部门鉴定。

携运文物出境时，必须向海关详细申报。

☆对在境内文物商店购买的文物，海关凭中国文化和旅游部指定的文化行政管理部门钤盖的鉴定标志及文物外销发货票或开具的许可出口证明查验放行。

☆对在境内通过其他途径得到的文物，海关凭中国文化行政管理部门加盖的鉴定标志及开具的出口许可证明查验放行。

☆未经鉴定的文物不允许携带出境。携带文物出境不据实向海关申报的属走私行为，海关将依法处理。

七、中药材、中成药

依据海关总署公告2010年第43号，游客携带中药材、中成药出境，必须遵循以下规定。

出境类别	限值（人民币）
携带往国外的	300元
携带往港澳地区的	150元
邮寄往国外的	1000元
邮寄往港澳地区的	800元

注：麝香、蟾酥、虎骨、犀牛角、牛黄等以及超出上述规定限值的中药材、中成药不准出境。

进境游客出境时携带用外汇购买的、数量合理的自用中药材、中成药，海关凭盖有国家外汇管理局统一制发的“外汇购买专用章”的发货票放行。

旅客携运入出境的行李物品有下列情形之一的，海关暂不予放行：

☆旅客不能当场缴纳进境物品税款的；

☆入出境的物品属于许可证件管理的范围，但旅客不能当场提交的；

☆入出境物品超出自用合理数量，按规定应当办理货物报关手续或其他海关手续，其尚未办理的；

☆对入出境物品的属性、内容存疑，需要由有关主管部门进行认定、鉴定、验核的；

☆按规定暂不予以放行的其他行李物品。

八、禁止入出境物品

类别	要求
禁止入境物品	☆各种武器、仿真武器、弹药及爆炸物品。 ☆伪造的货币及伪造的有价证券。 ☆对中国政治、经济、文化、道德有害的印刷品、胶卷、照片、唱片、影片、录音带、录像带、激光视盘、计算机存储介质及其物品。

（续表）

类别	要求
	☆各种烈性毒药。 ☆鸦片、吗啡、海洛因、大麻以及其他能使人成瘾的麻醉品、精神药物。 ☆带有危险性病菌、害虫及其他有害生物的动物、植物及其产品。 ☆有碍人畜健康的、来自疫区的以及其他能传播疾病的食品、药物或其他物品。
禁止出境物品	☆列入禁止进境范围的所有物品。 ☆内容涉及国家秘密的手稿、印刷品、胶卷、照片、唱片、影片、录音带、录像带、激光视盘、计算机存储介质及其他物品。 ☆珍贵文物及其他禁止出境的文物。 ☆濒危的和珍贵的动物、植物（均含标本）及其种子和繁殖材料。

易错考题小试牛刀

1.（判断题）我国规定，患有精神病和麻风病、性病、抑郁症等病的外国人不准入境。（　）

2.（判断题）有可能引起不良社会影响的文物，不论年限，原则上禁止出境。（　）

3.（单选题）不明海关规定或不知如何选择通道的旅客，应选择（　）。
A.红色通道　B.绿色通道　C.免税通道　D.特别通道

4.（单选题）来自传染病疫区的人员须出示有效的有关疾病的预防接种证书，俗称（　）。
A.绿皮书　B.白皮书　C.黄皮书　D.红皮书

5.（单选题）一名英国成年人游客，入境时免税携带的雪茄数量是（　）支。
A.100　B.150　C.200　D.400

6.（多选题）护照是一国主管机关发给本国公民出国或在国外居留的证件，证明其（　）。
A.身份　B.年龄　C.性别　D.居住地　E.国籍

【答案】1.错　2.错　3.A　4.C　5.A　6.AE

第十四章
航空、铁路、水运知识

【考试大纲】

- **熟悉：**航空机票种类、旅客误机、航班延误或取消、行李赔偿的相关知识。
- **掌握：**航空、铁路、水运购票、退票和携带物品的规定。

【历年分值】

年份	判断（题）	单选（题）	多选（题）	分值（分）	分值占比（%）
2018	0	4	1	3	6
2019	0	2	1	2	4.08
2020	1	3	1	3	6.25
2023	1	3	1	3	6.38

第一节　航空客运知识

一、航班

（一）飞行形式

民航的运输主要有三种飞行形式：班期飞行、加班飞行和包机飞行。

形式	说明
班期飞行	按照班期时刻表和规定的航线，定机型、定日期、定时刻的飞行。
加班飞行	根据临时需要在班期飞行以外增加的飞行。
包机飞行	按照包机单位的要求，在现有航线上或以外进行的专用飞行。

航班分为定期航班和不定期航班。

定期航班是指飞机定期自始发站起飞，按规定航线经过经停站至终点站或直达终点站的飞行。

在国际航线上飞行的航班称国际航班，在国内航线上飞行的航班则称国内航班。

航班还可以分为去程航班和回程航班。

（二）航班号

航班编号是由航空公司的二字英文代码和阿拉伯数字组成。

航空公司	英文代码
中国国际航空公司	CA
中国东方航空公司	MU
中国南方航空股份有限公司	CZ

国内航班编号是由航空公司的英文代码和四位阿拉伯数字组成。

国内航班数字	含义
第一个数字	执行该航班任务的航空公司起飞基地所在区域的数字代码。
第二个数字	表示该航班终点站所属的管理局或航空公司所在地的数字代码。
第三、四位数字	该航班的具体编号。第四位数字若为单数表示去程航班，双数则为回程航班。 如： ☆MU5401为东方航空公司自上海飞往成都的航班； ☆MU5402为返程航班，即东方航空公司自成都飞往上海的航班。

我国国际航班的航班号由执行该航班任务的航空公司的英文字母代码和三位阿拉伯数字组成。

国际航班数字	含义
第一个数字	航空公司的数字代码。如： ☆中国国际航空公司的数字代码为9； ☆南方航空公司的数字代码为3； ☆东方航空公司的数字代码为5。
第二、三位数字	航班序号。其中，单数为去程，双数为回程。如： ☆CA919是指中国国际航空公司自上海飞往东京的航班； ☆CA977为中国国际航空公司自北京飞往雅加达的航班。

（三）代码共享

代码共享是指一家航空公司的航班号（即代码）可以用在另一家航空公司的航班上。这对航空公司而言，不仅可以在不投入成本的情况下完善航线网络、扩大市场份额，而且越过了某些相对封闭的航空市场的壁垒。旅客则可以享受到更加便捷、丰富的服务，正因为代码共享优化了航空公司的资源，并使旅客受益匪浅，所以20世纪70年代代码共享在美国国内市场诞生后，如今已成为全球航空运输业内最流行的合作方式。

（四）机舱等级

飞机安排座位时是分舱位的，而不同的舱位对应的机票折扣不同，价格不同，所得到的服务也不一样。

客票的舱位等级	国内舱位代码	国际舱位代码	巧记
头等舱	F	FA	坐得直（字母F，直直正正）
公务舱	C	CDJ	稍微屈背（字母C，稍微弯曲）
经济舱	Y	Y	要自己取放行李（字母Y，一个人向上伸出两手取行李的动作）

（五）国际航空联盟

随着世界经济全球化，航空公司战略联盟在国际民航界已成为重要的竞争手段，目前在世界上形成了三大国际航空客运联盟。

三大国际航空客运联盟	成立时间	简介
星空联盟	1997年	总部位于德国法兰克福，它是目前全球最大的航空公司联盟，也是首个国际性航空联盟，我国的中国国航、深圳航空是其成员。
天合联盟	2000年	总部设在荷兰阿姆斯特丹，我国的东方航空、厦门航空是其成员。
寰宇一家	1999年	总部设在美国纽约。中国香港的国泰航空是联盟的创始成员之一。

二、机票

（一）电子机票

2006年10月16日，国际上开始实行电子机票，我国从2008年6月1日起停止发售纸质机票。电子机票可在民航售票处或联网计算机上完成订座、出票、作废、退换、改转签等操作。游客购买机票必须凭本人有效身份证件，客票只限票上所列姓名的游客本人使用，不得转让。在线购买成功后，会得到一个电子票号或者出票记录传真，游客凭有效证件到值机柜台换取乘机凭证。正常票价的客票有效期为一年。特价机票的有效期以承运人的规定为准。

（二）机票分类

1.机票可分为普通机票和特别机票

（1）普通一年期机票，主要分头等票、商务票及经济票三种，有效期为一年，可换乘其他航空公司的航班，票价较高，但灵活方便，没有太多时间上的限制，适合途中可能改变线路、时间的旅客。

（2）特别机票又可分为旅游机票、团体机票、包机机票、学生机票、优惠机票等，价格较为优惠，但限制较多。

类别	说明
旅游机票	旅游机票的票价相比普通一年期机票较为低廉，但限制相对来说较多，只能购买来回票，不能购买单程票，可分为中途停站及不停站两种，中途容许停站的票价较贵，持票人一定要在目的地停留一段时间后，在机票规定的有效期内回程，否则机票就会失效，因此，购买此种机票时，应该详细了解有效期，以免机票因过期失效，回程要另行买票，招致损失。
团体机票	团体机票是指统一组织的人数在10人以上的，航程、乘机日期、航班和舱位等级相同并按团体票价支付票款的旅客机票。它只限在航空公司售票处及经批准销售优惠机票的销售代理点购买，机票票面加注“团”字标识。民航局还规定，团体旅客办理乘机手续时，需凭“团体旅客订座记录单”（由售票处或销售代理点开票时一并出具）、机票和身份证统一办理。团体机票一般不允许某个人单独改期。退票要求是不允许退票后不成团。
包机机票	包机公司或旅行社向航空公司包下整架或部分飞机座位，以供旅客乘搭。这类机票的票价及营运限制，均由包机公司或旅行社自行订购。

2.机票可根据购买对象分为成人票、儿童票、婴儿票等

按购买对象分类	含义
成人机票	指年满12周岁的人士应购买的机票。
儿童票	指年龄满2周岁但不满12周岁的儿童应购买的机票，票面价值是成人适用的正常票价的50%左右，提供座位。购买儿童票时，应出示有效的出生证明。
婴儿票	不满2周岁的婴儿应购买的机票，票面价值是成人适用的正常票价的10%左右，不提供座位（如需要单独占用座位时，应购买儿童票）。一个成人旅客若携带婴儿超过一名时，超出的人数应购买儿童票。购买婴儿票时，应出示有效的出生证明。

3.机票可按是否订妥座位分为定期机票（OK票）和不定期机票（OPEN票）

按是否订妥座位分类	含义	有效期
定期机票（OK票）	指已订妥座位的机票。定期机票自旅客开始旅行之次日零时起算。	一年
不定期机票（OPEN票）	指未订妥座位的机票，需订妥座位后方可使用。不定期机票自填开客票之次日零时起算。	

4.机票按航线分为联程机票和来回程机票

按航线分类	含义
联程机票	一条航线（如从甲地飞往乙地）上分为几个航段，而每个航段的航班甚至执行航班的航空公司都可能不同，因而中间需要“中转”的机票。 一般来说，虽然联程机票的飞行时间比直飞航班长，但价格比直飞航班便宜。因此，对旅行者来说，如果时间允许，购买联程机票是比较经济实惠的。
来回程机票	同一条航线上往返飞行的机票。

购买了联程机票或来回程机票的旅客订妥座位后，如在该联程或回程地点停留72小时以上，必须在该联程或回程航班飞机离站前两天中午12时以前办理座位再证实手续。否则，原定座位不予保留。如旅客到达联程或回程地点的时间离航班飞机离站时间不超过72小时，则不需要办理座位再证实手续。

（三）退票

民航局2018年发布的《关于改进民航票务服务工作的通知》（以下称《通知》）中明确规定航空公司应明确且合理地确定客票退改签收费标准，退票费不得高于客票的实际销售价格，不能简单规定特价机票一律不得退改签。

航空公司的退票手续费与机票折扣和办理退票时间密切相关，原则上，机票折扣越低，手续费越高；办理退票的时间距离航班起飞的时间越久，退票手续费越低。一般规定是：头等舱、经济舱全价票，收取票价的5%作为退票费；9折~8折的机票，收取票价的10%作为退票费；7.5折~5.5折的机票，收取票价的20%作为退票费；5折~3.5折的机票，收取票价的50%作为退票费；3折的机票，不得退票；最低退票手续费不得低于50元人民币。各航空公司的规定也不尽相同。

中国国际航空公司规定：如果在航班起飞前退票，属头等舱、公务舱的，免手续费；属于全价票的，收取票价的5%作为手续费；若是折扣机票，收取票价的20%作为手续费；针对特价机票的旅客，则手续费收得最多，高达票价的50%。如果在航班起飞后退票，头等舱、公务舱、全价票的手续费均为票价的10%；折扣票退票，要收取票价的30%作为手续费；特价票退票，只退税费。

南方航空公司规定：头等舱、经济舱全价票免费退票；9折~7折的机票，收取票价的10%作为手续费；6.5折~5折的机票，收取票价的20%作为手续费；4.5折~4折的机票，收取票价的50%作为手续费。

深圳航空公司规定：头等舱、公务舱及经济舱8折（含8折）以上的客票，收取票面价格的5%作为退票手续费；7折~6折的机票，收取票面价格的10%作为退票手续费。6折~4折的经济舱机票，收取票面价格的30%作为退票手续费。

海南航空公司规定：头等舱、经济舱的全价票，不论在起飞前还是起飞后，均按票价的5%收取退票手续费；9折的机票，不论在起飞前还是起飞后，均按票价的5%收取退票手续费；8.5折~8折的机票，不论在起飞前还是起飞后，均按票价的10%收取退票手续费；7.5

折~5.5折的机票，不论在起飞前还是起飞后，均按票价的20%收取退票手续费；5折~4折的机票，不论在起飞前还是起飞后，均按票价的50%收取退票手续费。

东方航空公司规定：头等舱、经济舱的全价票，收取票价的5%作为退票手续费；9折~8折的机票，收取票价的10%作为退票手续费；7.5折~5.5折的机票，收取票价的20%作为退票手续费；5折~3.5折的机票，收取票价的50%作为退票手续费；3折的机票不得退票；最低退票手续费不得低于50元人民币。

航空公司	不同情况下退票	票价费用%手续费
中国国际航空 CA	起飞前退票，头等舱、公务舱	免手续费
	起飞前退票，全价票	5%
	起飞前退票，折扣机票	20%
	起飞前退票，特价机票	50%
	起飞后退票，头等舱、公务舱，全价票	10%
	起飞后退票，折扣票	30%
	起飞后退票，特价票	只退税费
南方航空 CZ	头等舱、经济舱	免费退票
	9折～7折的机票	10%
	6.5折～5折的机票	20%
	4.5折～4折的机票	50%
东方航空 MU	头等舱、经济舱的全价票	5%
	9折～8折的机票	10%
	7.5折～5.5折的机票	20%
	5折～3.5折的机票	50%
	3折的机票	不得退票
	最低退票手续费不得低于50元人民币	
深圳航空 ZH	头等舱、公务舱及经济舱8折（含8折）以上的客票	5%
	7折～6折的机票	10%
	6折～4折的经济舱机票	30%
海南航空 HU	头等舱、经济舱的全价票及9折的机票	5%
	8.5折～8折的机票	10%
	7.5折～5.5折的机票	20%
	5折～4折的机票	50%

其他航空公司的规定与上述航空公司类似。

三、乘机

（一）国内航班乘机流程

游客可通过机场柜台或机场“电子客票自助值机”服务，办理登机手续。

国内航班乘机流程如下图。

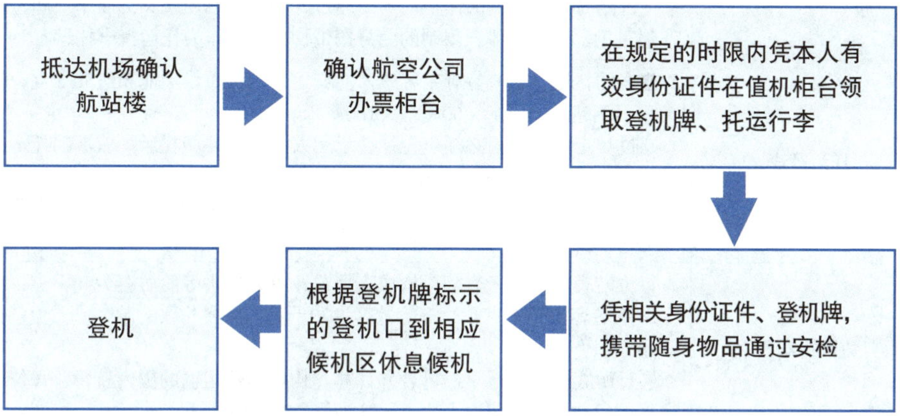

无托运行李游客乘机流程如下图。

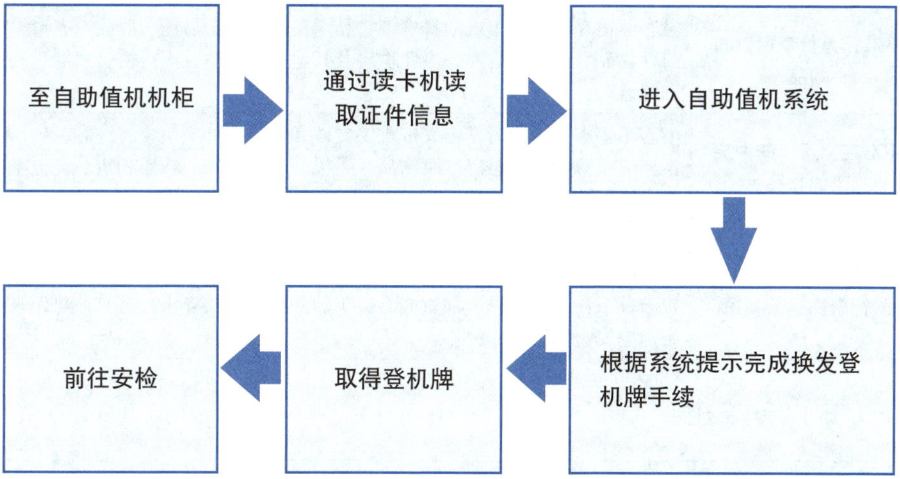

航空公司值机柜台停止办理乘机手续的时间：

国内航班一般为航班离站时间前30分钟，国际航班为40分钟。

目前国内所有机场均已开通“民航临时乘机证明”，乘客若忘记携带身份证，可打开国家政务服务平台小程序，在首页点击“民航临时乘机证明”，60秒内即可获得电子防伪二维码，凭二维码办理值机手续和接受安全检查。

（二）行李

行李类别	说明
随身携带物品	☆每位游客以5千克为限。 ☆持头等舱客票的游客，每人可随身携带两件物品；持公务舱或经济舱客票的游客，每人只能随身携带一件物品。 ☆每件随身携带物品的体积均不得超过20厘米×40厘米×55厘米。超过上述重量、件数或体积限制的随身携带物品，应作为托运行李托运。
托运行李	☆旅客的托运行李应持有效客票才能交运，每件重量不能超过50千克，体积不能超过40厘米×60厘米×100厘米。 ☆超过规定的行李，必须事先征得承运人的同意才能托运。旅客的托运行李，每千克价值超过50元时，可办理行李声明价值。声明价值不能超过行李本身的实际价值。每一位旅客的行李声明价值最高限额为人民币8000元。
免费行李额	☆每位游客的免费行李额：持成人票或儿童票的头等舱游客为40千克，公务舱游客为30千克，经济舱游客为20千克。持婴儿票的游客，无免费行李额。 ☆同行游客的免费行李额可合并计算。构成国际运输的国内航段，每位游客的免费行李额按适用的国际航线免费行李额计算。
超重行李	游客的超重行李在其所乘飞机载量允许的情况下，应与旅客同机运送。游客应对超重行李支付超重行李费，超重行李费率以每公斤按经济舱票价的1.5%计算，金额以元为单位。
不准作为行李运输的物品	游客不得在交运行李或随身携带物品内夹带易燃、易爆、腐蚀、有毒、放射性物品、可聚合物质、磁性物质及其他危险物品，不得携带武器、利器和凶器。
不准在交运行李内夹带的物品	游客不得在交运的行李内夹带重要文件和资料、外交信袋、证券、货币、汇票、贵重物品、易碎易腐物品，手机、手提电脑、数码相机、充电宝以及含锂电池的其他物品。
不准随身携带但可作为行李托运的物品	可用于危害航空安全的菜刀、大剪刀、大水果刀、剃刀等生活用刀；手术刀、屠宰刀、雕刻刀等专用刀具；文艺单位表演用的刀、矛、剑、戟等；以及斧、凿、锤、锥、加重或有尖头的手杖、铁头登山杖和其他可用来危害航空安全的锐器、钝器。

（三）行李赔偿

赔偿条件	说明
托运行李被损坏或丢失	赔偿金额应低于100元人民币/千克（2.2磅）（或等值外币）。如行李价值不足100元人民币/千克（2.2磅）（或等值外币），则根据行李的实际价值赔偿。
重要文件和资料、货币、贵重物品、易碎易腐物品遗失或损坏	☆重要文件和资料、货币、贵重物品、易碎易腐物品等不能夹入行李托运，如果托运行李内夹带上述物品发生遗失或损坏，航空公司按一般托运行李承担责任，即每千克托运行李赔偿金额不超过100元。每位旅客最多不超过2000元。 ☆国际航线根据《蒙特利尔公约》，托运行李的赔偿是1131特别提款权，人身伤亡赔偿是113000特别提款权。

（续表）

赔偿条件	说明
行李的损坏、遗失或延误的诉讼时效	☆行李损坏，应当在发现损坏时，立即向中国民航提出索赔要求，最迟不得超过从收到行李之日起7天以内提出。 ☆行李遗失，最迟不得超过从行李交付收件人之日起21天以内提出。 ☆行李延误，最迟不得超过从行李交付收件人之日起21天以内提出。

（四）旅客误机与航班延误

1.旅客误机

旅客误机后最迟应在该航班离站后的次日中午12时（含）以前，到乘机机场的承运人乘机登记处、承运人售票处或承运人地面服务代理人售票处办理误机确认。误机确认后，旅客如要求改乘后续航班，可在上述地点或原购票地点办理变更手续，承运人应在航班有可利用座位的条件下予以办理，免收误机费。但是，如所购误机的机票是折价票，旅客需向承运人补交票差。

旅客若未办理误机确认，如果要求继续旅行，应交付客票价20%的误机费。旅客误机变更后，如果要求再次改变航班、日期，应交付客票价50%的变更手续费。

旅客误机或误机变更后，如果要求改变承运人，按自愿退票的规定办理，应交付客票价50%的误机费。旅客误机或误机变更后，如果要求退票，也按自愿退票规定办理，应交付客票价50%的误机费。

2.航班延误或取消

以下三种情况造成航班出港延误：由于机务维护、航班调配、商务、机组等承运人自身原因造成航班在始发地出港延误或者取消，国内航班在经停地延误或者取消，国内航班发生备降。无论何种原因，承运人或者地面服务代理人应当向旅客提供餐食或住宿服务。由于天气、突发事件、空中交通管制、安检以及旅客等非承运人原因，造成航班在始发地延误或取消，承运人可协助旅客安排餐食和住宿，费用由旅客自理。

（五）旅客保险与伤害赔偿

类别	说明
旅客保险	旅客可以自行决定向保险公司投保国内航空运输旅客人身意外伤害保险。此项保险金额的给付，不免除或减少承运人应当承担的赔偿限额。
旅客身体伤害赔偿	☆对每名旅客的责任赔偿限额为人民币40万元。 ☆对每名旅客随身携带物品的赔偿限额为人民币3000元。 ☆对旅客托运的行李和对运输货物的赔偿责任限额为每公斤人民币100元。在国际航空运输中，承运人对每名旅客伤害的赔偿限额为113000特别提款权。

（六）注意事项

注意事项	说明
国内航班将禁止携带液体物品	液体物品包括液体、凝胶、气溶胶等，常用的眼药水、口红、牙膏、发胶等物品均在受限范围内。而乘坐从中国境内机场始发的国际、地区航班的游客，其携带的液体物品仍执行中国民航总局2007年3月17日发布的有关规定，即每件容器不超过100毫升，盛放液体的容器应置于最大容积不超过1升的、可重新封口的透明塑料袋中。

（续表）

注意事项	说明
禁止游客携带打火机、火柴乘坐民航飞机	无论是手提行李还是托运行李都禁止夹带打火机和火柴。此外，游客也不能携带未关闭的手机、电脑等物品及强磁物品乘坐飞机。
对旅客携带的充电宝的规定	额定能量不超过100Wh（瓦特小时）的充电宝无须航空公司批准就可带上飞机；超过100Wh但不超过160Wh的，需经航空公司批准后方可携带；未标明相关技术参数的一律禁止携带。
不准乘坐飞机的人	不足14天的婴儿、孕期超过9个月的孕妇、醉酒旅客不得乘坐民航客机。

（七）法律责任

2018年修订的《中华人民共和国航空法》规定，胁迫或者通过其他方法劫持航空器的；对飞行中的民用航空器上的人员使用暴力，危及飞行安全尚未造成严重后果的；隐匿携带炸药、雷管或者其他危险品乘坐民用航空器， 或者以非危险品品名托运危险品，尚未造成严重后果的；隐匿携带枪支子弹、管制刀具乘坐民用航空器的；故意在使用中的民用航空器上放置危险品或者唆使他人放置危险品，足以毁坏该民用航空器，危及飞行安全，尚未造成严重后果的；故意传递虚假情报，扰乱正常飞行秩序，使公私财产遭受重大损失的；盗劫或者故意损毁、移动使用中的航行设施，危及飞行安全，尚未造成严重后果的；聚众扰乱民用机场秩序的，分别比照刑法相关条款的规 定追究刑事责任。

中国民航总局颁布的《民用航空飞行标准管理条例》对公众乘坐飞机不应该出现的行为进行了规定。按照规定，如果旅客在航空器起飞、着陆、滑行以及飞机颠簸过程中擅自离开座位或开启行李架，可能面临500元以上、 1万元以下的罚款。处以同样罚款的不正当行为还包括：在航空器内吸烟； 强行将不符合尺寸及重量要求的行李带入航空器客舱内，或者不听从机组的劝告强行在航空器客舱内放置可能导致影响紧急情况下人员撤离的行李；在紧急情况下，不听从机组人员的指挥，造成秩序混乱或影响航空器的载重平衡等。此外， 一旦旅客行为过激，构成违反治安管理行为的，由公安机关依法给予行政处罚；构成犯罪的，依法追究刑事责任。

第二节　铁路客运知识

一、列车种类

我国列车分为国内旅客列车和国际旅客列车。

车次前所冠字母	G	C	D	Z	T	K	无字母
列车类别	高铁列车	城际动车组列车	动车组	直达特快列车	特快旅客列车	快速旅客列车	普通旅客列车

此外，下列列车一般在节假日、春秋旅游季节开行。

车次前所冠字母	L	Y	JY
列车类别	临客普快列车	郊游临客快速列车	郊游旅客列车

按照铁道部门的有关规定，今后凡“K”字头以上等级的列车均采用实名制购票（儿童除外）和实名查验。

二、车票

（一）车票种类

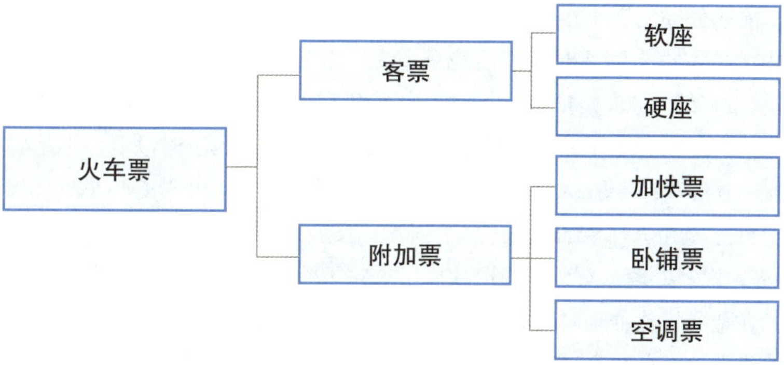

附加票是客票的补充部分，除儿童外，不能单独使用。

为了优待儿童、学生和伤残军人，还发售半价票。

（二）儿童票

按照2022年的《铁路旅客运输规程》，儿童票销售标准实行“双轨制”。

（1）实行车票实名制的列车，年满6周岁且未满14周岁的儿童应当购买儿童优惠票；年满14周岁的儿童，应当购买全价票。每一名持票成年旅客可以免费携带一名未满6周岁且不单独占用席位的儿童乘车；超过一名时，超过人数应当购买儿童优惠票。

（2）未实行车票实名制的列车，身高达到1.2米且不足1.5米的儿童应当购买儿童优惠票；身高达到1.5米的儿童，应当购买全价票。每一名持票成年旅客可以免费携带一名身高未达到1.2米且不单独占用席位的儿童乘车；超过一名时，超过人数应当购买儿童优惠票。

（三）购票

2012年1月1日（乘车日期）起，全国所有旅客列车实行车票实名制，旅客需凭本人有效身份证件购买车票。同一乘车日期、同一车次，一张有效身份证件只能购买一张实名制车票。自2021年12月1日起，无论是在线上或者是线下购买车票，购票前均需要完成乘车人本人的手机预留及采集核验。旅客可在车站售票处及各售票网点购票，也可以通过中国铁路客户服务中心网站（http://www.12306.cn）进行网络订票或通过电话订票，然后到车站取票。旅客可在各地购买带有席位号的异地票、联程票和往返票。购票前或购票后无法出示有效身份证件原件的，可到车站办理“乘坐旅客列车临时身份证明”，但需提供自己的姓名和身份证号码。根据《铁路旅客车票实名制管理办法》，自2023年1月 1日起，旅客购买车票以及办理补票、取票、改签、退票时均应提供乘车人真实有效的身份证件或者身份证件信息。对殴打、冲闯、堵塞实名查验通道、相关场地，破坏、损毁、占用相关设施设备、系统等扰乱车票实名制管理工作秩序、妨碍车票实名制管理人员正常工作的行为，铁路运输企业要予以制止，对涉嫌违反治安管理或者犯罪的行为，要及时报告公安机关。

（四）退票

旅客开始旅行后一般不能退票。在12306.cn网站上购票后，若没有换成纸质车票，且不晚于开车前30分钟的，可在12306.cn网站上办理退票。若已换取纸质车票或者在开车前30分钟之内的，需携带购票时所使用的乘车人有效身份证件原件到车站售票窗口办理。根据梯次退票政策，在车票预售期为15天时，开车前8天（含8天）以上退票的，不收退票费；开车前48小时以上的按票价的5%计退票费；开车前24小时以上、不足48小时的按票价的10%计退票费；不足24小时的按票价的20%计退票费。开车前48小时~8天期间内，改签或变更到站至距开车8天以上的其他列车，又在距开车8天前退票的，仍核收票价的5%的退票费。旅客办理退票、申请退款后，铁路运输企业应当在7个工作日内办理完成退款手续（不含金融机构处理时间和旅客自身原因导致的时间延误）。

按照铁路部门发布的火车票退改签规定，无论是网上订票还是窗口订票，都只能改签1次。旅客换取纸质车票后，不能再在12306.cn网站办理改签、退票手续，应凭纸质车票在车站办理。

按团体旅客（20人以上乘车日期、车次、到站、座别相同的有组织旅客可作为团体旅客）办理的车票在改签、退票时，应不晚于开车前48小时。

（五）车票遗失

遗失时间	处理
进站前	☆失主必须在开车前至少20分钟到车站售票厅办理“挂失补票”业务的窗口，提供购票时使用的身份证件和购（取）票地车站名称、乘车日期、车次、发站与到站等信息，经工作人员确认无误后，失主则按原车票车次、席位、票价重新购买一张新车票（新车票所载信息与原车票一致，并注有“挂失补”字样）。 ☆失主持“挂失补”车票上车后，需主动向列车工作人员声明，并提出开具“客运记录”的要求。到站前，列车长确认该席位使用正常时，将向失主开具“客运记录”。 ☆失主到站24小时以内，凭“客运记录”和注有“挂失补”的新车票到退票窗口办理退票手续，不收退票费。
列车上	☆失主需主动向列车工作人员声明，进行补办。 ☆经列车工作人员查验失主本人购票时使用的身份证原件、购票信息，确认一致后，失主需支付2元手续费便可取得标有“车票丢失”字样的车票。到站前，列车工作人员确认席位使用正常后，将向失主开具“客运记录”。 ☆到站后失主需主动向出站口车站工作人员声明，并配合其查验。经工作人员确认情况属实，并收回“客运记录”后，失主方可出站。

（续表）

遗失时间	处理
出站前	☆失主需主动向车站声明，并配合车站工作人员进行查验。 ☆经车站人员查实已购车票有效，乘车日期、车次相符，票、证、人一致后，失主需支付2元手续费便可取得标有“车票丢失”字样的新车票，然后持该车票和购票时使用的身份证件原件出站。

三、乘车

乘车要求	说明
持有效身份证件乘车	游客须持车票和与票面信息相符的有效身份证件原件进站乘车（免费乘车的儿童及持儿童票的儿童除外）。票、证、人不一致或无法出示有效身份证件的游客，不得进站乘车。
免费携带行李的重量及尺寸	每名旅客免费携带物品的重量和体积是： 儿童（含免费儿童）10千克，外交人员35千克，其他旅客20千克。每件物品外部尺寸长、宽、高之和不超过160厘米，杆状物品不超过200厘米。但乘坐动车组列车时，物品高度不超过130厘米，重量不超过20千克，超过20千克应办理托运。残疾人代步所用的折叠式轮椅不计入上述范围。
限量携带的物品	☆包装密封完好、标志清晰，酒精体积百分含量大于或者等于24%、小于或者等于70%的酒类饮品累计不超过3000毫升。 ☆香水、花露水、喷雾、凝胶等含易燃成分的非自喷压力容器日用品，单体容器容积不超过100毫升，每种限带1件。 ☆指甲油、去光剂累计不超过50毫升。 ☆冷烫精、染发剂、摩丝、发胶、杀虫剂、空气清新剂等自喷压力容器，单体容器容积不超过150毫升，每种限带1件，累计不超过600毫升。 ☆安全火柴不超过2小盒，普通打火机不超过2个。 ☆标志清晰的充电宝、锂电池，单块额定能量不超过100Wh，含有锂电池的电动轮椅除外。 ☆法律、行政法规、规章规定的其他限制携带、运输的物品。
禁止托运和随身携带的物品	禁止托运和随身携带的物品包括枪支、子弹类（含主要零部件），爆炸物品类，管制器具，易燃易爆物品，毒害品，腐蚀性物品，放射性物品，感染性物质，其他危害列车运行安全的物品，法律、行政法规、规章规定的其他禁止携带、运输的物品。
禁止随身携带但可以托运的物品	☆锐器：菜刀、水果刀、剪刀、美工刀、雕刻刀、裁纸刀等日用刀具（刀刃长度超过 60毫米）；手术刀、刨刀、铣刀等专业刀具；刀、矛、戟等器械。 ☆钝器：棍棒、球棒、桌球杆、曲棍球杆等。 ☆工具农具：钻机、凿、锥、锯、斧头、焊枪、射钉枪、锤、冰镐、耙、铁锹、镢头、锄头、农用叉、镰刀、铡刀等。 ☆其他：反曲弓、复合弓等非机械弓箭类器材；消防灭火枪；飞镖、弹弓；不超过50毫升的防身喷剂等。 ☆持有检疫证明、装于专门容器内的小型活动物，铁路运输企业应当向旅客说明运输过程中通风、温度条件。但持工作证明的导盲犬和作为食品且经封闭箱体包装的鱼、虾、蟹、贝、软体类水产动物可以随身携带。

（续表）

乘车要求	说明
注意事项	2022年的《铁路旅客运输规程》规定，若发现变造、伪造车票或者证件乘车，霸座或者其他扰乱秩序的行为，铁路运输企业应当及时报告公安机关。上述规程还规定，有下列情形之一的，铁路运输企业可以拒绝运输。 ☆拒不支付补票款、加收票款的。 ☆不接受安全检查的。 ☆购买实名制车票但不接受身份信息核验，或者车票所记载信息与所持身份证件或者真实身份不符的。 ☆按照《中华人民共和国传染病防治法》等传染病防治的法律、行政法规和国家有关规定，应当实施隔离管理的。 ☆扰乱车站、列车秩序，严重精神障碍和醉酒等有可能危及列车安全或者其他旅客以及铁路运输企业工作人员人身安全的。 ☆国家规定的其他情况。
乘火车赴西藏的要求	乘火车赴西藏必须先行阅读火车站公布的“高原旅行提示”，然后认真填写“旅客健康登记卡”。上车时，需同时出示车票和填写完整的“旅客健康登记卡”。 外国人、台湾同胞购买赴藏火车票，必须出示西藏自治区外事办公室或文化和旅游部、商务厅的批准函（电），或者出示中国内地司局级接待单位出具的、已征得自治区上述部门同意的证明信函。
乘火车赴香港的要求	乘火车赴香港必须提前办好赴香港特别行政区的证件，并持该证件与有效车票提前90分钟到出入境联检大厅办理验关手续。

第三节　水路客运知识

类别	说明
常识	水运交通服务所提供的交通工具包括普通客轮、豪华客轮、客货混装轮船和气垫船等。每种轮船分别设有各种不同舱位，供不同类型的乘客选用。水运交通服务主要分为四种，即远程定期班轮服务、海上短程轮渡服务、游船服务和内河客轮服务。
购票	☆船票分全价票和半价票。 ☆儿童身高超过1.2米但不超过1.5米者，购买半价票，超过1.5米者，购买全价票。每一名成人旅客可免费携带身高不超过1.2米的儿童一人。革命伤残军人凭“革命伤残军人证”可购买半价票。乘同一船名、航次、起讫港10张票以上的团体可凭介绍信购买或预订团体票。 ☆根据《水路旅客运输实名制管理规定》的规定，自2017年1月10日起，我国部分区域水路旅客运输将实行实名制管理。 ☆乘船人遗失船票的，经核实其身份信息后，水路旅客运输经营者或者其委托的船票销售单位应当免费为其补办船票。
退票	旅客在乘船港可办理退票。内河航线应在客轮开船以前办理，沿海航线应在客船规定开船时间2小时前办理，团体票应在客轮规定开船时间24小时以前办理。退票时应支付退票费。

（续表）

类别	说明
行李规定	☆**随身携带行李。**每一位旅客可免费携带的行李总重量为20千克（免费儿童减半）、总体积为0.3立方米。每一件自带行李重量不得超过20千克，体积不得超过0.2立方米，长度不得超过1.5米（杆形物品2米）。残障旅客乘船，另可免费携带随身自用的非机动残疾人专用车一辆。 ☆**旅客可携带乘船的物品。**气体打火机5个、安全火柴20盒，不超过20毫升的指甲油、去污剂、染发剂，不超过100毫升的酒精、香水、冷烫精，不超过300毫升的家用卫生杀虫剂、空气清新剂。 ☆**禁止携带和托运的物品。**除另有规定外，下列物品不准旅客携带上船：违禁品或易燃、易爆、有毒、有腐蚀性、有放射性以及有可能危及船上人的物品；各种有臭味、恶腥味的物品；灵柩、尸体、尸骨。

易错考题小试牛刀

1.（判断题）乘火车赴香港必须提前办好赴香港特别行政区的证件，并持该证件与有效车票提前90分钟到出入境联检大厅办理验关手续。（　）

2.（判断题）团体机票是指统一组织的人数在 20人以上的，航程、乘机日期、航班和舱位等级相同并按团体票价支付票款的旅客机票。（　）

3.（单选题）中国南方航空公司的英文代码是（　）。

A.CA　B.MU　C.CZ　D.MF

4.（单选题）成人机票是指年满（　）周岁的人应购买的机票。

A.12　B.16　C.18　D.20

5.（单选题）因业务繁忙，北京首都机场要求乘坐国际航班的旅客提前抵达机场并将停止办理登机手续的时间定在国际航班离站前（　）。

A.15分钟　B.30分钟　C.40分钟　D.60分钟

6.（多选题）对下列（　）旅客，铁路运输企业可以拒绝运输。

A. 不接受安全检查的

B.购买实名制车票但不接受身份信息核验，或者车票所记载信息与所持身份证件或者真实身份不符的

C. 扰乱车站、列车秩序，严重精神障碍和醉酒等有可能危及列车安全或者其他旅客以及铁路运输企业工作人员人身安全的

D. 按照《中华人民共和国传染病防治法》等传染病防治的法律、行政法规和国家有关规定，应当实施隔离管理的

E. 国家规定的其他情况

【答案】1. 对　2. 错　3.C　4.A　5.C　6.ABCDE

第十五章
旅行社、饭店、景区及旅游保险知识

【考试大纲】

- **熟悉：**旅行社、饭店、景区相关知识；旅游保险的种类及相关知识。

【历年分值】

年份	判断（题）	单选（题）	多选（题）	分值（分）	分值占比（%）
2018	0	5	0	2.5	5
2019	0	0	0	0	0
2020	0	1	1	1.5	3.13
2023	0	1	0	0.5	1.06

第一节 旅行社知识

一、国际旅行社的发展历史和概况

类别	说明
大众旅游时期的旅行社业	☆**背景因素**：二战后世界各国开始致力于经济建设，缓和与发展一直占据主导地位；世界经济迅速发展，人口迅速增加；交通运输工具的进步缩短了旅行的时间；生产自动化程度提高使劳动者的带薪假期增加；各国城市化进度普遍加速；各国的教育事业不断向新的广度和深度发展。此外，还有因受信息技术进步的影响，人们的好奇心和求知欲增强等。 ☆**特点**：在大众旅游时代，特定的环境条件决定了旅游市场需求表现为对内涵相似的标准化旅游产品的大规模、无差异需求。在大众营销观念的指导下，旅行社在运作过程中基本上不考虑可能存在的细分市场间的差别，他们更加注重游客需求中的相同之处，并凭借标准化的包价旅游产品来追求整个市场。
当代发达国家的旅行社业	☆**适应旅游需求变化，不断更新营销战略。**相较于大众旅游时期来讲，当代的旅游市场需求总体呈现出差异化、复杂化和个性化的特征。旅游市场的不断成熟造就出一大批“新型”游客，其特点是阅历广、经验多、要求高。为适应旅游需求日趋个性化和差异化的发展趋势，旅行社逐步调整其市场营销战略，通过细分甚至超细分市场，提供多样化的旅游产品，满足日趋复杂多变的旅游需求。 ☆**旅行社数量不断增加，行业规模不断扩大。**这里的数量既指市场供给主体总量，也指国民人均拥有旅行社和经营网点的数量。在市场机制充分发挥对资源调节作用的国家和地区，旅行社数量多少是由市场需求决定的。现在发达国家一般每万人就拥有一家旅行社或者旅行社营业点。 ☆**网络经营的普及使旅行社的经营效率大大提高。**在当代，计算机网络不仅被旅行社广泛运用于预订机票、火车票、饭店等客房服务，还大量应用于业务经营与管理中。通过计算机网络一方面与提供服务的相关企事业单位实现即时业务联系，另一方面在企业内部实现科学管理，高效、快捷地完成交易票据的分发和信息处理，使旅行社的经营效率产生了飞跃。 ☆**产业集中度日渐提高，企业规模稳步扩大。**发达国家的旅行社业具有两个明显特点。其一，旅行社业主要由中、小规模的旅行社构成；其二，规模较大的旅行社虽数量有限，但其营业收入占全行业营业收入总额的比例却很高，且在全球范围内的商业存在日益提高。

二、中国旅行社的发展历史和概况

时间	说明
1949—1978年	行政事业导向的中国旅行社业。
1978—2001年	市场化进程中的中国旅行社业： ☆1978—1984年：从事业单位到企业组织； ☆1984—1993年：从垄断走向竞争； ☆1993—2001年：从不完全竞争走向完全竞争。
2001—2013年	对外开放影响下的中国旅行社业。
2013年至今	散客旅游时代的中国旅行社业。

（一）1949—1978年：行政事业导向的中国旅行社业

新中国成立后不久，为接待归国华侨和宣传新中国的建设成就，旅行社业的发展就被提上了议事日程。这个时期我国旅行社业的特点是：

（1）旅游接待属于政治接待，即作为外事工作和侨务工作的一部分来开展，自费游客数量很少。

（2）旅行社接待人数在改革开放前几年增长很快，1973年接待外国游客2.6784万人，1978年增至22.9648万人，年均增长12.84%。

（3）旅行社虽然都是事业性质，但接待工作已形成了总社与各地分支社的外联接待体系，由总社负责对外联络，各分支社负责接待。

（4）在旅游接待的发展过程中，培养和形成了一批思想好、业务强的翻译导游队伍，为旅行社随后的发展奠定了人才基础。

（二）1978—2001年：市场化进程中的中国旅行社业

1.第一阶段（1978—1984）：从事业单位到企业组织

1978年以后，政府的政治行为重心逐步转移到经济建设上来，这一大变革背景成为中国的旅行社角色转变的第一推动力量。1978年10月9日，改革开放的总设计师邓小平同志提出，民航、旅游很值得搞。要按经济的办法来管理经济，旅游事业要按企业来办，要抓利润。

1982年7月17日，中国旅行游览事业管理局正式宣布与中国国际旅行社总社分开办公，这标志着中国旅行社业进入政企分开时期，旅行社业正式引入企业化运营机制。

2.第二阶段（1984—1993）：从垄断走向竞争

1984年，国家旅游局下放对外招徕过程中旅游签证通知权（外联权）。

1985年5月11日，国务院发布《旅行社管理暂行条例》，正式把中国旅行社分为三大类别，其中一类旅行社具有独立的外联权。到1989年，全国共有旅行社1617家，其中一类、二类、三类旅行社分别为61家、834家和722家。

这些在传统体制外生长发育的旅行社在相当大程度上直接冲击了政府扶持下的原有三大垄断性的旅行社，导致其市场份额从1984年起逐渐下降到50%以下，垄断地位不断下降。市场领域的扩大和市场供给主体的增加，标志着中国旅行社业的市场态势正在从相对垄断走向相对竞争。

3.第三阶段（1993—2001）：从不完全竞争走向完全竞争

进入20世纪90年代以后，中国旅行社业的分散化趋势不仅没有停止的迹象，反而在宏观经济体制改革不断深化、旅行社业进入壁垒降低的大背景下加速发展。

从全球旅行社业的发展趋势来看，没有集中，就没有规模，也就没有竞争力。换言之，旅行社之间竞争的游戏规则已经从“小企业、单项产品”的竞争，转向“大集团、综合能力”的竞争。

（三）2001—2013年：对外开放影响下的中国旅行社业

时间	说明
2001年	《旅行社管理条例》增加了“外商投资旅行社的特别规定”的章节，对外商投资旅行社的资格、条件和程序进行了规定。
2002年7月1日	《中国公民出国旅游管理办法》标志着中国出境旅游市场已经达到了相应的规模，并走向成熟。
2002年4～5月	4月，中国国际旅行社与美国运通公司合资在北京成立国旅运通商务旅行社，5月，中国康辉旅行社与美国罗森布鲁斯旅游公司合资在北京成立罗森康辉商务差旅管理旅行社。意味着外资旅行社的目标从商务旅游转向休闲旅游市场。
2003年	我国提前兑现了加入世界贸易组织的承诺，允许外商独资旅行社的设立。
2007年	提前取消对外商投资旅行社设立分支机构的限制，并对其注册资本实行国民待遇。
2009年年末	已获批准的外资旅行社达到38家。

在对外开放程度越来越高的同时，中国旅行社业也在积极对内开放。对内开放的一个标志是民营企业的战略进入。中国旅行社业的开放进程越来越广泛、越来越深化。

（四）2013年至今：散客旅游时代的中国旅行社业

1.散客旅游时代的旅游发展趋势

发展趋势	说明
规模小型化	由于散客旅游多为游客本人外出旅游或与其家人、朋友结伴而行，因此相对团体旅游，其人数要少得多，相对规模较小。
服务个性化	由于游客的旅游经验越来越丰富，他们在个性化、多样化等方面的需求也在不断升温。因此，要求旅行社推出个性化的旅游产品，提供更加个性化的服务。
要求多样化	随着自驾游的兴起，游客自主意识增强，游客的旅游需求更加多样化、深度化。譬如，在散客中有大量的公务和商务旅客，他们在旅游过程中会有应酬以及商务、公务活动，这些活动对服务的要求也较为多样化。
产品定制化	定制化是指旅行社按游客自身的要求为其提供的、适合其需求的，同时也是高水平、差异化的旅游服务。因此，定制化是一种量身打造、有需有供的旅游产品。它所产生的“体验效应”是带给游客美好的感觉、永久的记忆以及值得回味的事物与经历。
游客自由化	随着旅游市场的发展、旅游设施的完善，加之游客主体意识的增强、消费能力的提高以及旅游知识的丰富，游客的出游方式以及目的地的选择范围也随之扩大，游客的出行将更加自由化。

2.散客时代旅行社业的发展趋势

发展趋势	说明
旅行社业逐步向旅行服务业转变	旅行社的服务对象由传统的“旅游者”向“旅行者”拓展，即其服务的人群已从“以旅游为目的的旅游者”拓展至“任何动机出游的旅行者”，其业务范围也从纯粹的旅游业务延伸至异地的旅行服务。这是因为以移动互联、大数据和云计算为代表的信息技术的发展使得旅行社的服务外延得以拓展，在线上面向广大消费者，实现了从线下到线上、从门店到社群，为出于任何动机出游的旅行者服务。

（续表）

发展趋势	说明
竞争白热化	为争取游客、扩大市场份额，旅行社之间、旅行服务企业之间以及旅行社与旅行服务企业之间的竞争必将更加激烈。
市场营销网络化	在信息化时代，无论是旅行社还是旅行服务企业，不仅在内部运作上会充分发挥互联网的功能，而且对外必将在市场营销中广泛利用移动互联和大数据等现代通信技术。
经营品牌化	品牌是超越产品功能价值的心理价值，对消费者具有号召力和可信性。旅行社和旅行服务企业只有在产品品质和服务质量上树立起品牌，才能赢得消费者的信赖。

三、旅行社的性质和主要业务

（一）旅行社的性质

我国《旅行社条例》第2条规定："旅行社是从事招徕、组织、接待游客等活动，为游客提供相关旅游服务，开展国内旅游业务、入境旅游业务或出境旅游业务的企业法人。"该规定明确了旅行社具有下列性质。

旅行社性质	说明
旅行社是以营利为目的的企业	旅行社通过向游客提供服务获取利润，旅行社是自主经营、自负盈亏的经济组织。在旅游经营中，旅行社多采取有限责任公司或股份有限公司的组织形式。
旅行社是服务型的企业	旅行社的业务除了进行旅游产品设计和产品销售外，还组织和接待游客，并提供相关旅游服务，如为游客安排交通、住宿、餐饮、观光游览、休闲度假，提供导游、领队服务和旅游咨询服务。可见，服务性是旅行社的重要性质。
旅行社是中介服务机构	旅行社为游客提供的旅游产品和服务，实际上是各旅游供应部门提供的，旅行社仅仅是组合各种旅游产品和服务，并不是这些产品和服务的原始提供者，虽然有少数实力雄厚的旅行社在产业链上掌控了部分旅游服务的资源，但绝大部分旅游企业仍是在游客与服务供应部门间扮演中间人的角色。所以，旅行社在性质上还是中介服务机构。

（二）旅行社业务

旅行社的主要业务是从事旅游活动的经营，主要任务是为游客提供所需要的各种服务。

以下为按照经营范围对旅行社业务进行的描述。

按经营范围划分	说明
国内旅游业务	指旅行社招徕、组织和接待中国内地居民在境内的旅游业务。
入境旅游业务	指旅行社招徕、组织、接待外国游客来我国旅游；香港特别行政区、澳门特别行政区游客来内地旅游；台湾地区居民来大陆旅游；以及招徕、组织、接待在中国内地的外国人，在内地的香港特别行政区、澳门特别行政区居民和在大陆的台湾地区居民在境内旅游的业务。
出境旅游业务	指旅行社招徕、组织、接待中国内地居民出国旅游，赴香港特别行政区、澳门特别行政区和台湾地区旅游，以及招徕、组织、接待在中国内地的外国人、在内地的香港特别行政区、澳门特别行政区居民和在大陆的台湾地区居民出境旅游的业务。

以下为按照业务流程对旅行社业务进行的描述。

按业务流程划分	说明
产品开发与设计	旅行社产品设计是指在市场调研的基础上，根据旅游市场的需求，结合本旅行社的业务特点、经营实力，将旅游目的地的旅游资源与各种服务组合起来，设计出消费者喜爱的旅游产品。 旅行社设计的产品是否合理，产品能否满足游客的需求，直接影响旅行社在市场上的竞争能力，最终影响到旅行社的生存与发展。
委托代办业务	委托代办业务是旅行社最基本的业务，委托代办业务是指旅行社替游客代订各种票据及其他委托业务。 自从旅行社问世以来，替游客代订机票及车船票、安排客房和其他委托业务就是其主要的业务活动和主要的收入来源。旅行社的委托代办业务，简化了游客分别到不同的旅游服务供应部门购买的烦琐事务，极大地方便了游客。此外，旅行社还有来自企事业单位、社会团体以及其他旅行社的委托。
旅游服务采购	旅游服务采购是旅行社为生产旅游产品而向有关旅游服务供给者订购所需要的有关服务，以保证产品的供给。 由于旅行社除了能向游客提供导游服务和组织安排旅游活动外，游客所需要的其他服务如酒店住宿服务、餐饮服务、交通服务与参观游览点服务等均须这些部门和单位提供，因此需要向它们采购，与它们订立供应合同或协议，然后将这些服务组合成产品向游客销售。
产品销售与促销	旅行社的销售业务，是旅行社通过各种销售渠道和促销手段将其产品在市场上出售。 由于旅游产品无形性的特点，使得消费者在实际消费之前很难对其质量进行评价和鉴定。所以，旅行社的经营者只有加大对旅游产品的宣传力度与推销力度，通过各种传播媒体，将旅游产品的有关信息迅速传递给消费者，才能引起消费者对旅游产品的注意和兴趣，激发消费者的购买欲望，促使消费者下决心购买。旅行社只有把自己设计和生产的旅游产品销售给旅游消费者，才能获得所期望的经营利润，才能使旅行社生存和发展。
旅游接待业务	旅游接待业务是旅行社经营活动中的重要业务。它是指旅行社对已经预购旅游产品的游客在其到达后所提供的服务，即为游客安排、落实在目的地游览期间的食、住、行、游、购、娱等消费活动以及其他事项。 旅行社接待工作的质量是旅行社产品质量的重要组成部分，它将直接影响到游客对旅游活动产生满意或不满意的感受，从而可以影响游客的流向和流量，影响旅游地的兴衰，影响旅行社的声誉。所以，旅游接待在旅游活动中发挥着重要作用。

四、旅行社产品及其类型

（一）旅行社产品的内涵

旅行社产品是旅行社向旅游者销售的以旅游吸引物、旅游设施和策划安排为主要构成的旅游线路或项目，以及附着其上的配套服务。它是旅行社根据市场需求，通过采购景点、交通、住宿、餐饮、购物、娱乐等单项服务产品进行组合，向游客提供的旅游线路和相应服务。

（二）旅行社产品类型

以下为按照计价形式对旅行社产品类型进行的描述。

按计价形式分类	说明
团体全包价旅游	团体全包价旅游是由10名及以上游客组成，采取一次性预付旅费的方式，有组织地按预定行程计划进行的旅游形式。旅行社根据与游客签订的协议，提供饭店客房、一日三餐、旅游游览车、翻译导游服务、交通集散地接送服务、行李服务以及游览场所门票和文娱活动入场券等。游客参加这样的旅游有以下几个优点： ☆可以享受比较优惠的价格。 ☆旅游团内氛围和安全性好。 ☆便捷省心。 但随着信息社会的到来，人们对外部环境的了解有了质的变化，且越来越追求个性化的活动方式，传统一包到底的旅游方式显然已不能满足大多数消费者。
单项服务	单项服务是旅行社根据游客的具体要求而提供的各种非综合性的有偿服务。单项服务又称委托代办业务，游客可采取当地委托、联程委托和国际委托等不同的方式交旅行社办理。其中常规性的服务项目主要包括导游服务、交通集散地的接送服务、代办交通票据和文娱票据、订房、订餐、代客联系参观游览项目、代办签证和代办旅游保险等。旅行社单项服务的对象主要限于散客。

以下为按照旅行社服务方式对旅行社产品类型进行的描述。

按旅行社服务方式分类	说明
预制旅游产品	它是由旅行社设计提供、事先指定的确定的计划人数、出发日期、线路行程及价格等，并用广告或其他方法招徕旅行者而实施的旅游产品。
定制旅游产品	它是旅行社接受客户或游客的委托，根据客户或游客的需求，单独设计行程、报价并提供服务的专项产品及服务（包括单项旅游服务、会议旅游服务、奖励旅游服务、特种旅游服务等）。

五、旅行社接待计划的主要内容

旅行社接待计划因旅游团或游客的具体情况和要求不同而存在着差异，一般来说，接待计划主要包括以下三方面的内容。

主要内容	说明
旅游团或游客的基本情况和要求	☆旅游团的名称、团号、国内组团旅行社名称。 ☆旅游团中游客的人数和服务等级。 ☆旅游线路及经停地点。 ☆下榻饭店名称（如果是委托接待旅行社代订，需要注明客房单、双间数量）。 ☆用餐要求和标准。 ☆要求的导游语种和等级。 ☆费用结算办法。 ☆联系人姓名、电话、计划印发的时间。

（续表）

主要内容	说明
日程安排	接待计划要对旅游团或游客每天的活动进行安排，主要包括以下几点： ☆旅游团或游客抵达和离开目的地的日期、时间，以及所乘航班、车次、船次的时间、地点。 ☆旅游线路中所经停各地的名称、抵离交通工具类型及日期、时间。 ☆在各地应安排的参观单位、游览景点、品尝的风味、文娱活动、专业活动要求等。
旅游团或游客名单	名单内容包括游客的姓名、性别、年龄、职业、旅游团领队和全程导游员的姓名、性别。如果是入境旅游团和出境旅游团，还需要注明游客的护照号码。

第二节　旅游饭店知识

旅游饭店已经发展成为旅游业最重要的一个行业，一个国家或地区旅游饭店的行业规模、管理水平和服务质量是衡量其旅游业发展程度的主要标志。

一、旅游饭店的定义

《旅游饭店星级的划分与评定》（GB/T14308—2010）中对旅游饭店的定义是：以间（套）夜为单位出租客房，以住宿服务为主，并提供商务、会议、休闲、度假等相应服务的住宿设施，按不同习惯可能也被称为宾馆、酒店、旅馆、旅社、宾舍、度假村、俱乐部、大厦、中心等。

二、旅游饭店的特点

旅游饭店是一种特殊的企业，出售的商品主要是住宿服务，它由“时间”“空间”和“服务”三要素构成。

（1）生产力受饭店自身规模大小和时间的限制，定时、定量。

（2）产品不能储存，价值随时间而消失。

（3）产品不能搬运，发展、销售受地理位置的限制。

（4）产品价格的波动性大，季节性、时间性特征明显。

（5）产品的生产波动性大。产品生产受消费者和生产者本身的因素影响较大，产品质量的高低取决于消费者的感受。

（6）产品销售业绩受多种因素制约，促销成本较大。

（7）产品固定成本高，要达到收支平衡，需要维持较高的客房出租率。

三、旅游饭店的类型

类型	说明
根据接待对象分类	☆商务型饭店。所谓商务型饭店，就是为那些从事企业活动的商务游客提供住宿、膳食和商业活动及有关设施的旅游饭店。 一般来讲，为满足住客的商务要求，商务型饭店往往位于城市中心，且回头客较多。因此，饭店的服务项目、服务质量和服务水准要高。要为商务游客创造方便条件。饭店的设施力求舒适、方便、安全。 ☆长住型饭店。长住型饭店主要为一般性度假旅客提供公寓生活，主要是接待常住客人，这类饭店要求常住客人先与饭店签订一项协议书或合同，写明居住的时间和服务项目。长住型饭店已被我国有些饭店视为“保底收入的一种有效做法”。 ☆度假型饭店。度假型饭店主要是为度假游客提供娱乐和度假场所，有多种娱乐、体育活动项目。一般位于海滨、山城景色区或温泉附近。它要离开嘈杂而繁华的城市中心和大都市，但是交通要方便。 ☆会议型饭店。会议型饭店是专门为各种从事商业、贸易展览会、科学讲座的商客、参会人员提供住宿、膳食和展览厅、会议厅的一种特殊型饭店。会议型饭店的设施不仅要舒适、方便，有温馨的客房并提供美味的各类餐厅，同时要有大小规格不等的会议室、谈判间、演讲厅、展览厅等；并且在这些会议室、谈判间里都有良好的隔板装置和隔音设备。 ☆经济型饭店。经济型饭店又称有限服务饭店，其最大的特点是房价便宜，因此主要服务对象为大众旅行者和中小商务者。该类型饭店以客房为唯一或核心产品，价格低廉（一般低于300元/间夜），仅提供标准化服务，环境舒适，硬件上乘，属于性价比较高的现代饭店业态。 ☆观光型饭店。大多建于名胜古迹、旅游景点密集、交通较方便的区域，主要接待服务对象为旅行者、游览者、观光者。观光型饭店不仅要满足旅游者的食宿需要，而且要有咖啡厅、酒吧、游艺室、商场等公共服务设施，以满足游客休闲、娱乐、购物的需要。
根据饭店的规模分类	饭店的规模大小，也反映出饭店的等级及提供服务的项目、等级。 ☆小型饭店。小型饭店的客房数一般在100间以下，由于受建筑设施和经济实力的限制，往往只能向客人提供住宿、餐食等基本服务，因而其价格比较低廉。这类饭店数量占我国饭店总数的50%以上。 ☆中型饭店。中型饭店的客房数一般为100～500间，其设施相对来说较为齐全，能提供较为舒适、方便的客房、餐厅、酒吧、康乐设施和健身设施等服务。由于其价格比较合理，因而是一般游客理想的休息和娱乐场所。这类饭店的数量在我国占饭店总数的40%以上。 ☆大型饭店。大型饭店的客房数一般在500间以上，其设施和服务项目十分齐全，通常拥有各种大小规格的会议厅、宴会厅和健身设施、康乐设施、舞厅、音乐酒吧、闭路电视、中央空调系统等。这类饭店的数量在我国约占饭店总数的1%。

四、饭店客房类型

饭店的客房分为单间客房和套房两种基本类型。

类型	说明
单间客房	单间客房是指由一间客房构成的客房。根据客房内床位的配置情况，单间客房可细分为下列几种： ☆单人间（Single Room）。配备一张单人床，适用于单身的客人居住。 ☆大床间（Double Room）。配备一张双人床，较适合夫妇旅行者居住。 ☆双床间（Twin Room）。配备两张单人床，较受团体客人的欢迎。由于这类客房的数量在饭店客房中占较大比例，也称为饭店的“标准间”。也有饭店在房内配置两张双人床（Double=Double Room），以显示较高的客房规格和独特的经营方式。
套房	套房是指由两间或两间以上客房所构成的客房。根据其使用功能和室内装饰标准又可细分为下列几种： ☆商务套间（Junior Suite）。此类套房是专为从事商务活动的客人而设计布置的。一间为带盥洗室（一般只配置洗脸台和坐便器）的起居与办公室，另一间为带卫生间的卧室。 ☆双层套间（Duplex Suite）。也称立体套间。起居室在下层，卧室在上层，用室内楼梯连接。此类套房的私密性较强。 ☆连接套间（Connecting Rooms）。也称组合套间，相连的客房用隔音性能好、安装门锁的房门隔离。根据经营需要，既可以作为独立的客房出售，也可作为套间出售，灵活性较大。 ☆豪华套间（Deluxe Suite）。该套间可以是两套间，也可以是三套间。三套间除起居室、卧室外，还配有一间餐室或会议室。豪华套间的特点在于注重客房装饰布置、房间氛围及用品配备，呈现一种豪华气派的风格。 ☆总统套间（Presidential Suite）。又称特套间，一般由5间以上的房间组成，包括男主人房、女主人房、会客室、书房、餐室、起居室和随从房等。

五、旅游饭店的星级划分

从20世纪五六十年代开始，按照饭店的建筑设备、饭店规模、服务质量、管理水平进行划分，逐渐形成了比较统一的等级标准。这种方式在欧洲十分流行，我国参照国际惯例，出台了旅游饭店星级评定标准。

（1）我国旅游饭店分为五个星级，即一星级、二星级、三星级、四星级、五星级（含白金五星级）。最低为一星级饭店，最高为白金五星级饭店。

（2）星级以镀金五角星为符号，用一颗五角星表示一星级，两颗五角星表示二星级，三颗五角星表示三星级，四颗五角星表示四星级，五颗五角星表示五星级，五颗白金五角星表示白金五星级。

（3）一星级、二星级、三星级饭店是有限服务饭店，评定星级时应对饭店住宿产品进行重点评价；四星级饭店和五星级（含白金五星级）饭店是完全服务饭店，评定星级时应对饭店产品进行全面评价。

（4）饭店开业一年后可申请评定星级，经相应星级评定机构评定后，星级标识使用有效期为三年。三年期满后应重新进行评定。

（5）评定星级时不因为某一区域所有权或经营权的分离，或因为建筑物的分隔而区别对待，饭店内所有区域应达到同一星级的质量标准和管理要求。

（6）星级划分条件分为必备条件、设施设备、饭店运营质量三个方面，必备条件均达标后，才能进入设施设备、饭店运营质量评价环节。设施设备环节总分为600分，按最终得分进行星级划分，一星级、二星级饭店不作要求，三星级饭店最低220分，四星级饭店最低320分，五星级饭店最低420分。

饭店运营质量方面总分也为600分，评价内容分为总体要求、前厅、客房、餐饮、其他、公共及后台区域6个大项。评分时按“优”“良”“中”“差”打分并计算得分率。一星级、二星级饭店不作要求。三星级、四星级、五星级饭店规定最低得分率：三星级饭店为70%，四星级饭店为80%，五星级饭店为85%。

第三节　旅游景区知识

一、旅游景区的内涵及类型

（一）旅游景区的定义

国家标准《旅游景区质量等级的划分与评定》（GB/T 17775—2003）将旅游景区定义为：指具有参观游览、休闲度假、康乐健身等功能，具备相应旅游服务设施并提供相应旅游服务的独立管理区。该管理区应有统一的经营管理机构和明确的地域范围。包括风景区、文博院馆、寺庙观堂、旅游度假区、自然保护区、主题公园、森林公园、地质公园、游乐园、动物园、植物园及工业、农业、经贸、科教、军事、体育、文化艺术等各类旅游景区。

（二）旅游景区的类型

类型	说明
按照资源特色划分	按照资源特色划分，旅游景区可以分为：自然景观型旅游景区、历史古迹型旅游景区、民俗风情型旅游景区、文学艺术型旅游景区、娱乐游憩型旅游景区、科考探险型旅游景区、专项类旅游景区（如红色旅游景区）、综合型旅游景区。
按照功能划分	按照功能划分，可以分为经济开发型旅游景区和资源保护型旅游景区。经济开发型旅游景区是指完全以盈利为目的，基本上采用了现代企业管理模式，正在朝“产权清晰、责权明确、政企分开、管理科学”的现代企业制度发展，主要有主题公园、旅游度假区。 资源保护型旅游景区往往是以公共资源为依托的，景区的目标具有多重性，景区资源的社会文化与环境价值往往超过经济价值，景区资源具有不可再生性。由于这类景区资源的公共性，因此在经营上具有明显的排他性与垄断性，政府对这类景区的干预程度较高。主要有风景名胜区、森林公园、自然保护区、历史文物保护单位、地质公园、水利风景区等。

二、旅游景区质量等级的划分

在《旅游景区质量等级的划分与评定》（GB/T 17775—2003）中规定，旅游景区质量等级划分为五级，从高到低依次为5A级、4A级、3A级、2A级、A级旅游景区。

旅游景区质量等级划分的依据是《旅游景区质量等级评定与划分》国家标准评定细则，本细则共分为三部分：《服务质量与环境质量评分细则》《景观质量评分细则》和《游客意见评分细则》。

评分细则	说明
《服务质量与环境质量评价细则》	包括旅游交通、游览、旅游安全、卫生、通信、旅游购物、综合管理、旅游资源与环境保护8个评价项目。
《景观质量评价细则》	包括资源要素与景观市场价值两大评价项目。每一评价项目又分为若干评价子项目。对各子项目赋以分值，各旅游景区按各评价项目及子项目的相应得分确定等级。
《游客意见评价细则》	是旅游景区质量等级评定的重要参考依据，包括总体印象、可进入性、游路设置、旅游安排、景观设置、路标指示、景点介绍牌、宣传资料、讲解服务、安全保障、环境卫生、旅游厕所、邮电服务、购物、餐饮、旅游秩序、景物保护等评价项目。每一评价项目分为很满意、满意、一般、不满意四个档次，并依此计算旅客意见得分。

除了上述三个评分细则外，还有一项独立指标，即景区年接待游客数量及其中的海外游客数量，详见下表。

景区 游客数量	5A级旅游景区	4A级旅游景区	3A级旅游景区	2A级旅游景区	1A级旅游景区
年接待游客数量（人次）	60万以上	50万以上	30万以上	10万以上	3万以上
其中：海外游客数量（人次）	5万以上	3万以上	没有要求	没有要求	没有要求

第四节　旅游保险种类及相关知识

一、旅游意外伤害保险的概念与特点

（一）旅游意外伤害保险的概念

旅游意外伤害保险，是旅行社在组织游客旅游时，可以提示游客为防止旅游过程中一旦发生意外事故造成损失而向保险公司购买的保险。经游客同意，旅行社可代为购买，但保险费用由游客承担，所以旅游意外伤害保险属自愿保险，其投保人与受益人均为游客。旅游意外伤害保险由组团社负责一次性办理，接待旅行社不再重复投保。

（二）旅游意外伤害保险的特点

与其他保险合同相比较，旅游意外伤害保险具有短期性、强制保险与自愿保险相结合、财产保险与人身保险相结合等特点。

二、旅游保险的种类

旅游保险是保险业的一项业务。它是指根据合同的约定，投保人向保险人支付保险费，保险人对于合同约定的在旅游活动中可能发生的事故所造成的人身财产损失承担赔偿保险金的责任。

与其他保险合同相比较，旅游保险具有短期性、强制保险与自愿保险相结合、财产保险与人身保险相结合等特点。

目前，游客报名时所涉及的保险通常有旅行社责任保险、旅游意外保险和交通意外伤害保险3种。

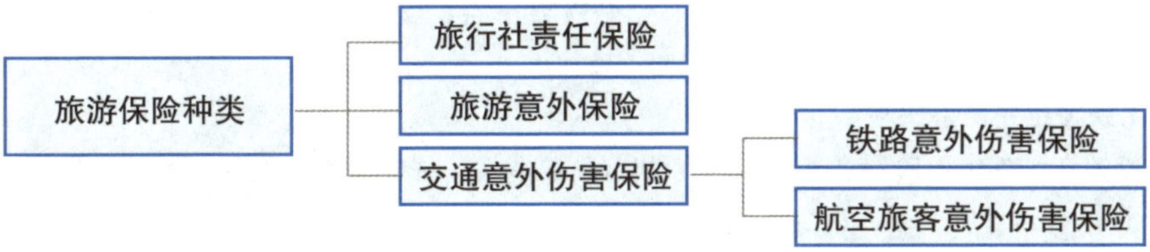

（一）旅行社责任保险

类别	说明
概念	旅行社根据保险合同的约定，向保险公司支付保险费，保险公司对旅行社在业务经营过程中因工作疏忽或者过失致使游客人身、财产遭受损害应由旅行社承担的责任，转由承保的保险公司负责赔偿保险金的行为。该保险属强制保险。
保险期限	一年。
免责情形	☆游客由于自身疾病引起的各种损失或损害，旅行社不承担任何赔偿责任。但是在签约时游客已经声明且为旅行社接受的需要旅行社照顾的情形，旅行社及其工作人员没有尽到应尽的照顾义务的，仍然应当承担赔偿责任。 ☆由于游客个人过错导致的人身伤亡和财物损失，以及由此产生的各种费用支出，旅行社不承担赔偿责任。 ☆游客自行终止旅行社安排的旅游行程后，或者没有参加约定的旅游活动而自行活动时，发生的人身、财物损害，旅行社不承担赔偿责任。

（二）旅游意外保险

类别	说明
概念	旅行社在组织团队旅游时，为保护游客的利益，代游客向保险公司支付保险费，一旦游客在旅游期间发生事故，按合同约定由承保保险公司向游客支付保险金的保险行为。旅游意外保险属自愿保险。旅游意外保险由组团社负责一次性办理，接待旅行社不再重复投保。旅游意外保险的保险费由游客支付。

（续表）

类别	说明
保险期限	☆旅行社组织的入境旅游，旅游意外保险期限从游客入境后参加旅行社安排的旅游行程时开始，直至该旅游行程结束办理完出境手续时为止。 ☆旅行社组织的国内旅游、出境旅游、旅游意外保险期限从游客在约定的时间登上由旅行社安排的交通工具开始，直至该次旅行结束离开旅行社安排的交通工具为止。
免责情形	☆游客自行终止旅行社安排的旅游行程，其保险期限至其终止旅游行程的时间为止。 ☆游客在中止双方约定的旅游行程后自行旅行的，不在旅游意外保险之列。
索赔时效	人寿保险以外的其他保险的被保险人或者受益人，向保险人请求赔偿或者给付保险金的诉讼时效期为两年，自其知道或者应当知道保险事故发生之日起计算。

（三）交通意外伤害保险

交通意外伤害保险也称为交通工具意外伤害保险。它是以被保险人的身体为保险标的，以被保险人作为乘客在乘坐客运大众交通工具期间因遭受意外伤害事故，导致身故、残疾、医疗费用支出等为给付保险金条件的保险，主要包括火车、飞机、轮船、汽车等交通工具。

1.铁路意外伤害保险

铁路意外伤害保险简称乘意险，为乘客自愿购买。成年旅客购买乘意险为3元，最高保障50万元意外身故、伤残保险金和5万元意外医疗费用；未成年人购买乘意险为1元，最高保障20万元意外身故、伤残保险金和2万元意外医疗费用。

2.航空旅客意外伤害保险

类别	说明
概念	航空旅客意外伤害保险简称航意险，属自愿投保的个人意外伤害保险。此种保险游客可自愿购买一份或多份。
保险期限/内容	其保险期限自游客持保险合同约定航班的有效机票到达机场通过安全检查时起，至游客抵达目的港走出所乘航班的舱门时止（不包括舷梯与廊桥）。在此期间，若飞机中途停留或绕道飞行中，只要被保险人一直跟机行动，其遭受的意外伤害均在保险责任范围内。当被保险人进入舱门后，由于民航原因，飞机延误起飞又让旅客离开飞机，在此期间被保险人遭受的伤害，保险公司也负责。

三、旅游保险报案与索赔

类别	说明
及时报案	游客发生意外事故后，应及时向投保的保险公司报案。
收集证据，并妥善保存	导游应提醒当事人收集医院诊断证明、化验单据、意外事故证明等证据。
转院需取得保险公司同意	游客因意外住院后，如需要转回本地医院继续治疗，应事先征得保险公司同意，并要求救治医院出具书面转院报告。

易错考题小试牛刀

1.（判断题）1974年经国务院批准，成立了中国旅行社，并与华侨旅行社合署办公，统称中国旅行社。（　）

2.（单选题）饭店星级标识使用有效期为（　），期满后应进行重新评定。

A.一年　　B.三年　　C.五年　　D.十年

3.（单选题）国家标准《旅游景区质量等级的划分与评定》要求AAAAA级旅游景区年接待海内外旅游者60万人次以上，其中海外旅游者（　）人次以上。

A.3万　　B.5万　　C.8万　　D.10万

4.（多选题）散客旅游时代的旅游发展趋势包括（　）。

A.规模小型化

B.服务个性化

C.要求多样化

D.活动大众化

E.产品定制化

5.（多选题）旅游者发生意外事故后，在旅游保险报案与索赔时应注意的问题有（　）。

A.及时向投保的保险公司报案

B.旅游者发生意外事故后，首先是索赔事项

C.提醒帮助当事人收集包括医院诊断证明、化验单据、意外事故证明等证据

D.旅游者因意外住院后，如需要转回本地医院继续治疗，可以不用征得保险公司的同意

E.旅游者需要转回本地医院继续治疗，可以要求救治医院出具书面转院报告

【答案】1. 对　2.B　3.B　4.ABCE　5.ACE

第十六章 其他相关知识

【考试大纲】

- **了解：** 高原旅游、冰雪旅游、沙漠旅游、温泉旅游、漂流及研学旅行的安全常识；时差和度量衡换算；中国货币兑换的相关知识。
- **掌握：** 中国离境退税的相关知识。

【历年分值】

年份	判断（题）	单选（题）	多选（题）	分值（分）	分值占比（%）
2018	4	7	2	7.5	15
2019	1	3	3	5	10.2
2020	1	4	2	4.5	9.38
2023	1	1	1	2	4.26

第一节　安全常识

一、高原旅游安全常识

类别	说明
概念	高原反应即急性高原病，是人到达一定海拔高度后，身体为适应因海拔高度而造成的气压低、含氧量少、空气干燥等的变化，而产生的自然生理反应。当海拔高度达到2700米左右时，人就会有高原反应。
症状体征	在进入高原后，如果出现了以下症状，应考虑已经发生高原反应： ☆头部剧烈疼痛、心慌、气短、胸闷、食欲不振、恶心、呕吐、口唇指甲紫绀。 ☆意识恍惚，认知能力骤降。主要表现为计算困难，在未进入高原之前做一道简单的加法题，记录所用时间，在出现症状时，重复做同样的计算题，如果所用时间比原先延长，说明已经发生高原反应。 ☆出现幻觉，感到温暖，常常无目标地跟随在他人后面行走。
处理常识	☆在高原上动作要缓，尤其是刚刚到达的时候要特别注意，不可疾速行走，更不能跑步或奔跑，也不能做体力劳动。 ☆不可暴饮暴食，以免加重消化器官负担，不要饮酒和吸烟，多食蔬菜和水果等富含维生素的食品，适量饮水，注意保暖，少洗或不洗澡以避免受凉感冒和消耗体力。 ☆进入高原后要不断少量喝水，以预防血栓。一般每天需补充4000毫升液体。因湿度较低，嘴唇容易干裂，除了喝水，还可以外用润唇膏改善症状。 ☆学会腹式呼吸，即在行走或攀登时将双手置于臀部，使手臂、锁骨、肩胛骨及腰部以上躯干的肌肉作辅助呼吸，以增加呼吸系统的活动能力。 ☆尽量避免将皮肤裸露在外，可以戴上防紫外线的遮阳镜和撑遮阳伞，在可能暴露的皮肤上涂上防晒霜。 ☆高原反应容易导致失眠，可以适当服用安定药物保证睡眠，以及时消除疲劳，保证旅游顺利进行。 ☆提前服用抗高原反应药，如红景天、高原康、高原安等，反应强烈时可通过吸氧来缓解。

二、冰雪旅游安全常识

类别	说明
滑雪前	☆导游应告知游客佩戴好头盔、护臂、护腕和护膝，穿戴好滑雪服，滑雪服最好选用套头式，上衣要宽松，以利滑行动作；衣物颜色最好与雪面白色有较大反差，以便他人辨认和避免相撞；佩戴好合适的全封闭保护眼镜，避免阳光反射及滑行中冷风对眼睛的刺激。 ☆导游还应告知游客做好必要的防护措施，如检查滑雪板和滑雪杖有无折裂的地方，固定器连接是否牢固，选用油性和具有防紫外线的护肤用品，对易受冻伤的手脚、耳朵做好保护措施等。

（续表）

进入滑雪场后	☆导游应叮嘱游客严格遵守有关安全管理规定。 ☆导游应向滑雪场工作人员了解雪道的高度、坡度、长度和宽度及周边情况，告知游客根据自己的滑雪水平选择相应的滑道，注意循序渐进，量力而行，要按教练和雪场工作人员的安排和指挥去做，不要擅自到技术要求高的雪区去滑雪。 ☆导游应提醒游客注意索道开放时有无人看守，若没有人看守，切勿乘坐。
滑雪过程中	☆要注意与他人保持一定的距离，不要打闹，以免碰撞；滑雪人数较多时，应调节好速度，切勿过快过猛。 ☆若需要在雪道上行走或停留时，应避免停留在雪道中间或视线易受阻的地方，要选择停留在雪道的两侧边缘。

三、沙漠旅游安全常识

沙漠旅游安全常识

- 行前导游应了解当地情况，规划好旅游线路，制订安全可行的旅游方案
- 告知游客在出发前穿上防风沙衣服和戴上纱巾，脸上搽上防晒霜，戴太阳镜和遮阳帽，穿上轻便透气的高帮运动鞋，以防风沙
- 告知游客在沙漠旅游中不要走散，一旦走散后迷失了方向，不要慌张也不要乱走，应在原地等待救援
- 若在沙漠旅游中遇到沙暴，要带领游客避开风的正面，千万不要到沙丘背风坡躲避，否则有被沙暴掩埋的危险

四、温泉旅游安全常识

类别	说明
不适宜泡温泉的情形	☆癌症、白血病患者，不宜泡温泉，以防刺激新陈代谢，加速身体衰弱。 ☆皮肤有伤口、溃烂或真菌感染如香港脚、湿疹的患者，都不适合泡温泉，以免引起伤口恶化。过敏性皮肤疾病患者也不适合浸泡在高温的泉水中，以免由于加速皮肤水分蒸发、破坏皮肤保护层而引发荨麻疹。 ☆女性生理期来时或前后，怀孕的初期和末期，最好不要泡温泉。 ☆睡眠不足、熬夜之后、营养不良、大病初愈等身体疲惫状态下，不适合泡温泉，以免因为突然接触过高温度引起脑部缺血或休克。

（续表）

泡温泉注意事项	☆高血压和心脑血管疾病患者，在规则服药或经医生允许的前提下泡温泉，以每次不超过20分钟为宜。并注意：入水前，先用温泉水缓慢地擦拭身体，待适应后再进入，以免影响血管正常收缩；出水时，缓慢起身，以防因血管扩张、血压下降导致头昏眼花而跌倒，诱发脑卒中或心肌梗死。 ☆糖尿病患者在血糖控制较好、体征比较稳定的情况下，可以泡温泉。如果血糖不稳定，会因为在温泉中容易出汗，造成脱水，引起血糖变化。此外，大多数糖尿病患者，都伴有周围神经病变，手掌、脚掌感觉异常，温度敏感度较差，容易因为长久浸泡造成烫伤。 ☆空腹或太饱时不宜入浴，以免出现头晕、呕吐、消化不良、疲倦等症状。 ☆入水时，应从低温到高温，逐次浸泡，每次15—20分钟即可。 ☆泡温泉的时间，应根据泉水温度来定，温度较高时，不可长久浸泡，以免出现胸闷、口渴、头晕等症状。 ☆泡温泉时，应多喝水，随时补充流失的水分。 ☆泡温泉时，由于脸上的毛孔会释放大量自由基而损伤皮肤，最好敷上面膜或用冷毛巾敷面，同时闭上双眼，以冥想的心情，配合缓慢的深呼吸，真正舒缓身心压力。 ☆泡温泉时，如果感觉身体不适，应马上离开，不可勉强继续。
泡后注意事项	☆泡完温泉后，一般不必再用清水冲洗，但如果是浸泡较强酸性或硫化氢含量高的温泉，则最好冲洗，以免刺激皮肤，造成过敏。 ☆泡温泉后要注意保暖，迅速擦干全身，特别是腋下、胯部、肚脐周围和四肢皮肤的皱褶处，及时涂抹滋润乳液，锁住皮肤水分。 ☆泡温泉后，人体水分大量蒸发，应多喝水补充。

五、漂流安全常识

漂流安全常识

- 在上船之前，导游应告知游客不要随身带现金和贵重物品，仔细阅读漂流须知，听从工作人员安排，穿好救生衣，根据需要戴好安全帽
- 告知游客在水上漂流时不要做危险动作，不要打闹，不要主动去抓水上的漂浮物和岸边的草木石头，不要自作主张随便下船
- 告知游客一旦落水，千万不要惊慌失措，应借救生衣的浮力静心等待工作人员和其他游客前来救援

六、研学旅行安全常识

（一）研学活动开展前注意事项

（二）研学活动进行中注意事项

行前注意事项

- 应结合研学活动学校的实际情况，协助活动学校制订研学旅行安全应急预案，明确应急事故处理程序和方式
- 为确保研学活动安全，导游应配合活动学校成立安全工作组，工作组包括但不限于人员清点组、交通安全组、饮食安全组、住宿安全组、活动安全组、医疗后勤组、宣传统筹组等，并明确各小组具体分工、责任人与职责
- 应在研学活动开展前到活动学校召开研学旅行活动行前说明会，提供安全防控教育知识读本，对学生进行行前安全教育
- 应提前熟悉研学旅行活动的地点，进行实地勘查，制订安全合理的活动线路和方案，以确保活动安全
- 以安全、卫生和舒适为基本要求，提前对住宿营地进行实地考察，并提前将住宿营地相关信息告知学生和家长，以便做好相关准备工作

行中注意事项

- 导游需要加强交通服务环节的安全防范，向学生宣讲交通安全知识和紧急疏散要求，组织学生有序乘坐交通工具，在承运过程中随机开展安全巡查工作，提醒学生系好安全带并在学生上、下交通工具时清点人数，防范出现滞留或走失情况
- 入住研学营地或酒店时，导游应详细告知学生注意事项，宣讲住宿安全知识，带领学生熟悉安全通道，根据制定的住宿安全管理制度，开展巡查、夜查工作
- 导游应提前制订就餐座次表，组织学生有序就餐，在学生用餐时做好巡查工作，确保餐饮服务质量，并督促餐饮服务提供方按照有关规定，**做好食物留样工作**
- 导游要认真组织、有序开展研学活动。活动中导游应**将安全知识作为导游讲解服务的重要内容**，并通过各种形式加强对学生的安全教育，以提高学生的安全防范意识，让学生掌握自护、自救、互救等安全防范的知识和技能
- 导游应将安全知识、文明礼仪作为导游讲解服务的重要内容，应结合教育服务要求，提供有针对性、互动性、趣味性、启发性和引导性的讲解服务
- 活动结束后导游要组织学生在规定的地点按时集合，认真清点人数并上报，组织学生有序上车。**导游应与跟班老师一同跟车回校，待学生家长接到学生后方能离开**

第二节 时差和度量衡换算

一、时差

（一）国际标准时间

英国格林尼治天文台每天播报的时间被称为国际标准时间，即“格林尼治时间”。

（二）地方时及北京时间

地球每24小时自转一周（360度），每小时自转15度。自1884年起，国际上将全球划分为24个时区，每个时区的范围为15个经度，即经度相隔15度，时间相差1小时。

“北京时间”是以东经120度的地方时作为标准时间。为了统一，以“北京时间”作为全国标准时间。

（三）时差换算

类别	公式
时差换算公式	甲乙两地的时区差=两地时区数相加、减： ☆甲乙两地同在东时区或同在西时区用“–”； ☆甲乙两地一个在东时区另一个在西时区时用“+”
时刻换算公式	甲地时刻=乙地时刻±甲乙两地的时区差：甲在乙东则“+”，甲在乙西则“–”。

如北京在东8区，伦敦在0时区，则8–0=8，即相隔8个时区，时差为8小时。北京12时，伦敦为12–8=4时。

如北京在东8区，开罗在东2区，则8–2=6，即相隔6个时区，时差为6小时。北京12时，开罗6时。

如北京在东8区，纽约在西5区，则8+5=13时，即相隔13个时区，时差为13小时。北京12时，纽约12–13=–1（前日23时）。

（四）北京与世界主要城市时差表

北京0时与世界主要城市相比的时差情况可见下表。其中，“+”表示比北京时间早，“–”表示比北京时间晚。各地时间均为标准时间。

城市名称	时差数
中国香港、马尼拉、中国澳门、吉隆坡	0
首尔、东京、平壤	+1
悉尼、堪培拉、布里斯班、墨尔本	+2
惠灵顿	+4
新加坡、雅加达	–0.5
河内、金边、曼谷、乌兰巴托	–1

（续表）

城市名称	时差数
仰光	–1.5
新德里、孟买	–2.5
迪拜	–4
莫斯科、巴格达、科威特	–5
开罗、开普敦、索菲亚	–6
斯德哥尔摩、柏林、巴黎、日内瓦、华沙、布达佩斯、维也纳、罗马	–7
伦敦、阿尔及尔、达喀尔	–8
布宜诺斯艾利斯、里约热内卢	–11
纽约、华盛顿、渥太华、多伦多	–13
芝加哥、墨西哥城	–14
洛杉矶、温哥华	–16
夏威夷（檀香山）	–18

二、度量衡换算

世界上的度量衡有公制和英美制，中国还有市制，它们之间的换算比较复杂，导游应该了解常用的度量衡换算。

（一）长度换算①

公制		中国市制	英美制		
米	厘米	尺	码	英尺	英寸
1	100	3	1.0936	3.2808	39.37
0.01	1	0.03	0.01094	0.03281	0.3937
0.3333	33.33	1	0.3645	1.094	13.123
0.9144	91.44	2.743	1	3	36
0.3048	30.48	0.9144	0.3333	1	12
0.0254	2.54	0.0762	0.0278	0.0833	1

（二）长度换算②

公制	中国市制	英美制	英制
公里（千米）	市里	英里	海里
1	2	0.6214	0.53996
0.5	1	0.3107	0.26998
1.60934	3.2187	1	0.86842
1.853	3.706	1.1515	1

注：英制1海里=6080英尺（1853.184米）[实用通常为6000英尺（1853.184米）=纬度的1/60]
美制1海里=（国际海里）=6076英尺（1851.9648米）（1954年7月1日起美国改用国际海制）

（三）容（体）积换算①

公制		英美制			中国市制
立方米	立方厘米	立方码	立方英尺	立方英寸	立方尺
1	1000000	1.308	35.3147	61023.7	27
0.000001	1	0.0000013	0.00004	0.06102	0.000027
0.76456	764555	1	27	46656	20.643
0.02832	28317.016	0.037	1	1728	0.76455
0.000016	16.3871	0.00002	0.00058	1	0.00044
0.037	37037	0.0484	1.308	2260.137	1

（四）容（体）积换算②

公制	中国市制	英制	美制
升	升	（英）加仑	（美）加仑
1	1	0.22	0.264
4.546	4.546	1	1.201
3.785	3.785	0.833	1

（五）重量换算

公制		英美制常衡		英美制金衡或药衡		中国市制
千克	克	磅	盎司	磅	盎司	两
1	1000	2.20462	35.2736	2.679227	32.15072	20
0.001	1	0.0022	0.035274	0.0026792	0.03215	0.02
0.45359	453.592	1	16	1.2152777	14.5833324	9.072
0.02835	28.3495	0.0625	1	0.07595486	0.91145833	0.567
0.37324	373.2418	0.82285714	13.1657	1	12	7.465
0.031103	31.1035	0.06857143	1.0971428	0.08333	1	0.622
0.05	50	0.11023	1.76368	0.13396	1.60752	1

注：（宝石）1克拉=0.2克；1金衡盎司=155.5克拉

（六）面（地）积换算

公制	中国市制	英美制	公制		中国市制	英美制
平方千米（公里）	平方里	平方英里	公顷	公亩	亩	英亩
1	4	0.3661	100	10000	1500	247.106
0.25	1	0.0965	25	2500	375	61.78
2.59	10.36	1	259	25900	3885	640
0.01	0.04	0.003861	1	100	15	2.471
0.0001	0.0004	0.000039	0.01	1	0.15	0.0247
0.00067	0.002667	0.000257	0.0667	6.667	1	0.165
0.00405	0.016187	0.00156	0.4047	40.468	6.07	1

注：1公顷=100米的平方=10000平方米；1亩=666.67平方米

第三节　货币兑换、离境退税相关知识

一、外汇

（一）外汇的概念

外汇是指以外币表示的可用于国际清偿的支付手段和资产，包括外币现钞（纸币、铸币）、外币有价证券（债券、股票等）、外币支付凭证或支付工具（票据、银行存款凭证、银行卡等）、特别提款权以及其他外币资金。

（二）货币兑换

境外游客来华时携入的外汇和票据金额没有限制，但数额大时必须在入境时据实申报；在中国境内，海外游客可持外汇到中国银行各兑换点（机场、饭店或商店）兑换成人民币。

兑换后，游客应妥善保管银行出具的外汇兑换证明（俗称“水单”），该证明有效期为6个月，游客若在6个月内离开中国，而兑换的人民币没有花完，可持护照和水单将其兑换成外币，但不得超过水单上注明的金额。

在中国境内能兑换的外币主要有：美元、欧元、英镑、日元、澳大利亚元、加拿大元、瑞士法郎、丹麦克朗、挪威克朗、瑞典克朗、新加坡元、新西兰元、菲律宾比索、泰国铢、韩元、俄罗斯卢布以及港币、澳门元、新台币等。

（三）人民币进入SDR

2015年12月1日，国际货币基金组织（IMF）宣布把人民币纳入SDR，权重定为

10.92%。2022年5月，该组织将人民币的权重提高至12.28%。SDR是特别提款权的英文首字母，SDR是国际货币基金组织创造的国际储备资产，目前由美元、英镑、欧元和日元组成。中国加入SDR意味着人民币真正跻身于全球主要货币之列，人民币作为结算货币将得到更广泛的使用，也将推动人民币成为可兑换、可自由使用的货币。

二、离境退税

离境退税是指对境外游客在退税定点商店购买的随身携运出境的退税物品，按规定退税。

2011年1月1日，海南省正式实施境外旅客购物离境退税试点政策。

2015年国家税务总局发布《境外旅客购物离境退税管理办法（试行）》。该办法规定了以下内容。

类别	说明
退税对象	在我国连续居住不超过183天的外国人和港澳台同胞。
退税物品	服装、鞋帽、化妆品、钟表、首饰、电器、医疗保健及美容器材、厨卫用具、家具、空调、电冰箱、洗衣设备、电视机、摄影（像）设备、计算机、自行车、文具、体育用品等，共21个大类324种。但不包括《中华人民共和国禁止、限制进出境物品表》所列的禁止、限制出境的物品，如食品、饮料、水果、烟、酒、汽车、摩托车等。
退税条件	☆同一境外旅客同一日在同一退税商店购买的退税物品金额达到500元人民币，并且按规定取得退税申请单（凭购买退税物品的增值税普通发票向退税商店索取）等退税凭证。 ☆在离境口岸办理离境手续，离境前退税物品尚未启用或消费。 ☆离境日距退税物品购买日不超过90天。 ☆所购退税物品由境外旅客本人随身携带或托运出境。 ☆所购退税物品经海关验核并在退税申请单上签章。 ☆在指定的退税代理机构办理退税。
退税率	☆退税率为11%，但退税机构要收取2%的手续费，旅客应得退税金额为商品价格的9%。 ☆如旅客购买了500元退税物品，可获退税金额为：500元×（11%–2%）=45元。
退税币种	☆退税币种为人民币。 ☆退税金额超过10000元人民币的，退税代理机构将以银行转账方式退税。 ☆退税金额未超过10000元人民币的，退税代理机构可采用现金退税或银行转账方式退税，由境外旅客自行选择。
退税流程	☆**托运行李包括退税物品：**在离境退税商店购买商品→索取离境退税申请单→航空公司乘机手续办理、海关退税物品验核并托运行李→联检手续→退税机构退税。 ☆**随身携带退税物品：**在离境退税商店购买商品→索取离境退税申请单→航空公司乘机手续办理、联检手续→海关退税物品验核→退税机构退税。
享有退税政策的省市	目前被批准实施境外旅客购物离境退税政策的省、自治区、直辖市增加至27个，包括甘肃、湖南、海南、北京、上海、天津、辽宁、安徽、福建、四川、江苏、陕西、云南、黑龙江、山东、广东、新疆、河南、宁夏、重庆、河北、广西、江西、厦门、青岛、深圳、浙江。

三、离岛免税

2011年4月，海南实行“离岛免税”政策，规定凡年满16周岁，乘飞机、火车、轮船离岛（不包括离境）旅客实行限值、限量、限品种免进口税购物。离岛免税的税种包括关税、进口环节增值税和消费税。

离岛免税商品目前为47种，包括化妆品、箱包、手表、天然蜂蜜、茶、平板电脑、手机、电子游戏机、酒类和穿戴设备等电子消费品。

离岛免税额度目前为每年10万元。

离岛旅客有下列情形之一的，由海关按照相关法律法规处理，且自海关做出处理决定之日起，3年内不得享受离岛免税购物政策，并可依照有关规定纳入相关信用记录：

（1）以牟利为目的为他人购买免税品或将所购免税品在国内市场再次销售的；

（2）购买或者提取免税品时提供虚假身份证件或旅行证件、使用不符合规定身份证件或旅行证件，或者提供虚假离岛信息的；

（3）其他违反海关规定的。

易错考题小试牛刀

1.（判断题）若在沙漠中旅行遇到沙暴，导游员应带领游客避开风的正面，到沙丘背风处躲避。（　）

2.（单选题）根据国家税务部门规定，离境日距退税物品购买日不超过（　）天。

A.60天　B.90天　C.165天　D.183天

3.（单选题）境外游客申请退税，需要同一境外旅客同一日在同一退税商店购买的退税物品金额达到（　）人民币。

A.500元　B.800元　C.1000元　D.1500元

4.（单选题）高血压患者，在规则服药或经医生允许的情况下，可以泡温泉，但每次以不超过（　）为宜。

A.20分钟　B.30分钟　C.50分钟　D.60分钟

5.（单选题）北京时间为19：00，当地时间为12：00的城市是（　）。

A.伦敦　B.开罗　C.惠灵顿　D.罗马

6.（多选题）缓解高原反应，可提前服用抗高原反应药，如（　）等。

A.红景天　B.板蓝根　C.高原康　D.高原安　E.十滴水

【答案】1.错　2.B　3.A　4.A　5.D　6.ACD